Über dieses Buch

Professor Dr. Alexander Mitscherlich, Direktor des Sigmund Freud-Instituts, Frankfurt am Main, bezeichnete Brenners Buch als eine »Einführung in das theoretische Gebäude der Psychoanalyse von rühmenswerter didaktischer Klarheit und Genauigkeit« und darüber hinaus als ein »geradezu spannendes Lehrbuch«. Der weltweite, über Jahre anhaltende Erfolg von Brenners *Grundzüge der Psychoanalyse* hat ihm recht gegeben. Das Buch hat nicht nur in den USA, wo es an zahlreichen Universitäten und psychoanalytischen Instituten als Lehrbuch gebraucht wird, sondern auch in vielen Übersetzungen hohe Auflagen erreicht. Von der deutschen Ausgabe sind bisher acht Auflagen erschienen. Der Taschenbuchausgabe liegt die wesentlich erweiterte Neuausgabe von 1972 zugrunde.

Diese übersichtliche und komprimierte Darstellung der Grundzüge der Psychoanalyse setzt beim Leser keine psychoanalytischen Kenntnisse voraus, sondern lediglich ein fachliches Interesse. Sie vermittelt einen verläßlichen Überblick über die Entwicklung und den gegenwärtigen Stand der Arbeitshypothesen der Psychoanalyse und erleichtert das Verständnis des wesentlichen psychoanalytischen Schrifttums. Die didaktischen Vorzüge des Buches sind das Resultat jahrelanger Erfahrung des Autors bei der Ausbildung von Medizinpraktikanten der Psychiatrie. So bietet das Buch auch dem Anfänger eine solide Basis zur Einarbeitung in das Gebiet der Psychoanalyse und kann ihm als Leitfaden für seine weiterführende Lektüre dienen.

Der Autor

Charles Brenner, geboren 1913 in Boston (Mass.), absolvierte sein Medizinstudium an der Harvard University. Seine psychoanalytische Ausbildung erhielt er am Boston Psychoanalytic Institute und nach 1945 am psychoanalytischen Institut in New York, dessen Lehrkörper er heute angehört. Gleichzeitig lehrt er Psychiatrie an der Yale University. Charles Brenner war Präsident der New York Psychoanalytic Society und der American Psychoanalytic Association.

Charles Brenner

Grundzüge der Psychoanalyse

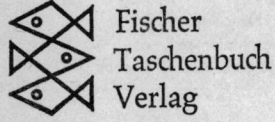

Fischer
Taschenbuch
Verlag

Fischer Taschenbuch Verlag
  1.–20. Tausend: April 1976
21.–30. Tausend: März 1977

Umschlagentwurf: Jan Buchholz/Reni Hinsch

Die Originalausgabe erschien unter dem Titel
›An Elementary Textbook of Psychoanalysis‹
im Verlag International Universities Press, Inc., New York
Aus dem Amerikanischen übersetzt von Gert H. Müller

Fischer Taschenbuch Verlag GmbH, Frankfurt am Main
Lizenzausgabe nach der erweiterten Neuauflage von 1972
mit freundlicher Genehmigung des
S. Fischer Verlages GmbH, Frankfurt am Main
›An Elementary Textbook of Psychoanalysis‹
© International Universities Press, Inc., New York 1955
© S. Fischer Verlag GmbH, Frankfurt am Main 1967, 1972
Gesamtherstellung: Hanseatische Druckanstalt GmbH, Hamburg
Printed in Germany
6309-580-ISBN-3-436-02236-5

Für meine Frau

Inhalt

Symptom als sinnvolle Kompromißbildung — psychische
Störungen als Anzeichen für das Fehlfunktionieren des psychischen Apparates — gleitende Übergänge zwischen ›normalem‹ und ›neurotischem‹ Funktionieren — Charakterstörungen — neurotische Symptome und Versagen der Abwehr; Beispiele — primärer und sekundärer Gewinn — Regression —
ich-fremde Dysfunktionen und durch relative Ich-Schwäche
bedingte Symptome.

Vorwort zur erweiterten Neuauflage

Dieses Buch wurde mit dem Ziel geschrieben, interessierte Leser in die Grundlagen der Psychoanalyse einzuführen. Nach der günstigen Aufnahme, die es über eine Reihe von Jahren hinweg gefunden hat, zu urteilen, hat es offenbar seinen Zweck erfüllt.

Diese Neuauflage stellt eine Erweiterung der ursprünglichen Fassung dar. Am Schluß wurden zwei Kapitel hinzugefügt, von denen das eine die Auswirkungen psychischer Konflikte auf das normale, im Unterschied zum vorwiegend pathologischen psychischen Geschehen behandelt, während das andere versucht, den Ort der Psychoanalyse im Hinblick auf ihre bisherigen Leistungen und ihre Zukunftsaussichten zu bestimmen.

Ferner wurden einige kleinere stilistische und inhaltliche Änderungen vorgenommen; Irrtümer in der Erstausgabe habe ich korrigiert. Die Listen der empfohlenen Lektüre und das Literaturverzeichnis wurden durch Hinweise auf neuere Ausgaben der ursprünglich aufgeführten Werke sowie durch zusätzliche bibliographische Angaben ergänzt.

Diese Revisionen und Zusätze mögen dazu beitragen, daß das Buch in noch breiteren Kreisen Interesse findet.

New York, im Juni 1972   *Charles Brenner*

Vorwort zur deutschen Ausgabe

Dieses Buch hat in den vergangenen zwölf Jahren weit mehr Anerkennung und Verbreitung gefunden, als der Verfasser erwartet hatte. In den Vereinigten Staaten ist es an zahlreichen Universitäten
und psychoanalytischen Instituten als Lehrbuch im Gebrauch. Außerdem wurde es ins Spanische, Dänische und Japanische übersetzt.

Das Erscheinen der deutschen Ausgabe verdient besonderes Interesse, ist es doch ein Zeichen dafür, daß die Psychoanalyse in den
deutsch sprechenden Ländern dabei ist, wieder den ihr zukommenden
Platz in der Erforschung des Menschen und seines Wirkens einzunehmen.

Die letzten zwölf Jahre haben keine umfassenderen Neuformulie-
rungen der psychoanalytischen Theorie gebracht, die wesentliche
Änderungen des Textes notwendig machen würden. Nach Meinung
des Verfassers kann das Buch noch immer als verläßliche Einführung
in dieses Gebiet dienen. Es mag jedoch von Interesse sein, einen
Überblick über die wichtigsten Entwicklungslinien der psychoanalytischen Theorie seit dem Jahre 1955 zu geben, soweit sie sich
aufgrund der Literatur erkennen lassen.

Im Vordergrund stehen weiterhin die Probleme der Ichentwicklung
und der Ichfunktionen. Damit setzt sich eine Tendenz fort, die seit
mindestens dreißig Jahren erkennbar und immer deutlicher hervor-
getreten ist. Eine bis zu einem gewissen Grad neue Entwicklung der
letzten Jahre ist die zunehmende Beschäftigung von Analytikern mit
der direkten Beobachtung von Kindern, oft über lange Zeiträume hinweg. Untersuchungen dieser Art machen gegenwärtig einen großen
Teil der psychoanalytischen Forschung aus. Es besteht die Hoffnung,
daß sie uns detailliertere und solider fundierte Daten und Theorien
über Entwicklung und Funktionen der Psyche in der Kindheit liefern
werden, als sie bisher zur Verfügung standen.

Eine andere neue Entwicklung vollzieht sich im Bereich der Tierpsychologie oder -ethologie. Die Forschungsergebnisse der auf diesem
Gebiet tätigen Wissenschaftler — u. a. von Lorenz und Tinbergen —
sind bei den Psychoanalytikern auf lebhaftes Interesse gestoßen, vor
allem der Parallelen zur psychoanalytischen Triebtheorie wegen.
Eine Reihe von Analytikern in den Vereinigten Staaten hat in Amerika und im Ausland Tierpsychologie studiert und ist gegenwärtig
mit selbständigen Forschungen auf diesem Gebiet beschäftigt.

Schließlich haben in den letzten Jahren elektroenzephalographische Untersuchungen über den Schlaf und das Träumen beträchtliches Interesse unter den Analytikern hervorgerufen. Die Ergebnisse dieser Untersuchungen haben bis jetzt keine ins Gewicht fallende Änderungen der Freudschen Traumtheorie erforderlich gemacht. Die Erklärung dafür ist einfach: Freud entdeckte und untersuchte die *Bedeutung* der Träume im psychischen Leben des Menschen, worauf der Titel seines Buches *Die Traumdeutung* ausdrücklich hinweist. Zu *diesem* Aspekt der Träume und des Träumens hat die Elektroenzephalographie nichts Nennenswertes beigebracht. Unter den von ihr geleisteten Beiträgen, die für den Analytiker von Interesse sein können, sind zu erwähnen: 1) daß offenbar jeder Mensch jede Nacht viele Minuten lang träumt; 2) daß anscheinend das Träumen mit einer Form der Gehirntätigkeit verbunden ist, die funktionell wie elektrisch von jener verschieden ist, welche andere Stadien des Schlafs charakterisiert; und 3) daß beim Mann das Träumen von einer Erektion begleitet ist. Mit der Bedeutung der beiden letzten Beobachtungen befassen sich gegenwärtig jene Analytiker, die aktiv mit elektrophysiologischen Untersuchungen des Träumens beschäftigt sind.

New York, im September 1966   *Charles Brenner*

Einleitung

Dieses Buch will eine übersichtliche, gedrängte Darstellung der Grundzüge der psychoanalytischen Theorie geben. Es setzt beim Leser keine psychoanalytischen Kenntnisse voraus und soll ihm als Einführung in die psychoanalytische Literatur dienen. Es setzt jedoch voraus, daß der Leser der Psychoanalyse als fachlich Interessierter gegenübertritt — als Arzt, Psychiater, Psychologe, Sozialarbeiter oder Sozialwissenschaftler. Wir wollen dem Leser, der diese Voraussetzung erfüllt, einen verläßlichen Überblick über die augenblicklichen Arbeitshypothesen der Psychoanalyse vermitteln sowie eine gewisse Vorstellung davon, wie sie sich entwickelt haben. Wir hoffen, ihm damit das Verständnis und die Aneignung des wesentlichen psychoanalytischen Schrifttums zu erleichtern und ihm dabei behilflich zu sein, der Konfusion und den Mißverständnissen aus dem Wege zu gehen, die sich so leicht einstellen, wenn man sich nicht klarmacht, wie unterschiedlich die Theorien Freuds in den verschiedenen Perioden seiner aktiven psychoanalytischen Laufbahn waren.

Die Stoffeinteilung resultiert aus der Erfahrung mehrerer Jahre, die bei der Ausbildung von Medizinalpraktikanten in Psychiatrie gewonnen wurde, zuerst in der Westchester Division des New York Hospital und später im Rahmen der Ausbildung für ›graduate students‹ im psychiatrischen Department der Yale Medical School. Die Lektüre der am Ende jedes Kapitels empfohlenen Werke soll den Text selbst ergänzen und vertiefen. Sie soll auch dem Anfänger eine solide Basis für seine Lektüre auf dem Gebiet der Psychoanalyse vermitteln.

Erstes Kapitel: Zwei grundlegende Hypothesen

Die Psychoanalyse ist eine wissenschaftliche Disziplin, die von Sigmund Freud begründet wurde und mit seinem Namen auch heute noch unlösbar verknüpft ist. Ihr Beginn läßt sich nicht genau datieren, da er sich über einen Zeitraum von mehreren Jahren erstreckte. Um 1895 jedoch war die Entwicklung der Psychoanalyse schon in vollem Gange. Wie jede andere wissenschaftliche Disziplin hat die Psychoanalyse zur Entstehung gewisser Theorien geführt, die aus ihren Beobachtungsdaten abgeleitet sind und diese Daten zu ordnen und zu erklären versuchen. Was wir die psychoanalytische Theorie nennen, ist deshalb ein System von Hypothesen über die Funktionsweise und Entwicklung der menschlichen Psyche. Sie ist ein Teil der allgemeinen Psychologie und umfaßt die weitaus bedeutsamsten Beiträge, die bis heute zur Psychologie des Menschen geleistet worden sind.

Es ist wichtig, sich klarzumachen, daß die psychoanalytische Theorie sich ebenso mit dem normalen wie mit dem pathologischen Funktionsablauf der Psyche befaßt. Sie ist keineswegs nur eine Theorie der Psychopathologie. Es ist richtig, daß die *Praxis* der Psychoanalyse in der Behandlung von Menschen besteht, die psychisch krank oder gestört sind, aber die Theorien der Psychoanalyse haben ebenso mit dem Normalen wie mit dem Abnormalen zu tun, wenn sie auch in der Hauptsache aus dem Studium und aus der Behandlung des Abnormalen abgeleitet sind.

Wie bei jeder wissenschaftlichen Disziplin sind auch die verschiedenen Hypothesen der psychoanalytischen Theorie untereinander verknüpft. Einige davon sind natürlich von fundamentalerer Bedeutung als andere, und einige haben eine so nachhaltige Bestätigung erfahren und erscheinen in ihrer Bedeutung so fundamental, daß wir geneigt sind, sie als feststehende Gesetze der Psyche anzusehen.

Zwei solche fundamentale Hypothesen, die durch eine Fülle von Beweisen bestätigt wurden, sind: das Prinzip der psychischen Determiniertheit oder die Kausalität, und der Satz, daß Bewußtheit eher ein außergewöhnliches als ein regelmäßiges Attribut psychischer Prozesse ist. Um letzteren Satz etwas anders auszudrücken, können wir auch sagen, daß nach der psychoanalytischen Theorie unbewußte psychische Vorgänge sowohl bei normalem wie bei abnormalem Funktionieren der Psyche von sehr großer Häufigkeit und Bedeutung sind. Das vorliegende erste Kapitel ist der Betrachtung dieser beiden grundlegenden Hypothesen gewidmet, die untereinander zusammenhängen, wie wir noch sehen werden.

Wir wollen mit dem Prinzip der psychischen Determiniertheit beginnen. Der Sinn dieses Prinzips ist, daß wie in der uns umgebenden physischen Natur auch in der Psyche nichts zufällig oder aufs Geratewohl geschieht. Jedes psychische Geschehen wird durch die vorangegangenen determiniert. Wenn Geschehnisse in unserem psychischen Leben zufällig und mit dem, was voranging, nicht verknüpft zu sein scheinen, so ist das eben nur scheinbar der Fall. In Wirklichkeit ist bei psychischen Phänomenen ein solches Fehlen kausalen Zusammenhanges genauso unmöglich wie bei physischen. Diskontinuität in diesem Sinne existiert im psychischen Leben nicht.

Das Verständnis und die Anwendung dieses Prinzips ist für die richtige Einstellung beim Studium der menschlichen Psychologie sowohl in ihren normalen wie in ihren pathologischen Aspekten unerläßlich. Wenn wir es wirklich verstehen und richtig anwenden, werden wir niemals eine psychische Erscheinung als sinnlos oder zufällig abtun. Wir werden uns in bezug auf jedes derartige Phänomen, das uns interessiert, fragen: »Wodurch wurde es verursacht? Warum geschah es auf diese Art und Weise?« Wir stellen uns diese Fragen, weil wir überzeugt sind, daß eine Antwort auf sie existiert. Ob wir die Antwort rasch und leicht finden können, ist freilich etwas anderes, aber wir wissen, daß die Antwort da ist.

Ein Beispiel für diesen Zugang zu psychischen Phänomenen: Es ist eine häufige Erfahrung im täglichen Leben, daß man etwas vergißt oder verlegt. Die übliche Meinung über ein solches Vorkommnis ist, daß es ein ›Zufall‹ war, daß es ›halt geschah‹. Aber eine gründliche Untersuchung solcher ›Zufälle‹ durch Psychoanalytiker in den letzten fünfundsiebzig Jahren, mit den Untersuchungen Freuds selbst angefangen, hat gezeigt, daß sie keineswegs so zufällig sind, wie sie dem üblichen Urteil erscheinen. Im Gegenteil, es läßt sich zeigen, daß jeder solche ›Zufall‹ durch einen Wunsch oder eine Absicht der betreffenden Person verursacht wurde, in genauer Übereinstimmung mit dem Prinzip der psychischen Funktionsweise, über das wir sprachen.

Um ein weiteres Beispiel aus dem Alltag zu nehmen: Freud entdeckte, und die Analytiker in seiner Nachfolge haben es bestätigt, daß die verbreiteten und doch merkwürdigen und geheimnisvollen Phänomene des Schlafs, die wir Träume nennen, sich nach dem gleichen Prinzip der psychischen Determiniertheit richten. Jeder Traum, ja sogar jedes Bild in jedem Traum, ist die Folge anderer psychischer Geschehnisse, und jeder steht in einer kohärenten und sinnvollen Beziehung zu dem übrigen psychischen Leben des Träumers.

Der Leser muß sich klarmachen, daß eine derartige Betrachtungsweise der Träume — ein Gegenstand, den wir im siebten Kapitel ausführlich behandeln werden — sich völlig von der unterscheidet, die zum Beispiel vor siebzig Jahren unter wissenschaftlich ausgebildeten Psychologen herrschte. Sie waren der Meinung, Träume seien auf die zufällige oder unkoordinierte Tätigkeit verschiedener Teile des Hirns während des Schlafes zurückzuführen — eine Auffassung, die in krassem Widerspruch zu unserem Gesetz vom psychischen Determinismus steht.

Wenn wir uns jetzt den Erscheinungen der Psychopathologie zuwenden, so werden wir erwarten, daß das gleiche Prinzip gilt, und in der Tat haben Psychoanalytiker unsere Erwartung immer wieder bestätigt. Jedes neurotische Symptom, welcher Natur es auch sei, ist durch andere psychische Prozesse verursacht, trotz der Tatsache, daß der Patient selbst oft glaubt, das Symptom sei seinem ganzen Wesen fremd und völlig ohne Zusammenhang mit seinem übrigen psychischen Leben. Die Zusammenhänge sind trotzdem da, und sie lassen sich auch aufzeigen, obwohl der Patient sich ihres Vorhandenseins nicht bewußt ist.

An diesem Punkt kommen wir nicht mehr um das Eingeständnis herum, daß wir nicht nur von der ersten unserer grundlegenden Hypothesen sprechen, dem Prinzip der psychischen Determiniertheit, sondern auch von der zweiten, nämlich der Existenz und Bedeutsamkeit psychischer Prozesse, die der einzelne selbst nicht bemerkt oder die ihm nicht bewußt sind.

Der Zusammenhang zwischen diesen beiden Hypothesen ist tatsächlich so eng, daß man kaum die eine erörtern kann, ohne auch die andere einzubeziehen. Gerade die Tatsache, daß so viel von dem, was sich in unserer Psyche abspielt, unbewußt ist, d. h. uns selbst unbekannt ist, ist der Grund für die *scheinbaren* Diskontinuitäten in unserem psychischen Leben. Wenn ein Gedanke, ein Gefühl, ein zufälliges Vergessen, ein Traum oder ein pathologisches Symptom keinen Zusammenhang mit dem zu haben scheint, was zuvor in uns vorging, so kommt das daher, daß dieses Geschehen mit einem *unbewußten*, nicht mit einem bewußten, psychischen Vorgang in Kausalzusammenhang steht. Wenn die unbewußte Ursache oder die unbewußten Ursachen entdeckt werden können, dann verschwinden alle scheinbaren Diskontinuitäten, und die Kausalkette, der kausale Ablauf wird deutlich.

Folgendes ist ein einfaches Beispiel dafür: Jemand merkt, daß er eine Melodie summt, ohne eine Ahnung zu haben, wie sie ihm in den Sinn kam. Diese scheinbare Diskontinuität im psychischen Leben der betreffenden Person wird in unserem besonderen Beispielsfall jedoch durch die Aussage eines Dabeistehenden aufgelöst, der uns mitteilt, daß der Betreffende die fragliche Melodie ein paar Augenblicke, bevor sie scheinbar aus dem Nichts in sein bewußtes Denken eindrang, *gehört* hat. Es war ein Sinneseindruck, in diesem Fall eine Wahrnehmung des Gehörs, die unsere Beispielsperson veranlaßt hat, die Melodie zu summen. Da der Betreffende sich dessen nicht bewußt war, daß er die Melodie gehört hatte, war seine subjektive Erfahrung die einer Diskontinuität in seinem Denken, und es bedurfte der Aussage des Dabeistehenden, um den Schein der Diskontinuität zu beseitigen und die Kausalkette deutlich zu machen.

Das eben angeführte Beispiel wurde wegen seiner Einfachheit ausgewählt. In Wirklichkeit kommt es jedoch selten vor, daß ein unbewußter psychischer Vorgang — hier eine Wahrnehmung des Gehörs — so einfach und bequem aufgedeckt wird. Man möchte nun natürlich gern wissen, ob es eine generelle Methode gibt, psychische Prozesse zu entdecken, deren sich die betreffende Person nicht bewußt ist. Können sie zum Beispiel direkt beobachtet werden? Wenn nicht, wie hat Freud die Häufigkeit und Wichtigkeit solcher Prozesse in unserem psychischen Leben entdeckt?

Tatsächlich verfügen wir bis jetzt über keine Methode, die uns erlauben würde, unbewußte psychische Prozesse direkt zu beobachten. Alle unsere Methoden zur Untersuchung solcher Phänomene sind indirekter Art. Sie gestatten uns, auf die Existenz dieser Phänomene zu schließen und oft auch ihre Natur und ihre Bedeutung im psychischen Leben des einzelnen Menschen zu bestimmen. Die nützlichste und zuverlässigste Methode zum Studium unbewußter psychischer Prozesse, die wir zur Zeit besitzen, ist die Technik, die Freud im Verlauf einer Reihe von Jahren entwickelt hat. Er nannte diese Technik Psychoanalyse, eben weil er mit ihrer Hilfe psychische Prozesse erkennen und entdecken konnte, die sonst verborgen geblieben und nicht vermutet worden wären. In eben diesen Jahren, in denen Freud die Technik der Psychoanalyse entwickelte, erkannte er auch mit Hilfe dieser neuen Technik die wichtige Rolle unbewußter psychischer Vorgänge im psychischen Leben jedes einzelnen, ob er psychisch krank oder gesund ist. Es dürfte von Interesse sein, kurz die einzelnen Schritte zu verfolgen, die zur Entwicklung der Freudschen Technik führten.

Wie Freud uns in seiner autobiographischen Skizze [1925] selbst mitgeteilt hat, begann er seine ärztliche Laufbahn als Neuroanatom, und zwar als sehr fähiger. Da er jedoch vor der Notwendigkeit stand, seinen Lebensunterhalt verdienen zu müssen, eröffnete er eine Praxis als Nervenarzt und hatte infolgedessen Patienten zu behandeln, die wir heute neurotisch oder psychotisch nennen würden. Das gilt auch heute noch für jeden Spezialisten auf dem Gebiet der Neurologie, mit Ausnahme der hauptamtlich in Universitäts- oder Krankenhauspositionen Tätigen, die überhaupt keine Privatpatienten haben. Zu der Zeit, als Freud zu praktizieren begann, gab es keine rational, d. h. ätiologisch orientierte Form der psychiatrischen Behandlung. Ja, auf dem gesamten Gebiet der Medizin gab es nur wenige solche Behandlungsmethoden. Die Bakteriologie steckte zwar nicht mehr ganz in den Kinderschuhen, befand sich aber doch noch in einem frühen Entwicklungsstadium, die aseptische Chirurgie war gerade erst entwickelt worden, und die großen Fortschritte in der Physiologie und der Pathologie hatten kaum begonnen, Möglichkeiten für nennenswerte Verbesserungen in der Krankenbehandlung zu eröffnen. Für uns Heutige liegt es auf der Hand, daß, je gründlicher die medizinische Ausbildung eines Arztes war, desto besser auch seine therapeutischen Resultate sind: die klinische Medizin ist in einem gewissen Umfang eine Wissenschaft geworden. Es ist schwer, sich klarzumachen, daß vor kaum mehr als hundert Jahren das keineswegs der Fall war; daß der gut ausgebildete und gelehrte Arzt selbst dem ignorantesten Quacksalber in der Fähigkeit, Krankheiten zu behandeln, kaum überlegen war, wenn er sie auch vielleicht besser diagnostizieren konnte. Es berührt uns beispielsweise seltsam, wenn wir lesen, daß Tolstoi die Ärzte verachtete, und wir sind geneigt, das für einen Spleen des Dichters zu halten, wie die Überzeugung eines bedeutenden Romanciers jüngerer Zeit, Aldous Huxleys, daß man bei Kurzsichtigkeit keine Brille mehr brauche. Aber es ist eine feststehende Tatsache, daß selbst der gut ausgebildete Arzt damals, als Tolstoi noch jünger war, kranke Menschen wirklich nicht zu heilen vermochte und, geht man nach dem Erfolg, als durchaus geeignete Zielscheibe für den Spott des Kritikers gelten konnte. Erst in der zweiten Hälfte des neunzehnten Jahrhunderts zeigte sich die Medizin, wie sie an den Universitäten gelehrt wurde, in ihren *Erfolgen* der Naturheilkunde, der Christian Science, der Homöopathie oder dem Volksaberglauben überlegen.

Wie das von einem gutgeschulten Spezialisten zu erwarten war, bediente sich Freud der wissenschaftlichsten Behandlungsmethoden, die ihm zur Verfügung standen. Bei hysterischen Symptomen zum Beispiel wandte er die elektrischen Behandlungen an, die der große Neurologe Erb empfahl, dessen Arbeiten auf dem Gebiet der klinischen Elektrophysiologie in weiten Teilen bis heute Gültigkeit haben. Unglücklicherweise waren jedoch Erbs Empfehlungen für die Behandlung der Hysterie weniger gut fundiert, und Freud mußte, wie er uns mitteilt, endlich zu dem Schluß kommen, daß die Erbsche Hysteriebehandlung wertlos und die Ergebnisse, die für sie in Anspruch genommen wurden, einfach nicht wahr waren. Im Jahre 1885 ging Freud nach Paris, wo er mehrere Monate an der Klinik Charcots studierte. Er wurde mit der Hypnose als Methode zur Erzeugung wie zur Behandlung von hysterischen Symptomen vertraut sowie mit dem Syndrom der Hysterie, der ›großen‹ wie der ›kleinen‹, das Charcot in seinen Hauptzügen umrissen hatte. Wie andere moderne

Neurologen seiner Zeit versuchte Freud die Symptome seiner Patienten durch hypnotische Suggestion zu beseitigen — mit unterschiedlichem Erfolg. Ungefähr zu dieser Zeit erzählte ihm sein Freund Breuer von einem Erlebnis mit einer hysterischen Patientin, das für die Entwicklung der Psychoanalyse von entscheidender Bedeutung war.

Breuer selbst war ein praktizierender Arzt von großer Begabung, mit einer ausgezeichneten physiologischen Schulung. Unter anderem arbeitete er an der Entdeckung des Atmungsreflexes mit, der als Hering-Breuer-Reflex bekannt ist, und er führte die Anwendung von Morphium bei akuten Lungenödemen ein. Was Breuer Freud erzählte, war folgendes: mehrere Jahre vorher hatte er eine hysterische Frau mit Hypnose behandelt und festgestellt, daß ihre Symptome verschwanden, wenn sie in ihrem hypnotischen Zustand das Erlebnis und die damit verknüpfte Gefühlsbewegung wieder wachrufen konnte, die zu dem in Frage stehenden Symptom geführt hatten: — ihre Symptome konnten in der Hypnose weggeredet werden. Freud wandte voll Eifer und mit gutem Erfolg diese Methode bei der Behandlung seiner eigenen hysterischen Patienten an. Die Ergebnisse dieser Arbeit wurden in Zusammenarbeit mit Breuer [1895] in Aufsätzen und schließlich in einer Monographie veröffentlicht.

Bei seiner weiteren Arbeit stellte Freud jedoch fest, daß eine Hypnose nicht immer leicht herbeizuführen ist, daß die günstigen Resultate oft vorübergehender Natur waren und daß sich zumindest bei einigen seiner Patientinnen im Verlauf der Hypnosebehandlung eine sexuelle Bindung an ihn einstellte — war ihm höchst unwillkommen war. An diesem Punkt kam ihm die Erinnerung an ein Experiment des französischen Hypnotiseurs Bernheim zu Hilfe. Bernheim hatte einer Gruppe, zu der auch Freud gehörte, demonstriert, daß die Amnesie der Versuchsperson bezüglich ihrer Erlebnisse in der Hypnose aufgehoben werden konnte, *ohne* den Patienten erneut zu hypnotisieren, und zwar dadurch, daß man ihn drängte, sich an das zu erinnern, von dem er hartnäckig behauptete, daß er sich dessen nicht entsinnen könne. War das Drängen beharrlich und nachdrücklich genug, so erinnerte sich der Patient *tatsächlich* an das Vergessene, ohne daß er von neuem in Hypnose versetzt wurde. Darauf gestützt folgerte Freud, daß es ihm gelingen müsse, eine *hysterische* Amnesie auch ohne Hypnose aufzuheben, und machte sich an diese Aufgabe. Aus diesem Anfang entwickelte er die psychoanalytische Technik, deren wesentlichster Gehalt ist, daß der Patient sich verpflichtet, dem Analytiker ausnahmslos alle Gedanken mitzuteilen, die ihm in den Sinn kommen, und sie in keiner Weise bewußt zu lenken oder zu zensurieren.

Es ist in der Geschichte der Wissenschaft häufig vorgekommen, daß eine neue Technik eine ganze neue Welt von Daten erschloß und es ermöglichte, Dinge zu verstehen, die vorher unrichtig oder unvollständig verstanden wurden, d. h. gültige Hypothesen darüber aufzustellen. Galileis Erfindung des Teleskops war ein solcher technischer Fortschritt, der auf dem Gebiet der Astronomie ein enormes Vorankommen ermöglichte, und Pasteurs Anwendung der Mikroskopie beim Studium der ansteckenden Krankheiten hatte auf diesem Wissenschaftsgebiet eine gleichermaßen revolutionäre Wirkung. Die Entwicklung und Anwendung der psychoanalytischen Technik ermöglichte es dem genialen Freud, der sie entwickelte und anwandte, Entdeckungen zu machen, die eine Revolution der Theorie wie der Praxis der Psychiatrie, insbesondere der Psychotherapie, auslösten, und auch die Wissenschaft von der menschlichen Psychologie allgemein um Beiträge von eminent grundsätzlicher Bedeutung zu bereichern.

Der Grund, warum es von so großem Wert ist, daß der Patient die bewußte Kontrolle seiner Gedanken aufgibt, ist folgender: was der Patient unter diesen Umständen denkt und *sagt*, wird durch seine *unbewußten* Gedanken und Motive bestimmt. Freud konnte also dadurch, daß er den ›freien‹ Assoziationen des Patienten lauschte — die schließlich nur von *bewußter* Kontrolle frei waren —, durch Folgerung ein Bild davon gewinnen, was in der Psyche seines Patienten unbewußt vorging. Er befand sich deshalb in der einzigartigen Lage, die unbewußten psychischen Prozesse seiner Patienten studieren zu können; und in Jahren geduldiger Beobachtung entdeckte er, daß nicht nur hysterische Symptome, sondern auch viele andere normale und pathologische Aspekte des Verhaltens und Denkens das Ergebnis dessen waren, was unbewußt in der Psyche der Person vorging, die diese aufwies.

Im Verlauf seines Studiums unbewußter psychischer Phänomene stellte Freud bald fest, daß diese sich in zwei Gruppen einteilen lassen. Die erste Gruppe umfaßt Gedanken, Erinnerungen etc., die durch eine verstärkte Bemühung der Aufmerksamkeit ohne Schwierigkeit bewußt gemacht werden können. Derartige psychische Elemente haben leichten Zugang zum Bewußtsein; Freud nannte sie ›vorbewußt‹. Jeder Gedanke zum Beispiel, der in einem gegebenen Augenblick gerade bewußt ist, ist sowohl vor wie nach diesem speziellen Augenblick vorbewußt. Die interessantere Gruppe unbewußter Phänomene jedoch umfaßt jene psychischen Elemente, die nur durch Aufwendung erheblicher Bemühung bewußt gemacht werden können. Mit andern Worten, eine starke Kraft verwehrt ihnen den Zugang zum Bewußtsein, die überwunden werden muß, bevor sie bewußt werden können. Wir finden das zum Beispiel bei den Fällen hysterischer Amnesie.

Dieser zweiten Gruppe von Phänomenen behielt Freud die Bezeichnung ›unbewußt‹ im strengeren Sinne vor. Er konnte dartun, daß ihr Unbewußtsein in diesem Sinne sie in keiner Weise daran hinderte, einen sehr bedeutenden Einfluß auf den psychischen Funktionsablauf auszuüben. Darüber hinaus konnte er zeigen, daß unbewußte Prozesse den bewußten an Präzision und Komplexität durchaus vergleichbar sein können.

Wie wir schon sagten, haben wir bisher keine Möglichkeit, unbewußte psychische Tätigkeiten direkt zu beobachten. Wir können nur ihre Wirkungen beobachten, so wie sie sich in den Gedanken und Gefühlen des Patienten äußern, die dieser uns berichtet, und in seinen Handlungen, die mitgeteilt oder beobachtet sein können. Solche Daten sind Derivate unbewußter psychischer Tätigkeiten, und aus ihnen können wir Schlüsse auf diese Tätigkeiten selbst ziehen.

Die Daten sind besonders reich und deutlich, wenn man die analytische Technik anwendet, die Freud ersann. Es gibt jedoch auch noch andere Quellen für Daten, die Beweise für unseren fundamentalen Satz liefern, daß unbewußte psychische Vorgänge die Fähigkeit haben, auf unsere Gedanken und Handlungen einzuwirken; es mag von Interesse sein, einen kurzen Überblick über ihr Wesen zu geben.

Beweismaterial dieser Art, das experimentellen Charakter hat, liefern die wohlbekannten Fakten der posthypnotischen Suggestion. Eine Person wird hypnotisiert und im Trancezustand angewiesen, etwas nach dem Erwachen aus der Trance zu tun. Zum Beispiel wird der Versuchsperson befohlen: »Wenn die Uhr zwei schlägt, wirst du von deinem Stuhl aufstehen und das Fenster öffnen!« Bevor sie erwacht, wird die Versuchsperson ferner angewiesen, sich nicht an das zu erinnern, was während der Trance geschehen ist; dann wird ihr befohlen aufzuwachen. Kurz nach ihrem Erwachen schlägt die Uhr zwei, und die Versuchsperson geht hinüber und öffnet das Fenster. Fragt man sie dann, warum sie das tue, so wird sie entweder sagen: »Ich weiß nicht; es war mir eben so«, oder sie wird, was häufiger ist, irgendeine Rationalisierung äußern, etwa, daß ihr warm war. Der springende Punkt ist, daß die Versuchsperson zu dem Zeitpunkt, wo sie die vom Hypnotiseur befohlene Handlung ausführt, sich *nicht bewußt* ist, warum sie das tut, und sich auch des wirklichen Motivs nicht durch einen einfachen Akt des Erinnerns oder Besinnens bewußt werden kann. Ein solches Experiment zeigt deutlich, daß ein zweifelsfrei unbewußter psychischer Prozeß (in diesem Fall das Gehorchen gegenüber einem Befehl) eine dynamische oder motivierende Wirkung auf Denken und Verhalten haben kann.

Andere Beweise für diese Tatsache lassen sich aus der klinischen, oder sogar aus der allgemeinen Beobachtung gewinnen. Man nehme zum Beispiel gewisse Phänomene der Träume. Es ist natürlich richtig, daß es für jede zulängliche Untersuchung bestimmter Träume oder des Träumens allgemein unerläßlich ist, sich der Untersuchungs-

technik zu bedienen, die Freud erdachte, d. h. der psychoanalytischen
Technik. In der Tat ist Freuds Untersuchung von Träumen vermittels
dieser Technik eine seiner großen Leistungen, und sein Buch *Die
Traumdeutung* gehört zu den wahrhaft großen, revolutionären wissenschaftlichen Büchern aller Zeiten. Wir brauchen jedoch für das,
was wir im Augenblick erklären wollen, nicht im Detail auf das
Studium der Traumdeutung einzugehen. Wie früher erwähnt, behalten wir eine eingehende Erörterung der Traumpsychologie dem siebten Kapitel vor. Hier sind nur die folgenden Bemerkungen über diesen Gegenstand notwendig. Aus vielen Quellen, zum Beispiel aus
den Tagebüchern und Logbüchern von frühen Arktisexpeditionen, ist
es wohl bekannt, daß Menschen, die dem Hungertod nahe sind, regelmäßig, oder zumindest sehr oft, von Nahrung und Essen träumen.
Wir können, glaube ich, leicht erkennen, daß es der Hunger ist, der
solche Träume hervorruft, und natürlich sind die Menschen ihres
Hungers ganz bewußt gewahr, wenn sie wach sind. Aber *während
ihres Schlafes*, wenn sie davon träumen, sich bei Banketten vollzu-
stopfen, sind sie sich des Hungers *nicht bewußt*, sondern nur eines
Traumes vom Sichsättigen, so daß wir sagen können, daß in dem
Zeitpunkt, wo der Traum geträumt wurde, im Träumenden etwas
unbewußt vorging, das die Traumbilder entstehen ließ, die bewußt
erlebt wurden.

Andere Träume von etwas Angenehmem — wie die, in denen der
Träumer träumt, daß er trinkt, nur um beim Aufwachen zu merken,
daß er durstig ist, oder träumt, daß er uriniert oder Stuhl hat und
mit dem Drang aufwacht, seine Notdurft zu verrichten — beweisen
in gleicher Weise, daß während des Schlafens die unbewußte Tätigkeit der Psyche ein bewußtes Ergebnis erzeugen kann — in den genannten Fällen, daß eine unbewußte körperliche Empfindung und
die damit verknüpften Wünsche einen bewußten Traum von der er-
strebten Befriedigung oder Erleichterung hervorrufen. Ein solcher
Beweis ist schon für sich genommen wichtig und kann ohne jede
spezielle Beobachtungstechnik erbracht werden. Mit Hilfe der psychoanalytischen Technik jedoch konnte Freud beweisen, daß hinter
jedem Traum aktive unbewußte Gedanken und Wünsche stehen,
und damit die *generelle Regel* aufstellen, daß, wenn Träume auftreten, diese durch eine psychische Tätigkeit verursacht wurden, die
dem Träumer unbewußt ist und dies ohne die Anwendung der psychoanalytischen Technik auch bleiben würde.

Bis zu Freuds Forschungen im letzten Jahrzehnt des neunzehnten
Jahrhunderts waren die Träume als Gegenstand ernsthafter wissenschaftlicher Untersuchung weitgehend vernachlässigt worden — berechtigterweise, kann man hinzufügen, dann vor ihm gab es keine
adäquate Technik für ihre Untersuchung, mit der Folge, daß die
wenigen ernsthaften Studien, die durchgeführt wurden, nur wenig

Licht auf die geworfen hatten. Seine Entdeckung der psychoanalytischen Methode setzte Freud in den Stand, mehr über die Träume zu entdecken, als es allen seinen Vorgängern möglich gewesen war.

Freud lenkte die Aufmerksamkeit noch auf eine weitere Gruppe von Erscheinungen, die gleichfalls zeigen, wie unbewußte psychische Vorgänge unser bewußtes Verhalten beeinflussen können. Es sind, wie die Träume, normale Merkmale des psychischen Lebens; und gleichfalls wie die Träume, waren sie bisher vernachlässigt worden, weil sie vor der Entwicklung der psychoanalytischen Methode nicht mit Erfolg untersucht werden konnten. Wie wir es bei den Träumen getan haben, werden wir hier diese Erscheinungen nur kurz besprechen und ihre ausführliche Erörterung dem sechsten Kapitel vorbehalten. Sie treten nicht im Schlaf, sondern im Wachen auf; wir nennen sie im allgemeinen einen Lapsus: Lapsus der Zunge, der Feder, der Erinnerung und ähnliche, verwandte Handlungen. Sie heißen ›Fehlleistungen‹. Wie im Falle der Träume sind auch einige Fehlleistungen so klar und einfach, daß wir mit einem hohen Grad von Genauigkeit und Sicherheit erraten können, welchen unbewußten Sinn sie haben. Es ist notorisch, daß man leicht etwas Unangenehmes oder Ärgerliches vergißt, wie zum Beispiel eine Rechnung zu bezahlen. Der verliebte junge Mann andererseits vergißt eine Verabredung mit seinem Schatz nicht; tut er es doch, so findet er wahrscheinlich heraus, daß sie ihm dieses unbewußte Zeichen der Vernachlässigung ebenso übelnimmt, wie wenn es eine bewußte und beabsichtigte Vernachlässigung gewesen wäre. Es ist nicht schwer zu erraten, daß ein junger Mann gewisse Bedenken gegenüber einer Heirat hat, wenn er uns erzählt, daß er auf der Fahrt zur Trauung vor einer Verkehrsampel stoppte und erst, als sie wechselte, merkte, daß sie beim Anhalten Grün, nicht Rot gezeigt hatte. Ein anderes, ziemlich durchsichtiges Beispiel, bei dem man eher von einer Symptomhandlung als von einer Fehlleistung sprechen kann, lieferte ein Patient, dessen Analytiker eines Tages aus persönlichen Gründen abgesagt hatte. Der Patient wußte sich während der Zeit, in der er sonst in Behandlung war, nicht recht zu beschäftigen und beschloß, ein Paar altertümliche Duellpistolen auszuprobieren, die er vor kurzem gekauft hatte. Zu der Zeit, wo er bei üblichem Ablauf auf der Couch des Analytikers gelegen hätte, schoß er also mit einer Duellpistole auf ein Ziel! Auch ohne die Assoziationen des Patienten ginge man wohl in der Annahme ziemlich sicher, daß er einen Zorn auf seinen Analytiker hatte, weil der ihn an dem Tag nicht empfangen hatte. Wir müssen hinzufügen, daß Freud, wie bei den Träumen, durch die Anwendung der psychoanalytischen Technik zeigen konnte, daß unbewußte psychische Tätigkeit bei der Entstehung *aller* Fehlleistungen eine Rolle spielt, nicht bloß bei jenen, in denen die Bedeutung einer solchen Tätigkeit leicht erkennbar ist wie in den von uns oben angeführten Beispielen.

Ein anderer, leicht zu demonstrierender Beweis für den Satz, daß die unbewußten psychischen Prozesse eines Menschen für sein psychisches Leben bedeutsam sind, ist folgender: die Motive für das Verhalten eines Menschen können oft für einen Beobachter offensichtlich sein, obschon sie ihm selber unbekannt sind. Beispiele dafür sind uns aus der klinischen und persönlichen Erfahrung wohlvertraut. Zum Beispiel kann es nach dem Verhalten einer Mutter ganz offensichtlich sein, daß sie ihrem Kind gegenüber herrschsüchtig und anspruchsvoll ist, während sie selbst zugleich glaubt, sie sei die aufopferungsvollste aller Mütter, die nur das Beste für ihr Kind will und an ihre eigenen Wünsche überhaupt nicht denkt. Ich glaube, die meisten von uns wären bereit anzunehmen, daß diese Mutter den unbewußten Wunsch hat, ihr Kind zu beherrschen und nach ihrem Gutdünken zu lenken, obwohl sie sich eines solchen Wunsches nicht nur nicht bewußt ist, sondern ihn auch heftig abstreitet. Ein anderes, einigermaßen amüsantes Beispiel ist der Pazifist, der bereit ist, mit jedem den heftigsten Streit anzufangen, der seiner Meinung widerspricht, daß man friedfertig sein müsse. Es liegt auf der Hand, daß sein bewußter Pazifismus von einem unbewußten Wunsch nach Streit begleitet wird, was in diesem Fall also genau das ist, was seine bewußte Einstellung verurteilt.

Bis jetzt haben wir Beispiele aus dem normalen psychischen Leben zum Beweis für die Existenz unbewußter psychischer Vorgänge angeführt. Tatsächlich jedoch wurde die Bedeutung unbewußter psychischer Tätigkeit bekanntlich von Freud zuerst und vornehmlich an den Symptomen psychisch kranker Patienten dargetan. Als Ergebnis der Freudschen Entdeckungen wird die Idee, daß solche Symptome eine Bedeutung haben, die dem Patienten unbekannt ist, inzwischen so allgemein akzeptiert und erfaßt, daß sie kaum noch der Erläuterung bedarf. Wenn ein Patient eine hysterische Blindheit hat, nehmen wir ohne weiteres an, daß es etwas gibt, was er unbewußt nicht sehen will oder von dem ihm sein Gewissen verbietet, es anzusehen. Es ist richtig, daß es keineswegs immer leicht ist, die unbewußte Bedeutung eines Symptoms richtig zu erraten, und daß die unbewußten Determinanten für auch nur ein einziges Symptom sehr zahlreich und sehr komplex sein können, so daß selbst dann, wenn man den Sinn zutreffend erraten kann, dieses Erraten nur einen Teil, manchmal einen kleinen Teil, der ganzen Wahrheit ausmacht. Das spielt jedoch an dieser Stelle keine Rolle, da wir zunächst einfach durch erläuternde Beispiele die verschiedenen Quellen angeben wollen, die Beweismaterial für unseren Fundamentalsatz über die unbewußten psychischen Prozesse liefern.

Wenn wir rückblickend heute auch sehen, daß sich — wie unsere Beispiele zeigen — selbst ohne die Hilfe der psychoanalytischen

Technik beweisen läßt, daß unbewußte psychische Tätigkeit die Macht hat, bewußtes Denken und Verhalten bei gesunden und bei psychisch kranken Menschen zu beeinflussen, wie auch in der Experimentalsituation der Hypnose, so dürfen wir trotzdem nicht vergessen, daß es diese Technik war, die *ursprünglich* die Entdeckung möglich machte, und daß sie für das umfassendere Studium der unbewußten psychischen Phänomene unerläßlich war.

Dieses Studium überzeugte Freud, daß tatsächlich die Mehrzahl der psychischen Vorgänge sich ohne Bewußtheit abspielte und daß Bewußtheit eher eine außergewöhnliche als eine regelmäßige Eigenschaft der psychischen Vorgänge ist. Dies steht in scharfem Gegensatz zu der vor Freud herrschenden Meinung, daß Bewußtsein und psychische Vorgänge synonym sind. Wir glauben heute, daß beides keineswegs zusammenfällt und daß Bewußtheit zwar ein wichtiges, aber keineswegs ein notwendiges Charakteristikum der psychischen Operationen ist. Wir glauben, daß sie selbst bei solchen Operationen nicht vorhanden sein muß und oft nicht vorhanden ist, die das Verhalten eines Menschen entscheidend bestimmen, oder bei jenen, die ihrer Natur nach besonders komplex und besonders präzis sind. Derartige Vorgänge — selbst komplexe und entscheidende — können völlig unbewußt sein.

Empfohlene Lektüre:

Freud, S. (1917a), *Vorlesungen zur Einführung in die Psychoanalyse.* [Vgl. das Literaturverzeichnis am Ende des vorliegenden Bandes.]

Die zwei Hypothesen, die wir eben erörtert haben, sind für jede Darstellung der psychoanalytischen Theorie grundlegend. Sie bilden gewissermaßen das Fundament, auf dem alles übrige ruht; oder sie sind, falls man ein anderes Bild vorzieht, die Wegweiser, die den Weg angeben und bestimmen, auf dem wir zu einer Formulierung unserer weiteren Hypothesen über die verschiedenen Teile oder Elemente des psychischen Apparates und deren Funktionsweise gelangen.

Wir wollen unseren Versuch, das Schema der Psyche darzustellen, das uns die psychoanalytische Theorie zu bieten hat, mit der Erörterung der Triebe fortsetzen, von denen angenommen wird, daß sie die Psyche mit Energie versorgen und zur Tätigkeit antreiben.

Die von Freud entwickelten psychologischen Theorien waren stets physiologisch ausgerichtet, soweit das überhaupt möglich war. Aus Teilen seiner Korrespondenz, die vor einigen Jahren veröffentlicht wurden, wissen wir in der Tat, daß Freud Anfang der neunziger Jahre des letzten Jahrhunderts den sehr kühnen Versuch unternahm, eine neurologische Psychologie zu entwerfen [Freud, 1950]. Er mußte diesen Versuch aufgeben, weil die Fakten keine ausreichende Korrelation zwischen den beiden Disziplinen zuließen, aber Freud teilte sicherlich die Auffassung, die gegenwärtig von den meisten Psychiatern und vielleicht auch von den meisten Psychologen, die nicht Ärzte sind, vertreten wird, daß es eines Tages möglich sein wird, psychische Phänomene als Funktionen des Gehirns darzustellen. Gegenwärtig ist das offenbar noch nicht in zureichender Weise möglich, obwohl einige interessante Versuche in dieser Richtung im Gange sind. Niemand kann sagen, wann derartige Versuche Erfolg haben werden. Bis dahin gibt es nur wenige formale oder theoretische Verbindungen zwischen der Psychoanalyse und andern Zweigen der Biologie. Die beiden hauptsächlichen Bindeglieder betreffen die psychischen Funktionen, die mit der Sinneswahrnehmung verknüpft sind, und die ›Triebe‹ genannten Instinkt-Kräfte, die den Gegenstand dieses Kapitels bilden.

Zunächst ein Wort zur Terminologie. Was hier ›Triebe‹ genannt wird, wird vor allem in der anglo-amerikanischen psychoanalytischen Literatur oft als ›Instinkte‹ bezeichnet. Im vorliegenden Zusammenhang ist das gewiß ein geläufigeres Wort, aber in diesem Falle scheint uns, die weniger vertraute Bezeichnung sei vorzuziehen, und zwar weil der Funktionsaspekt der menschlichen Psyche, den sie beschreiben soll, von dem, was man bei den niederen Tieren Instinkte nennt, eindeutig unterschieden ist, obschon zwischen diesen und den menschlichen Trieben gewiß ein enger Zusammenhang besteht. Die Unterscheidung, um die es geht, ist folgende: Der Instinkt ist die angeborene Fähigkeit oder Notwendigkeit, auf eine bestimmte Gruppe von Reizen in stereotyper oder gleichbleibender Weise zu reagieren — in einer Reaktionsweise, die nach üblicher Auffassung ein Verhalten einschließt, das erheblich komplexer ist als das, was wir einen einfachen Reflex nennen, wie zum Beispiel der Kniereflex. Der Instinkt eines Tieres mit einem Zentralnervensystem setzt sich jedoch vermutlich wie ein einfacher Reflex aus einem Reiz, irgendeiner Art von zentraler Erregung und einer motorischen Reaktion zusammen, die einen vorherbestimmten Ablauf nimmt. Was wir jedoch auf der andern Seite beim Menschen einen Trieb nennen, schließt die motorische Reaktion nicht ein, sondern nur den Zustand zentraler Erregung als Reaktion auf die Reizwirkung. Die motorische Tätigkeit, die auf diesen Erregungszustand folgt, wird durch einen hochdifferenzierten Teil der Psyche vermittelt, der in der psychoanalytischen Terminologie ›Ich‹ genannt wird und die Möglichkeit erlaubt, daß die Reaktion auf den Erregungszustand, die den Trieb oder die Instinktspannung bildet, durch Erfahrung und Überlegung modifiziert wird, anstatt vorweg festgelegt zu sein, wie es bei den Instinkten der niederen Tiere der Fall ist [Hartmann, 1948].

Diesen Unterschied zwischen dem Instinktleben des Menschen und ähnlichen Erscheinungen bei den niederen Tieren darf man nicht überbetonen. Beim erwachsenen Menschen zum Beispiel besteht offensichtlich eine enge Verknüpfung zwischen dem Sexualtrieb und jenem angeborenen Reaktionsmuster, das wir Orgasmus nennen. Man kann hinzufügen, daß bei jedem instinktiven Drang oder Trieb des Menschen die motorische Reaktion durch genbedingte Faktoren allgemein und in groben Umrissen festgelegt ist. Trotz alledem bleibt jedoch das Faktum, daß das Ausmaß, in dem die Reaktion auf diese Weise bestimmt wird, beim Menschen sehr viel geringer ist, als das offenbar bei anderen Geschöpfen der Fall ist, und daß beim Menschen Umwelt- und Erfahrungsfaktoren die Reaktion in viel größerem Umfang verändern können. Diesen Unterschieden tragen wir Rechnung und sprechen infolgedessen beim Menschen nicht von ›Instinkten‹, sondern von ›Trieben‹.

Ein Trieb ist also eine genbedingte, elementare und essentielle Komponente der Psyche, die — wenn sie wirksam wird — einen Zustand psychischer Erregung oder, wie wir oft sagen, der Spannung hervorruft. Diese Erregung oder Spannung treibt das Individuum zu einem Tätigwerden, das gleichfalls auf generelle Weise genbedingt ist, jedoch durch die individuelle Erfahrung nachhaltig verändert werden kann. Diese Aktivität sollte zu etwas führen, das wir entweder als Aufhören der Erregung oder Spannung oder als Befriedigung bezeichnen können. Ersteres wäre der objektivere, letzteres der subjektivere Terminus. Wir sehen also, daß eine für das Wirken des Triebes charakteristische Abfolge besteht. Wir können diese Abfolge nach Belieben entweder als Spannung, motorische Aktivität und Aufhören der Spannung oder auch als Bedürfnis, motorische Aktivität und Befriedigung bezeichnen. Die erstere Terminologie vernachlässigt absichtlich die Elemente subjektiver Erfahrung, auf die die letztere ausdrücklich Bezug nimmt.

Für die den Trieben innewohnende Fähigkeit, das Individuum zur Aktivität anzutreiben, drängte sich Freud die Analogie zur Konzeption der physischen Energie auf, die bekanntlich als die Fähigkeit, Arbeit zu leisten, definiert wird. Freud nahm infolgedessen an, daß es eine psychische Energie gibt, die ein Teil der Triebe ist oder sich irgendwie aus ihnen herleitet. Diese psychische Energie darf in keiner Weise als das gleiche wie die physische Energie aufgefaßt werden. Sie ist ihr nur in den von uns bereits erwähnten Bezügen analog. Die Konzeption der psychischen Energie ist wie die Konzeption der physischen Energie eine Hypothese, die unser Verständnis der Fakten des psychischen Lebens, die wir beobachten können, vereinfachen und erleichtern soll.

Freud setzte die Analogie zwischen seinen psychologischen Hypothesen und denen der Physik damit fort, daß er vom Quantum der psychischen Energie sprach, mit dem ein bestimmtes Objekt oder eine Person ausgestattet ist. Für diese Konzeption verwendete Freud das Wort ›Besetzung‹. Die genaue Definition von ›Besetzung‹ ist der Betrag an psychischer Energie, der auf die psychische Repräsentanz einer Person (oder eines Gegenstands) gerichtet oder ihr beigelegt ist. Das heißt, Besetzung meint ein rein psychisches Phänomen. Es handelt sich um einen psychologischen, nicht um einen physikalischen Begriff. Psychische Energie kann nicht in den Raum ausströmen und äußere Objekte unmittelbar besetzen. Was besetzt wird, sind natürlich die mit dem Objekt verknüpften verschiedenen Erinnerungen, Gedanken und Phantasien, die das umfassen, was wir die geistigen oder psychischen Repräsentanzen eines Objekts nennen. Je stärker die Besetzung ist, desto wichtiger ist, psychologisch gesprochen, das Objekt, und umgekehrt.

Wir können unsere Definition der Besetzung durch das Beispiel eines kleinen Kindes erläutern, dessen Mutter die Quelle vieler wichtiger Triebbefriedigungen ist, wie wir das als natürlich erwarten. In unserer neuen Terminologie drücken wir dieses Faktum dadurch aus, daß wir sagen, die Mutter des Kindes sei ein wichtiges Objekt seiner Triebe und dieses Objekt sei in hohem Maße mit psychischer Energie besetzt. Damit meinen wir, daß die Gedanken, Bilder und

Phantasien des Kindes, die sich auf seine Mutter beziehen, d. h. sie in der Psyche des Kindes repräsentieren, in hohem Maße besetzt sind.

Bevor wir dieses Thema verlassen, sind die folgenden Bemerkungen angebracht, um das bereits Gesagte nochmals zu unterstreichen. Der Begriff der psychischen Energie hat viele Debatten unter den Psychoanalytikern ausgelöst und auch einige Verwirrung geschaffen. Die Schwierigkeiten sind offenbar zu einem beträchtlichen Teil auf das Wort »Energie« zurückzuführen. In der Physik gibt es verschiedene Arten von Energie: kinetische Energie, potentielle Energie, Strahlungsenergie, um einige zu nennen. Die psychische Energie scheint deshalb dem *Wortklang* nach eine der Formen physikalischer Energie zu sein: kinetische Energie, potentielle Energie, Strahlungsenergie und psychische Energie. Sie ist es *nicht*. Psychische Energie ist ein Ausdruck für einen psychologischen Begriff, nicht für einen physikalischen. Sie kann nur psychologisch definiert werden, physikalisch läßt sie sich bis jetzt überhaupt nicht bestimmen. Zwar ist richtig, daß die Psychologie irgendwie ein Aspekt der Tätigkeit des Zentralnervensystems ist. Sie ist ein Zweig der Biologie und damit letztlich der Physik und der Chemie. Gegenwärtig jedoch wissen wir wenig über die Zusammenhänge zwischen beidem, wie wir schon früher sagten. Wir wissen zum Beispiel nicht, welche Gehirntätigkeit, welche physischen Vorgänge einem Wunsch, einem Verlangen, einem Bedürfnis nach Befriedigung einer bestimmten Art korrespondieren. Solange wir das nicht wissen, können wir nicht damit beginnen, einen Zusammenhang zwischen physischer Energie und ihrem psychischen Analogon herzustellen. Wir müssen uns mit den Einschränkungen abfinden, die uns der gegenwärtige Stand unseres Wissens auferlegt, und davon Abstand nehmen, eine sinnlose Gleichung zwischen Psychischem und Physikalischem aufstellen zu wollen. Auf die psychische Energie die Gesetze der Thermodynamik anzuwenden, die Entropie psychischer Prozesse zu diskutieren, wie das einige Autoren versucht haben, ist sinnlos. Es ist im buchstäblichen Sinn des Wortes Unsinn.

Wir wollen nun Klassifizierung und Natur der Triebe betrachten. Freuds Hypothesen über ihre Klassifizierung wandelten und entwickelten sich im Verlauf von etwa drei Jahrzehnten, d. h. von etwa 1890 bis 1920 [Bibring, 1936], und in den vergangenen zehn Jahren sind seine Ideen durch einige bedeutsame Beiträge ergänzt worden. In seiner ersten Fassung wollte er die Triebe in den Sexualtrieb und den Selbsterhaltungstrieb unterteilen. Die Vorstellung eines Selbsterhaltungs-*Triebes* gab er bald auf, da er ihn für eine unbefriedigende Hypothese hielt, und lange Jahre wurden alle Triebmanifestationen als Teil des Sexualtriebs oder als von ihm abgeleitet angesehen. Das Studium verschiedener psychischer Phänomene, insbesondere des Sadismus und des Masochismus, brachte Freud jedoch schließlich dazu, seine Theorien erneut zu revidieren, und in *Jenseits des Lustprinzips* [Freud, 1920] formulierte er die Theorie der Triebe, die heute allgemein von den Analytikern akzeptiert wird, obwohl — wie wir sehen werden — nicht alle Analytiker sie ganz in der Gestalt akzeptieren, in der Freud sie ursprünglich vorbrachte.

In dieser letzten Formulierung erklärte Freud die Triebaspekte unseres psychischen Lebens durch die Annahme der Existenz zweier Triebe, des Sexualtriebs und des Aggressionstriebs. Wie ihre Benennung andeutet, ist dieser Dualismus auf sehr ungefähre Weise mit dem verknüpft, was wir meinen, wenn wir vom Sexuellen und von Aggression sprechen, aber eine knappe Definition der beiden Triebe ist tatsächlich nicht möglich. Dem Gemeinten etwas näher kommen wir mit der Aussage, daß der eine Trieb die erotische Komponente der psychischen Tätigkeiten, der andere die rein destruktive Komponente hervorruft.

Solche vorsichtigen, abgewogenen Formulierungen sind notwendig, weil die Theorie Freuds annimmt — und es ist außerordentlich wichtig, sich das bezüglich der dualistischen Triebtheorie stets vor Augen zu halten —, daß bei allen Triebmanifestationen, die wir *beobachten* können, seien es normale oder pathologische, stets der Sexualtrieb *und* der Aggressionstrieb beteiligt sind. Um in der Terminologie Freuds zu sprechen: die beiden Triebe sind regelmäßig ›gemischt‹, aber nicht unbedingt zu gleichen Anteilen.

So hat selbst der herzloseste Akt absichtlicher Grausamkeit, der an der Oberfläche nichts als einen Aspekt des Aggressionstriebes zu befriedigen scheint, noch eine unbewußte sexuelle Bedeutung für den Urheber und verschafft ihm ein gewisses Maß unbewußter sexueller Befriedigung. In gleicher Weise gibt es keine Handlung der Liebe, so zärtlich sie sei, die nicht gleichzeitig dem Aggressionstrieb eine unbewußte Möglichkeit des Abflusses liefert.

Mit andern Worten: die von uns postulierten Triebe können als solche im menschlichen Verhalten nicht in reiner, ungemischter Form beobachtet werden. Es sind Abstraktionen aus den Erfahrungsdaten. Es sind Hypothesen — ›operationale‹ Begriffe, um den gegenwärtig modischen Terminus zu gebrauchen —, die es uns, wie wir glauben, möglich machen, unsere Daten so einfach und systematisch wie möglich zu verstehen und zu erklären. So dürfen wir nie ein klinisches Beispiel erwarten oder danach suchen, bei dem der Aggressionstrieb vom Sexualtrieb isoliert auftritt oder umgekehrt. Der Aggressionstrieb ist mit dem, was wir gewöhnlich als Aggression bezeichnen, ebensowenig *gleichbedeutend* wie der Sexualtrieb mit einem Verlangen nach Geschlechtsverkehr.

In unserer gegenwärtigen Theorie unterscheiden wir also zwei Triebe. Den einen nennen wir Sexualtrieb oder erotischen Trieb, den anderen Aggressionstrieb oder Destruktionstrieb. In Übereinstimmung mit dieser Unterscheidung nehmen wir auch an, daß es zwei Arten von psychischer Energie gibt, die mit dem Sexualtrieb verbundene und die mit dem Aggressionstrieb verbundene. Erstere hat einen speziellen Namen, ›Libido‹. Letztere hat keine spezielle Bezeichnung, obwohl man einmal vorgeschlagen hat, sie in Analogie zu Destruktion ›Destrudo‹ zu nennen. Gewöhnlich bezeichnet man sie einfach als Aggressionsenergie, obwohl sie manchmal auch ›Aggression‹ genannt wird. Letzterer Sprachgebrauch ist unglücklich, da, wie wir eben sagten, die Bedeutung von Aggressionsenergie und Aggressionstrieb *nicht* das gleiche ist wie das Verhalten, das wir gewöhnlich als Aggression bezeichnen; für beides das gleiche Wort zu verwenden, kann nur zu unnötiger Verwirrung führen, indem leicht der wichtige Unterschied, der zwischen ihnen zu machen ist, verwischt wird.

Es ist auch wichtig, sich klarzumachen, daß die Einteilung der Triebe in Sexualtrieb und Aggressionstrieb, wie sie unsere gegenwärtige Theorie vornimmt, auf psychologischem Beweismaterial basiert. In seiner ursprünglichen Formulierung versuchte Freud, die psychologische Theorie der Triebe mit fundamentaleren, biologischen Begriffen zu verknüpfen, und schlug vor, die Triebe Selbsterhaltungstrieb und Todestrieb zu nennen. Diese Triebe würden annähernd den Prozessen des Anabolismus und des Katabolismus entsprechen und hätten weit mehr als nur psychologische Bedeutung. Sie wären Triebcharakteristika der gesamten lebendigen Materie — gewissermaßen Triebe des Protoplasmas selbst.

Wie es nun auch um die Richtigkeit dieser biologischen Spekulationen Freuds bestellt sein mag, sicher ist, daß sie zu zahlreichen Mißverständnissen geführt haben. Es kann nicht nachdrücklich genug betont werden, daß die Einteilung der Triebe, deren wir uns bedienen, auf klinischen Feststellungen beruht und allein mit diesen Feststellungen steht und fällt. Ob Freud mit seinen Vorstellungen vom Selbsterhaltungs- und Todestrieb recht hatte, hat damit nichts zu tun. Tatsächlich akzeptieren einige Analytiker den Begriff des Todestriebs, während andere (gegenwärtig vielleicht die Mehrheit) ihn ablehnen; aber beide Richtungen sind im allgemeinen davon überzeugt, daß es *auf klinischer Ebene* von Wert ist, Triebmanifestationen als verschieden zusammengesetzte Mischungen des Sexualtriebs und des Aggressionstriebs zu betrachten. Freud definierte den Trieb zuerst als einen vom Körper ausgehenden Reiz des Psychischen [Freud, 1905b]. Da er sich zu jener Zeit nur mit den sexuellen Trieben beschäftigte, schien diese Definition den Fakten sehr gut gerecht zu werden. Nicht nur hängen sexuelle Erregung und Befriedigung mit der Stimulierung verschiedener Teile des Körpers und mit den dort vorgehenden physischen Veränderungen offensichtlich zusammen, sondern auch die durch verschiedene endokrine Drüsen freigesetzten Hormone üben eine tiefgehende Wirkung auf das gesamte sexuelle Leben und Verhalten aus. Im Falle des Aggressionstriebes jedoch ist das Beweismaterial für eine somatische Grundlage keineswegs eindeutig. Zuerst wurde die Annahme vorgebracht, zwischen der Skelettmuskulatur und diesem Trieb bestehe so ziemlich der gleiche Zusammenhang wie zwischen den sexuell erregbaren Teilen des Körpers und dem Sexualtrieb. Da wir gegenwärtig keinen physiologischen, chemischen oder psychologischen Beweis zur Stützung dieser Hypothese kennen, wurde sie weitgehend fallengelassen. Man nimmt offenbar stillschweigend an, daß Gestalt und Funktion des Nervensystems das somatische Substrat für den Aggressionstrieb liefern. Einige Analytiker möchten vielleicht nicht einmal so weit gehen und lieber die Frage der somatischen Grundlage des Aggressionstriebes als im Augenblick unlösbar beiseite lassen.

Es ist vielleicht lohnender, wenn wir uns, anstatt solche theoretische Fragen weiter zu verfolgen, jenen Aspekten der Triebe zuwenden, die in engem Zusammenhang mit beobachtbaren Fakten stehen. Man könnte das auf vielerlei Art tun, aber es ist vielleicht nicht die schlechteste Art des Vorgehens, wenn wir einen Aspekt der Triebe erörtern, der sich für Theorie und Praxis, d. h. für ihre genetische Entwicklung, als besonders bedeutsam erwiesen hat.

Der Einfachheit halber wollen wir mit dem Sexualtrieb oder erotischen Trieb beginnen, da wir mit ihm in seiner Entwicklung und seinen Schicksalen vertrauter sind als mit seinem Partner und zuweilen Rivalen, dem Aggressionstrieb. Die psychoanalytische Theorie postuliert, daß diese Trieb-Kräfte, die später die sexuellen Wünsche des Erwachsenen erzeugen, mit all ihrem Schmerz und ihrer Seligkeit, schon beim Kleinkind das Verhalten beeinflussen und nach Befriedigung schreien. Das Wort ›postuliert‹ ist in diesem Zusammenhang eigentlich unzureichend. Wir sollten besser sagen, daß diese Behauptung als hinlänglich bewiesen angesehen wird.

Die zur Verfügung stehenden Beweise stammen aus wenigstens drei Quellen. Die erste Quelle ist die direkte Beobachtung von Kindern. Es ist wirklich bemerkenswert, wie offensichtlich die Beispiele sexueller Wünsche und sexuellen Verhaltens bei kleinen Kindern sind, wenn man sie vorurteilslos und objektiv beobachtet und mit ihnen spricht. Leider ist gerade das der ›wunde Punkt‹; denn eben weil jeder selber das Bedürfnis hat, die sexuellen Wünsche und Konflikte der eigenen frühen Kindheit zu vergessen und zu verleugnen, war vor den Untersuchungen Freuds fast keiner imstande, bei den von ihm beobachteten Kindern das offensichtliche Vorliegen sexueller Wünsche zu erkennen. Die andern Beweisquellen für diesen Punkt sind die Analysen von Kindern und Erwachsenen. Bei ersteren kann man unmittelbar die große Bedeutung infantiler sexueller

Wünsche und ihre Natur sehen, bei letzteren sie rekonstruierend erschließen.

Noch ein weiterer Punkt ist klarzustellen. Die Ähnlichkeit zwischen den sexuellen Wünschen des Kindes im Alter von drei bis fünf Jahren und denen des Erwachsenen ist so auffallend, sobald man die Fakten kennt, daß man keine Bedenken hat, diese Wünsche beim Kind wie beim Erwachsenen gleich zu benennen. Aber wie sollen wir die Abkömmlinge oder Manifestationen des Sexualtriebes in noch früherem Lebensalter identifizieren? Im Anschluß an Freud [1905b] können wir uns auf die folgenden Beobachtungen stützen: 1) Im Laufe der normalen Entwicklung gibt es gewisse Züge lustvollen Verhaltens in der frühen Kindheit, die später der genitalen Erregung und Befriedigung untergeordnet werden und zu ihr beitragen. Das gilt für Küssen, Anschauen, Liebkosen, Zur-Schau-Stellen und ähnliches. 2) In gewissen Fällen abnormer sexueller Entwicklung (sexueller Perversionen) werden eine oder mehrere infantile Interessen oder Handlungen zur Hauptquelle oder zu den Hauptquellen sexueller Befriedigung des Erwachsenen. Diese sind gewöhnlich zugleich analer wie oraler oder visueller Art. 3) Das Material aus der therapeutischen Anwendung der psychoanalytischen Methode auf neurotische Patienten zeigt, daß solche »perversen« Wünsche auch in der Psyche dieser Patienten wirksam sind. Anstatt jedoch, wie bei sexuell perversen Personen, bewußt und erregend zu sein, sind sie unbewußt und eine Quelle von Angst und Schuldgefühl.

Wir sind jetzt in der Lage, in schematischer Weise darzustellen, was von der typischen Abfolge der Manifestationen des Sexualtriebes von der Kindheit an bekannt ist, einer Abfolge, die Freud zuerst in der 1915 erschienenen Ausgabe seiner *Drei Abhandlungen zur Sexualtheorie* skizziert hat.

Der Leser muß verstehen, daß sich die unten beschriebenen Phasen nicht so deutlich voneinander abheben, wie das nach unserer schematischen Darstellung der Fall zu sein scheint. In Wirklichkeit geht eine Phase langsam in die nächste über, und beide überschneiden sich, so daß der Übergang von einer zur andern sich sehr allmählich vollzieht. Ebenso müssen auch die für die Dauer jeder Phase angegebenen Zeiten als Annäherungs- und Durchschnittswerte verstanden werden.

Während der ersten eineinhalb Lebensjahre ungefähr sind Mund, Lippen und Zunge die hauptsächlichen Sexualorgane des Kindes. Damit meinen wir, daß seine Wünsche wie seine Befriedigungen primär oral sind. Die Beweise dafür sind weitgehend rekonstruierender Art, d. h. sie basieren auf den Analysen älterer Kinder und von Erwachsenen, aber es ist auch möglich, durch ganz unmittelbare Beobachtung festzustellen, welche Bedeutung Saugen, In-den-Mund-Nehmen und Beißen als Lustquellen für Kinder dieses Alters und sogar für noch ältere haben.

In den nächsten eineinhalb Jahren wird das andere Ende des Ernährungstraktes, d. h. der Anus, zur wichtigsten Stelle sexueller Spannungen und Befriedigungen. Diese Lust- und Unlustgefühle sind sowohl mit dem Zurückhalten als auch mit dem Ausstoßen des Kotes verbunden, und diese körperlichen Vorgänge, die Fäzes selbst sowie die Fäkalgerüche sind für das Kind Objekte intensivsten Interesses.

Gegen Ende des dritten Lebensjahres beginnen die Genitalien die führende sexuelle Rolle zu übernehmen und behalten sie normalerweise von da an. Diese Phase der sexuellen Entwicklung wird als phallische Phase bezeichnet, und zwar aus zwei Gründen. In erster Linie, weil der Penis für Kinder beiden Geschlechts das Hauptobjekt des Interesses ist. Zweitens glauben wir, daß das Organ sexueller Erregung und Lust des kleinen Mädchens die Klitoris ist, die embryologisch das weibliche Analogon zum Penis ist. Gewiß kann das während des ganzen späteren Lebens so bleiben, aber für gewöhnlich tritt die Vagina in dieser Hinsicht an die Stelle der Klitoris.

Dies sind also die drei Phasen der psychosexuellen Entwicklung beim Kind — die orale, die anale und die phallische —, wobei die letzte in der Pubertät in das Stadium der Sexualorganisation des Erwachsenen übergeht. Diese Stufe des Erwachsenseins wird als genitale bezeichnet, und bei Einhaltung des richtigen Sprachgebrauchs bleibt der Terminus ›genitale Phase‹ ihr allein vorbehalten. Wir können hier einschalten, daß die Unterscheidung zwischen der phallischen und der genitalen Phase eine Unterscheidung der Sache nach ist, nicht einfach eine Benennungsunterscheidung, da die Fähigkeit zum Orgasmus gewöhnlich erst in der Pubertät erworben wird. Doch wird der richtige Sprachgebrauch in der psychoanalytischen Literatur in dieser Hinsicht nicht immer eingehalten, und das Wort ›genital‹ wird häufig an Stelle des richtigen ›phallisch‹ verwendet. Insbesondere werden die orale und die anale Phase gewöhnlich als ›prägenitale‹ anstatt als ›präphallische‹ Phasen bezeichnet.

Außer den drei Hauptmodalitäten der kindlichen Sexualität, die den Hauptphasen, die wir erörtert haben, ihren Namen geben, gibt es noch andere Manifestationen des Sexualtriebes, die Erwähnung verdienen. Eine dieser Manifestationen ist das Sehenwollen, das gewöhnlich in der phallischen Phase am stärksten ausgeprägt ist, und das Gegenstück, das Zeigenwollen. Das Kind hat den Wunsch, die Genitalien anderer zu sehen und seine eigenen zu zeigen. Selbstverständlich bezieht seine Neugier und sein Exhibitionismus auch andere Körperteile und andere Körperfunktionen mit ein.

Eine weitere Komponente der Sexualität, die regelmäßig beim Kind vorhanden ist, ist die mit der Urethra und dem Urinieren zusammenhängende. Sie wird Urethralerotik genannt. Hautempfindungen steuern gleichfalls ihren Teil bei, ebenso Hören und Riechen, so daß schon dieserhalb Raum für ein beträchtliches individuelles Variieren zwischen den einzelnen Kindern bleibt. Ob die tatsächlich auftretenden Unterschiede in der relativen Bedeutung der verschiedenen sexuellen Modalitäten auf Unterschieden der Konstitution bei den Kindern beruhen oder auf Einflüssen der Umwelt mit ihren Versagungen und Verführungen, das ist eine Frage, auf die es bislang keine sichere Antwort gibt. Die Analytiker neigen mit Freud zu der Annahme, daß in manchen Fällen konstitutionelle Faktoren wichtiger sind, in andern Fällen Umweltsfaktoren, während zumeist beide Gruppen von Faktoren zum Endresultat beitragen [Freud, 1905b].

Wir haben die Phasenfolge beschrieben, die bei den Manifestationen des Sexualtriebs normalerweise in der Kindheit abläuft. Es spricht vieles dafür, daß diese Abfolge aus Veränderungen im Grad des Interesses und der Wichtigkeit resultiert, die im psychischen Leben des Kindes mit den verschiedenen Objekten und Befriedigungsformen des Sexualtriebes verbunden sind. Zum Beispiel haben die Brüste in der oralen Phase eine weit größere psychische Bedeutung als in der analen oder in der phallischen Phase; das gleiche gilt für das Saugen, die Form der Befriedigung, die für die früheste orale Phase charakteristisch ist. Wir sahen auch, daß diese Veränderungen sich allmählich vollziehen, nicht abrupt, und daß die alten Objekte und Befriedigungsarten nur allmählich aufgegeben werden, selbst wenn die neuen schon seit einiger Zeit die führende Rolle übernommen haben.

Wenn wir diese Fakten nach unseren neu definierten Begriffen beschreiben, so sagen wir, daß die libidinöse Besetzung eines Objektes einer früheren Phase abnimmt, wenn die nächste Phase erreicht ist, und ergänzen, daß die Besetzung — wenn auch weniger stark — noch einige Zeit anhält, nachdem die spätere Phase sich durchgesetzt hat und die ihr gemäßen Objekte die Hauptobjekte libidinöser Besetzung geworden sind.

Die Theorie der psychischen Energie verschafft uns eine Erklärung dessen, was bei diesen Veränderungen geschieht — eine Erklärung, die zugleich einfach ist und mit den Fakten übereinstimmt, wie wir sie kennen. Wir nehmen an, daß die Libido, die das Objekt oder die Befriedigungsform der früheren Phase besetzte, sich allmählich von ihnen ablöst und statt dessen ein Objekt oder eine Befriedigungsform der nächsten Phase besetzt. So besetzt die Libido, die zuerst die Brust besetzt hatte, oder genauer die psychische Repräsentanz der Brust, später die Fäzes und, wiederum später, den Penis. Nach unseren Theorien fließt die Libido im Verlauf der psychosexuellen Entwicklung von Objekt zu Objekt und von einer Form der Befriedigung zu einer anderen, ein Fließen, das in groben Umrissen wahrscheinlich durch uns allen gemeinsame konstitutionelle Faktoren bedingt ist, aber von Individuum zu Individuum beträchtlich variieren kann.

Wir haben jedoch gute Gründe für die Annahme, daß keine wirklich starke libidinöse Besetzung je völlig aufgegeben wird. Der größte Teil der Libido mag auf andere Objekte abfließen, aber normalerweise bleibt zumindest ein Teil von ihr an das ursprüngliche Objekt gebunden. Dieses Phänomen, d. h. das Weiterbestehen der libidinösen Besetzung eines Objekts des Säuglingsalters oder der Kindheit im späteren Leben, bezeichnen wir als ›Fixierung‹ der Libido. Zum Beispiel kann es sein, daß ein Knabe an seine Mutter fixiert bleibt, und deshalb als Erwachsener nicht imstande ist, seine Zuneigung auf eine andere Frau zu übertragen, wie er das normalerweise können müßte. Das Wort ›Fixierung‹ kann sich außerdem auch auf eine Form der Befriedigung beziehen. So sprechen wir von Menschen, die auf orale oder anale Befriedigungsformen fixiert sind.

Es wird häufig angenommen, die Verwendung des Wortes ›Fixierung‹ bezeichne oder impliziere etwas Psychopathologisches. Das kommt daher, daß das Weiterbestehen früher Besetzungen zuerst von Freud und seinen Nachfolgern bei neurotischen Patienten erkannt und beschrieben wurde. Wie wir oben sagten, handelt es sich jedoch wahrscheinlich um ein generelles Charakteristikum der psychischen Entwicklung. Vielleicht führt es, wenn es übermäßig stark ausgeprägt ist, eher zu einem pathologischen Resultat; vielleicht bestimmen andere, bis jetzt unbekannte Faktoren, ob eine Fixierung mit psychischer Krankheit verbunden ist oder nicht.

Eine Fixierung, sei es an ein Objekt oder an eine Form der Befriedigung, ist gewöhnlich unbewußt, entweder ganz oder teilweise. Man könnte zunächst denken, daß eine starke Fixierung, d. h. das Weiterdauern einer starken Besetzung, bewußt sein würde, eine schwache Fixierung hingegen unbewußt. Tatsächlich aber ergibt sich aus unserem zuverlässigsten Beweismaterial, daß keine Beziehung besteht zwischen der Stärke der weiterdauernden Besetzung und der Möglichkeit für das Bewußtsein, Zugang zu ihr zu erlangen. Zum Beispiel werden die sexuellen Interessen unserer Kindheit trotz der sehr großen Stärke ihrer Besetzungen regelmäßig zum großen Teil vergessen, wenn wir der frühen Kindheit entwachsen, wie wir weiter oben in diesem Kapitel bemerkt haben. Tatsächlich ist das Wort ›vergessen‹ zu schwach und zu blaß, um das, was geschieht, richtig zu beschreiben. Wir sollten zutreffender sagen, daß zwischen die Erinnerungen an diese Interessen und ihr Bewußtwerden energisch eine Sperre geschoben wird. Dies kann auch bei anderen, etwas späteren Fixierungen der Fall sein.

Außer dem, was wir als Weiterfließen der Libido im Verlauf der psychosexuellen Entwicklung beschrieben haben, kann auch ein Zurückebben eintreten. Dafür haben wir eine besondere Bezeichnung: ›Regression‹. Wenn wir, wie wir es hier tun, die Bezeichnung spezifisch in Zusammenhang mit einem Trieb verwenden, so sprechen wir von einer Triebregression. Dieser Terminus bezeichnet die Rückkehr zu einer früheren Form oder zu einem früheren Objekt der Befriedigung.

Die Triebregression hängt eng mit der Fixierung zusammen, da die Regression, wenn eine solche auftritt, gewöhnlich die Regression zu einem Objekt oder zu einer Form der Befriedigung ist, an die der Betreffende bereits fixiert war. Wenn eine neue Lust sich als unbefriedigend herausstellt und aufgegeben wird, neigt der Betreffende, wie zu erwarten, dazu, zu einer Lustform zu regredieren, die erprobt und echt ist.

Ein Beispiel für eine solche Regression wäre etwa die Reaktion eines kleinen Jungen auf die Geburt eines Bruders, mit dem er die Liebe und Aufmerksamkeit der Mutter teilen müßte. Obwohl er das Daumenlutschen mehrere Monate vor der Ankunft des Bruders aufgegeben hatte, fiel er wieder darauf zurück, nachdem der Bruder geboren war. In diesem Fall war das frühere Objekt libidinöser Befriedigung, zu dem das Kind regredierte, sein Daumen, während die frühere Befriedigungsform das Saugen war.

So wie in unserem Beispiel tritt Regression häufig unter ungünstigen Bedingungen auf. Das ist jedoch keineswegs immer der Fall. Es kommt vor, daß Kinder – übrigens auch Erwachsene – sich zum Vergnügen regressiv verhalten, wie im Falle analer Spiele oder Scherze. Regression darf also nicht mit Psychopathologie gleichgesetzt werden. Sie ist unter bestimmten Umständen eine normale Erscheinung des psychischen Lebens, unter anderen Umständen ein ungünstiges oder pathologisches Phänomen [Kris, 1952; A. Freud, 1965].

Wie unser Beispiel zeigt, haben wir üblicherweise im Auge, daß Regression unter ungünstigen Bedingungen auftritt, und obwohl sie nicht unbedingt per se pathologisch ist, ist sie doch häufig mit pathologischen Manifestationen verbunden.

Hier muß eine Eigenschaft der infantilen Sexualität erwähnt werden, die von besonderer Bedeutung ist. Sie betrifft die Beziehung des Kindes zu den Objekten seines sexuellen Verlangens (in der Hauptsache Personen). Um einen ganz einfachen Fall zu nehmen: wenn das Kind nicht fortwährend die Brust seiner Mutter haben kann, lernt es bald, sich durch Saugen an den eigenen Fingern oder Zehen zu beruhigen. Diese Fähigkeit, die eigenen sexuellen Bedürfnisse allein zu befriedigen, wird als Autoerotismus bezeichnet. Er verschafft dem Kind eine gewisse Unabhängigkeit von der Umwelt, soweit es um die Erlangung von Befriedigung geht, und läßt ferner den Weg offen für eine möglicherweise verhängnisvolle Abwendung von der gesamten Welt der äußeren Realität, hin zu einem übermäßigen oder sogar ausschließlichen Interesse am Ich, wie man das in ernsten pathologischen Zuständen wie der Schizophrenie findet.

Wenn wir uns nun der Betrachtung des Aggressionstriebes zuwenden, so müssen wir gestehen, daß über seine Schicksale sehr viel weniger geschrieben wurde als über die des Sexualtriebes. Das ist weitgehend darauf zurückzuführen, daß Freud erst ab 1920 den Aggressionstrieb als selbständige Triebkomponente des Seelenlebens ansah, vergleichbar der sexuellen Komponente, die seit langem anerkannt und zum Gegenstand spezieller Forschungen geworden war.

Die Manifestationen des Aggressionstriebes zeigen die gleiche Fähigkeit zu Fixierung und Regression und den gleichen Übergang vom Oralen über das Anale zum Phallischen, wie wir sie für die Manifestationen des Sexualtriebes beschrieben haben. Das heißt, daß aggressive Impulse in der ersten Lebenszeit des Kindes vorwiegend durch orale Tätigkeit, wie z. B. durch Beißen, entladen werden. Etwas später werden Sichbeschmutzen oder Zurückhalten der Fäzes zu wichtigen Abflußmöglichkeiten des Aggressionstriebes, während beim etwas älteren Kind der Penis und seine Betätigung als Waffe beziehungsweise als Zerstörungsmittel benutzt oder wenigstens begriffen (in der Phantasie benutzt) werden.

Es ist jedoch nicht zu verkennen, daß die Beziehung zwischen dem Aggressionstrieb und den von uns eben erwähnten verschiedenen Teilen des Körpers bei weitem nicht so eng ist wie die Beziehung im Falle des Sexualtriebes. Der Junge von fünf oder sechs Jahren zum Beispiel verwendet in Wirklichkeit schwerlich seinen Penis als Waffe; gewöhnlich benützt er seine Hände, seine Zähne, seine Füße und Worte. Richtig ist jedoch, daß die Waffen, die er in seinen Spielen und Phantasien benützt — wie Speere, Pfeile, Gewehre etc. —, in seinem unbewußten Denken seinen Penis vertreten, wie sich durch Analyse zeigen läßt. In seinen Phantasien vernichtet er also unbewußt seine Feinde mit seinem mächtigen und gefährlichen Penis. Trotzdem müssen wir zu dem Schluß kommen, daß der Sexualtrieb sehr viel enger mit seinen erogenen Körperzonen verbunden ist als der Aggressionstrieb mit eben diesen Zonen oder mit einem ähnlichen Teil des Körpers. Vielleicht trifft dieser Unterschied für die früheste, orale Phase nicht zu. Ein wenige Monate alter Säugling benützt tatsächlich außer seinem Mund kaum etwas anderes und wir können durchaus annehmen, daß orale Betätigungen sowohl für seinen Aggressionstrieb (Beißen) wie für seinen Sexualtrieb (Saugen, In-den-Mund-Nehmen) die Hauptabflußmöglichkeit darstellen.

Es ist interessant, daß die Frage der Beziehung zwischen Aggressionstrieb und Lust ebenfalls noch zweifelhaft ist. Was den Zusammenhang von Sexualtrieb und Lust betrifft, sind wir nicht unschlüssig. Befriedigung des Sexualtriebes bedeutet nicht einfach eine indifferente Entladung der Spannung, sondern eine lustvolle Entladung. Die Tatsache, daß Schuld, Scham oder Ekel in gewissen Fällen die Lust stören oder sogar an ihre Stelle treten, ändert unsere Auffassung von dem ursprünglichen Zusammenhang zwischen Sexualität und Lust nicht. Aber verschafft auch die Befriedigung des Aggressionstriebes (oder anders ausgedrückt: die Entladung aggressiver Spannung) Lust? Freud verneinte das [Freud, 1920]. Andere Autoren haben später die Meinung vertreten, dies sei doch der Fall [Hartmann et al., 1949], und die Mehrheit der Psychoanalytiker hat sich, wie es scheint, dieser Auffassung angeschlossen.

Hier mag noch ein warnendes Wort von Nutzen sein, und zwar bezüglich der häufig falschen Verwendung der Wörter ›Libido‹ und ›libidinös‹ in der psychoanalytischen Literatur. Sie müssen oft so verstanden werden, daß sie nicht nur die Energie des Sexualtriebes, sondern auch die des Aggressionstriebes meinen. Das ist verständlich für die Literatur vor der Zeit, als die Konzeption des Aggressionstriebes formuliert wurde. Zu jener Zeit war ›libidinös‹ gleichbedeutend mit ›die Triebe betreffend‹. Aber die Nachwirkung des ursprünglichen Sprachgebrauches ist so stark, daß sogar heute noch das Wort ›Libido‹ in dem Sinne verwendet wird, daß es sowohl die aggressive wie die sexuelle Energie umfaßt.

Empfohlene Lektüre:

Freud, S. (1905b), *Drei Abhandlungen zur Sexualtheorie*, und (1933), ›Angst und Triebleben‹, XXXII. Vorlesung aus *Neue Folge der Vorlesungen zur Einführung in die Psychoanalyse*.

Drittes Kapitel: Der psychische Apparat

Wir wollen uns nun die Frage vorlegen: »Was für ein Bild der Psyche haben wir durch unsere bisherige Erörterung der psychoanalytischen Theorie gewonnen?«

Wenn wir uns die Antwort auf unsere Frage zurechtlegen, stellen wir fest, daß wir zunächst mit zwei fundamentalen, wohlbewiesenen Hypothesen über die psychischen Vorgänge begannen, die wesentlich deskriptiver Natur waren. Die eine war das Gesetz der psychischen Kausalität, die andere der Satz, daß psychische Tätigkeit hauptsächlich unbewußt ist.

Wir begreifen, daß diese beiden Hypothesen gewissermaßen die Richtpfeiler bei unserer weiteren Erörterung der psychoanalytischen Theorie sein werden. Wie eben gesagt, sind sie primär deskriptiver Natur. Bei unserem nächsten Gegenstand jedoch, den Trieben, hatten wir es sofort mit wesentlich dynamischen Begriffen zu tun. Wir erörterten die psychische Energie, die den Organismus zur Tätigkeit antreibt, bis Befriedigung erlangt wird; das genetisch bestimmte Muster der Veränderung von einer Phase der Trieborganisation zur nächsten beim Heranwachsen des Kindes; die individuellen Varianten, die innerhalb der grob gesteckten Grenzen dieses Musters vorkommen können; die Verlagerung der Libido und der Aggressionsenergie von Objekt zu Objekt im Verlauf der Entwicklung; die Festlegung von Fixierungspunkten; und das Phänomen der Rückkehr der psychischen Energie zu diesen Fixierungspunkten, das wir Triebregression nennen.

Es ist für die psychoanalytische Theorie charakteristisch, daß sie uns eben ein solch bewegtes, dynamisches Bild des Psychischen vermittelt, nicht ein statisches und lebloses Bild. Sie versucht, uns Wachstum und Funktionsweise des Psychischen darzustellen und zu erklären und ebenso das Wirken seiner verschiedenen Teile sowie deren Wechselwirkung und Konflikte. Selbst die von ihr vorgenommene Untergliederung des Psychischen in verschiedene Teile wird auf einer dynamischen und funktionalen Basis getroffen, wie wir in diesem und den beiden folgenden Kapiteln sehen werden, die das behandeln, was Freud die Elemente des psychischen Apparates genannt hat.

Der erste veröffentlichte Versuch Freuds, ein Modell des psychischen Apparates zu konstruieren, ist der im letzten Kapitel der

Traumdeutung [Freud, 1900] erschienene. Er stellte sich den psychischen Apparat ähnlich vor wie ein zusammengesetztes optisches Instrument, wie ein Fernrohr oder ein Mikroskop, das aus vielen, hintereinander angeordneten optischen Elementen besteht. Der psychische Apparat sollte als aus vielen psychischen Komponenten zusammengesetzt gedacht werden, die hintereinander angeordnet sind und sich vom Wahrnehmungssystem am einen Ende bis zum motorischen System am anderen Ende erstrecken, wenn wir dieses Wort verwenden dürfen, wobei die verschiedenen Erinnerungs- und Assoziationssysteme dazwischenliegen.

Selbst bei diesem sehr frühen Schema des Psychischen sind also, wie man sieht, die Einteilungen funktionaler Art. Ein ›Teil‹ des Apparates reagiert auf Sinnesreize, ein eng damit verbundener Teil erzeugt, wenn er in Tätigkeit gesetzt wird, das Phänomen des Bewußtseins, andere Teile wieder speichern Erinnerungsreste und reproduzieren sie, und so fort. Von einem System zum nächsten fließt eine Art psychischer Erregung, die nacheinander jedes System mit Energie versorgt, genau wie ein nervöser Impuls von einem Teil eines Reflexbogens zum nächsten wandert.

Außerdem schlug Freud vor, drei psychische Systeme zu unterscheiden, die er in seinen frühen Diagrammen unter die Erinnerungs- und Assoziationssysteme einschob. Schon bei seiner ersten Erörterung dieser drei Systeme jedoch traten sie als fundamental wichtig und neu hervor. Er arbeitete seine Ideen in einer späteren Monographie [Freud, 1915c] weiter aus, die folgendermaßen zusammengefaßt werden kann.

Inhalt und Operationen der Psyche können danach eingeteilt werden, ob sie bewußt oder unbewußt sind. Drei Systeme lassen sich unterscheiden, das System *Ubw* (von ›unbewußt‹), das System *Vbw* (von ›vorbewußt‹) und das System *Bw* (von ›bewußt‹). Die Abkürzungen wurden als Namen verwendet, um Verwechslungen mit der gewöhnlichen Bedeutung der Wörter, von denen die Abkürzungen abgeleitet waren, zu verhindern.

Auf den ersten Blick sieht es so aus, als sei diese zweite Theorie Freuds über einen psychischen Apparat denkbar weit davon entfernt, eine dynamische und funktionale Theorie zu sein. Scheinbar unterscheidet er die Teile des Psychischen rein nach dem Statischen und Qualitativen: ›Bewußt oder nicht bewußt?‹ In diesem Fall ist jedoch der erste Eindruck trügerisch; auch diese zweite Theorie ist grundsätzlich funktional, wie das Ende der Erörterung zeigen wird.

Freud legte dar, daß das bloße Attribut der Bewußtheit keine ausreichende Grundlage für die Unterscheidung psychischer Inhalte und Prozesse ist. Der Grund dafür ist, daß es zwei Klassen von Inhalten und Prozessen gibt, die nicht bewußt sind und die sich durch dynamische, funktionale Kriterien voneinander unterscheiden lassen. Die erste dieser Gruppen unterscheidet sich nicht wesentlich von dem, was im Augenblick gerade bewußt ist. Ihre Elemente können einfach durch eine Bemühung der Aufmerksamkeit bewußt gemacht werden. Umgekehrt hört das im Augenblick Bewußte auf, bewußt zu sein, wenn die Aufmerksamkeit von ihm abgezogen wird. Die zweite Gruppe der nicht bewußten psychischen Vorgänge und Inhalte jedoch unterscheidet sich von der ersten dadurch, daß diese Vorgänge und Inhalte nicht durch eine bloße Anspannung der Aufmerksamkeit bewußt gemacht werden können. Der Zugang zum Bewußtsein wird ihnen einstweilen durch eine Kraft innerhalb des Psychischen selbst verwehrt.

Ein einfaches Beispiel für diese zweite Gruppe ist der in der Hypnose erteilte Befehl, wie wir ihn im ersten Kapitel beschrieben haben, dem die Versuchsperson nach dem ›Aufwachen‹ aus der hypnotischen Trance gehorchen soll, wobei ihr jedoch befohlen wird, daß sie keine bewußte Erinnerung an den Befehl haben darf. In diesem Fall war alles, was in der hypnotischen Trance geschehen war, durch den Befehl des Hypnotiseurs zu vergessen vom Bewußtsein ausgesperrt. Oder, genauer gesagt, die Erinnerung an die Ereignisse der Trance wurde von dem Teil der Psyche der Versuchsperson, die dem Befehl des Vergessens gehorchte, vom Bewußtsein ausgesperrt.

Eben auf dieser *funktionalen* Grundlage unterschied Freud zwischen den beiden Systemen, die er das Ubw und das Vbw nannte. Jene psychischen Inhalte und Vorgänge, die aktiv vom Bewußtsein ausgesperrt werden, nannte er das ›System Ubw‹. Jene, die durch eine Anspannung der Aufmerksamkeit bewußt werden können, nannte er das Vbw. Das System Bw bezeichnete natürlich das, was im Psychischen bewußt ist.

Wegen ihres engen funktionalen Zusammenhanges wurden das System Bw und das System Vbw im Gegensatz zum System Ubw in einer Gruppe als Bw-Vbw-Systeme zusammengefaßt. Die enge Beziehung zwischen dem Bw und dem Vbw ist leicht zu verstehen. Ein Gedanke, der in diesem Augenblick zum System Bw gehört, ist wenige Augenblicke später Teil des Systems Vbw, wenn die Aufmerksamkeit von ihm abgezogen wird und er nicht mehr bewußt ist. Umgekehrt werden in jedem Augenblick Gedanken, Wünsche etc., die bis dahin zum System Vbw gehörten, bewußt und infolgedessen Teil des Systems Bw.

Da bewußte Prozesse lange vor Freud den Psychologen bekannt und von ihnen studiert worden waren, war es natürlich, daß die hauptsächlichen neuen Beiträge und Entdeckungen, die er zu machen hatte, das System Ubw betrafen. In der Tat wurde die Psychoanalyse während ihrer Entwicklung viele Jahre lang zutreffenderweise ›Tiefenpsychologie‹ genannt, d. h. Psychologie des Ubw. Es war eine Psychologie, die sich hauptsächlich mit den Inhalten und Prozessen der Psyche befaßte, die durch eine psychische Kraft vom Bewußtsein abgesperrt werden. In dieser Phase ihrer Entwicklung war die Psychoanalyse mit den soeben zusammengefaßten Theorien über den psychischen Apparat gut bedient.

Mit wachsendem Verständnis für das System Ubw wurde Freud jedoch klar, daß dessen Inhalte nicht so gleichförmig sind, wie er das erwartet hatte. Es stellte sich heraus, daß es außer dem aktiven Ausgesperrtwerden aus dem Bewußtsein noch andere Kriterien gab, die sich auf die Inhalte und Prozesse der Psyche anwenden ließen, und da die Anwendung dieser neuen Kriterien ihm eine homogenere und fruchtbarere Gruppierung der psychischen Inhalte und Vorgänge zu ergeben schien als das alte Kriterium, brachte Freud eine neue Hypothese bezüglich der psychischen Systeme vor [Freud, 1923]. Diese Theorie wird gewöhnlich als die Strukturhypothese bezeichnet, um sie von der früheren zu unterscheiden, die oft die topographische Theorie oder Hypothese genannt wird [Arlow und Brenner, 1964].

Die Strukturhypothese gleicht trotz ihrer Benennung ihren Vorgängern darin, daß sie den Versuch macht, psychische Prozesse und Inhalte, die *funktional* aufeinander bezogen sind, zusammenzufassen und die verschiedenen Gruppen auf Grund *funktionaler* Unterschiede einzuteilen. Jede der psychischen ›Strukturen‹, die Freud in seiner neuen Theorie vorschlug, ist in der Tat eine Gruppe psychischer Inhalte und Prozesse, die funktional miteinander zusammenhängen. Freud unterschied drei solcher funktional zusammenhängender Gruppen oder ›Strukturen‹ und nannte sie das Es, das Ich und das Über-Ich.

Um uns einen vorläufigen, ungefähren Überblick über diese letzte Theorie Freuds zu verschaffen, können wir sagen, daß das Es die psychischen Repräsentanzen der Triebe umfaßt, während das Ich aus jenen Funktionen besteht, die mit der Beziehung des Individuums zu seiner Umwelt zu tun haben, und das Über-Ich die moralischen Vorschriften unseres Seelenlebens sowie unsere idealen Strebungen umfaßt.

Wir nehmen natürlich an, daß die Triebe von Geburt an da sind; das gleiche gilt sicherlich nicht für das Interesse an der Umwelt und deren Kontrolle einerseits und für moralische Empfindungen oder Strebungen andererseits. Es liegt deshalb auf der Hand, daß keine der letztgenannten Qualitäten – d. h. weder das Ich noch das Über-Ich – sich entwickeln, bevor einige Zeit seit der Geburt verstrichen ist.

Freud drückte das durch die Annahme aus, daß das Es den gesamten psychischen Apparat im Zeitpunkt der Geburt umfaßt und daß das Ich und das Über-Ich ursprünglich Teile des Es waren, die sich im Laufe des Heranwachsens hinreichend differenzieren, um sie als separate funktionale Entitäten betrachten zu können[1].

Diese Differenzierung findet zuerst hinsichtlich der Ich-Funktionen statt. Es ist allgemein bekannt, daß der Säugling Interesse an seiner Umwelt zeigt und ein gewisses Maß von Kontrolle über sie auszuüben vermag, lange bevor er ein Moralempfinden entwickelt. In der Tat folgerte Freud aus seinen Untersuchungen, daß die Differenzierung des Über-Ichs erst im Alter von fünf oder sechs Jahren richtig einsetzt und wahrscheinlich erst mehrere Jahre später *fest* ausgeprägt ist, vielleicht erst im Alter von zehn oder elf Jahren. Die Differenzierung des Ichs andererseits beginnt in den ersten sechs oder acht Lebensmonaten und ist mit zwei oder drei Jahren deutlich nachweisbar, obwohl es auch nach diesem Alter normalerweise noch erheblich weiterwächst und sich verändert[2].

Wegen dieser Unterschiede in der Zeit der Entwicklung ist es zweckmäßig, wenn wir die Differenzierung des Ichs und des Über-Ichs getrennt erörtern. Die zeitliche Reihenfolge legt nahe, daß wir mit dem Ich beginnen.

Während der folgenden Erörterung der Differenzierung und Ausbildung des Ichs sollte der Leser den Umstand im Auge behalten, daß die vielen Aspekte dieser Entwicklung in einem Buch hintereinander erörtert und dargestellt werden müssen, während sie im wirklichen Leben alle gleichzeitig geschehen und jeder einzelne den andern beeinflußt und von ihm beeinflußt wird. Um ein einigermaßen richtiges Bild der Ichentwicklung zu gewinnen, muß man mit *allen* ihren Aspekten vertraut sein. Es gibt keine voll befriedigende Methode, nur einen Aspekt auf einmal darzustellen und die anderen inzwischen zu vernachlässigen. Sie *müßten* alle gleichzeitig erörtert werden; da dies aber unmöglich ist, muß der Leser an alle andern Aspekte denken, wenn er über einen bestimmten Aspekt liest. Wenn der Leser nicht schon früher mit dem Material der folgenden Erörterung bekannt geworden ist, muß er diese mindestens zweimal lesen, wahrscheinlich mehrere Male. Erst beim Wiederlesen wird er die engen Wechselbeziehungen zwischen den verschiedenen Aspekten der

[1] Man hat später die Ansicht vertreten, es lägen in der Annahme, daß die psychische Struktur des Neugeborenen undifferenziert ist und daß sich aus ihr sowohl das Es wie das Ich und das Über-Ich entwickeln, gewisse Vorteile gegenüber der Annahme, daß das Es der Vorläufer und in gewissem Sinne der Vater der beiden andern ist [Hartmann et al., 1946].

[2] Einige Analytiker, vor allem Melanie Klein und ihre Anhänger, haben die Hypothese vorgebracht, das Über-Ich beginne (als selbständiges psychisches System) schon einige Zeit vor Ende des ersten Lebensjahres zu funktionieren. Diese Ansicht wird jedoch gegenwärtig von der Mehrheit der Psychoanalytiker nicht geteilt.

Ichdifferenzierung und Ichentwicklung deutlicher verstehen.

Wir sagten schon, daß die Gruppe von psychischen Funktionen, die wir das Ich nennen, jene Funktionen umfaßt, die dadurch zusammengehören, daß jede von ihnen, sei es vorherrschend, sei es in starkem Maße, mit der Beziehung des Individuums zu seiner Umwelt zu tun hat. Bei einem Erwachsenen schließt eine so weite Formulierung natürlich einen sehr breiten Bereich von Phänomenen ein: Wunsch nach Befriedigung, Gewohnheit, sozialen Druck, intellektuelle Neugier, ästhetisches oder künstlerisches Interesse, und viele andere, von denen einige extrem verschieden von den übrigen sind, während andere sich nur durch subtilste Nuancen unterscheiden.

In der Kindheit jedoch, und vor allem in der frühesten Lebenszeit, gibt es keine solche Fülle von Gründen für das Interesse an der Umwelt, auch ist die Natur dieser Gründe nicht so unterschiedlich und subtil. Die Einstellung des kleinen Kindes ist sehr einfach und überaus praktisch: »Gib mir, was ich will!« oder »Tu, was ich will!« Mit andern Worten: Die einzige subjektive Wichtigkeit, die die Umwelt für das Kind ursprünglich hat, ist die als mögliche Quelle der Befriedigung oder Entladung der Wünsche, Impulse und psychischen Spannungen, die aus den Trieben hervorgehen und die das Es bilden. Soll unsere Feststellung ganz vollständig sein, so müssen wir ergänzend auch das Negative anführen, d. h. die Umwelt ist auch wichtig als mögliche Quelle des Schmerzes oder Unbehagens, Empfindungen, die das Kind zu vermeiden sucht.

Um es zu wiederholen: das ursprüngliche Interesse des kleinen Kindes an der Umwelt gilt ihr als möglicher Quelle der Befriedigung. Die Teile der Psyche, die mit der Ausnützung der Umwelt zu tun haben, entwickeln sich allmählich zu dem, was wir das Ich nennen. Infolgedessen ist das Ich der Teil der Psyche, der sich mit der Umwelt mit dem Ziele befaßt, ein Maximum an Befriedigung oder Entladung für das Es zu erlangen. Wie wir im zweiten Kapitel bemerkten, ist das Ich der *Vollstrecker* der Triebe.

Ein solch herzliches Einvernehmen zwischen Ich und Es ist nicht gerade das, was wir in unserer gewöhnlichen klinischen Arbeit zu sehen gewohnt sind. Dort haben wir es im Gegenteil täglich mit heftigen Konflikten zwischen Ich und Es zu tun. Gerade sie sind der eigentliche Stoff der Neurose, und unsere zwangsläufige, fortwährende Beschäftigung mit solchen Konflikten in unserer Arbeit als Kliniker läßt uns leicht vergessen, daß der Konflikt nicht die einzige Beziehung zwischen Ich und Es ist. Der Konflikt ist sicherlich nicht die primäre Beziehung zwischen beiden, sondern vielmehr, wie wir sagten, das Zusammenwirken.

Wir wissen nicht, in welchem Stadium der psychischen Entwicklung Konflikte zwischen Ich und Es zuerst auftreten und eine gravierende Bedeutung für den psychischen Funktionszusammenhang erlangen, aber es ist wahrscheinlich, daß dies erst geschehen kann, wenn ein erhebliches Maß an Differenzierung und Organisation des Ichs erreicht ist. Jedenfalls wollen wir die Erörterung derartiger Konflikte bis zu einem etwas späteren Punkt in unserer Darlegung der Entwicklung des Ichs und des Es verschieben.

Welches sind nun die Betätigungen des Ichs gegenüber seiner Umwelt in den ersten Lebensmonaten? Uns als Erwachsenen mögen sie fast bedeutungslos erscheinen, aber ein kurzes Überlegen wird ihre Wichtigkeit bestätigen, und wir können sicher sein, daß sie trotz ihrer *scheinbaren* Bedeutungslosigkeit im Leben jedes einzelnen von uns wichtigere Meilensteine darstellen, als es alle späteren Leistungen je sein werden.

Eine ohne weiteres erkennbare Gruppe von Ichfunktionen ist der Erwerb der Kontrolle über die Skelettmuskulatur, die wir gewöhnlich als motorische Kontrolle bezeichnen. Ebenso wichtig sind die verschiedenen Modalitäten der Sinneswahrnehmung, die die wesentliche Information über die Umwelt vermitteln. Der Erwerb einer Bibliothek von Erinnerungen, wie wir es nennen könnten, ist als Teil unserer Ausrüstung ebenfalls notwendig, um unsere Umwelt wirksam beeinflussen zu können. Es liegt auf der Hand, daß man, je besser man weiß, was in der Vergangenheit geschah, und je mehr ›Vergangenheiten‹ man erlebt hat, desto besser auch imstande ist, die Gegenwart auszunützen. Übrigens ist es wahrscheinlich, daß die frühesten Erinnerungen die an Triebbefriedigung sind.

Außer diesen Funktionen muß es beim ganz kleinen Kind noch einen psychischen Prozeß geben, der dem entspricht, was wir im späteren Leben einen Affekt nennen. Was solche primitiven Affekte oder Vorläufer von Affekten sein könnten, ist eine interessante Frage, auf die es noch keine befriedigende Antwort gibt. Schließlich muß zu irgendeinem Zeitpunkt der frühesten Kindheit die am eindeutigsten menschliche aller Ichtätigkeiten kommen: das erste Zögern zwischen Impuls und Handlung, das erste Hinausschieben der Entladung, das sich späterhin zu dem ungeheuer komplexen Phänomen entwickelt, das wir Denken nennen [Rapaport, 1951].

Alle diese Ichfunktionen — motorische Kontrolle, Wahrnehmung, Erinnerung, Affekte, Denken — beginnen, wie wir sehen können, auf eine primitive und vorläufige Weise und entwickeln sich erst allmählich mit dem Wachstum des kleinen Kindes. Eine solche schrittweise Entwicklung ist ganz allgemein charakteristisch für die Ichfunktionen; die für die fortschreitende Entwicklung der Ichfunktionen verantwortlichen Faktoren lassen sich in zwei Gruppen einteilen. Die erste dieser Gruppen stellt das physische Wachstum dar, was in diesem Fall primär das genbedingte Wachstum des Zentralnervensystems bedeutet. Die zweite Gruppe stellt die Erfahrung dar.

Aus Zweckmäßigkeitsgründen können wir den ersten Faktor als Reifung bezeichnen [Hartmann und Kris, 1945].

Die Bedeutung der Reifung können wir leicht verstehen. Ein kleines Kind kann zum Beispiel eine wirksame motorische Kontrolle seiner Extremitäten erst erlangen, nachdem die corticospinalen Fasern (der Pyramidenbahn) von ihren Myelinscheiden umgeben sind. Ähnlich hängt die Fähigkeit zu plastischem Sehen notwendig von der Existenz geeigneter Nervenmechanismen zur Koppelung der Augenbewegungen und zur Verschmelzung makularer Bilder ab. Es ist offensichtlich, daß derartige Reifungsfaktoren eine tiefgehende Wirkung auf Tempo und Abfolge der Entwicklung der Ichfunktionen ausüben; je mehr wir von den Entwicklungspsychologen und anderen darüber erfahren können, desto besser. Freuds Interesse richtete sich jedoch speziell auf den Einfluß von Erfahrungsfaktoren auf die Ichentwicklung, obwohl er sich der fundamentalen Bedeutung genbedingter Faktoren und der Komplexität der Wechselwirkung zwischen Konstitution und Umwelt, die für die psychische Entwicklung so charakteristisch ist, wohl bewußt war.

Einer der Erfahrungsaspekte, von dem Freud [1911] annahm, daß er in den frühesten Stufen der Ichbildung von fundamentaler Bedeutung sei, war merkwürdigerweise die Beziehung des kleinen Kindes zum eigenen Körper. Er wies darauf hin, daß unser eigener Körper in unserem psychischen Leben einen ganz besonderen Platz einnimmt, solange wir leben, und daß er diesen besonderen Platz schon sehr früh in der Kindheit einzunehmen beginnt. Er äußerte die Vermutung, daß es dafür mehrere Gründe gebe. So unterscheidet sich zum Beispiel jeder eigene Körperteil von allen anderen Objekten in der Umwelt des Kindes dadurch, daß er nicht nur eine, sondern zwei Empfindungen hervorruft, wenn das Kind ihn berührt oder in den Mund nimmt. Er wird nicht nur *gefühlt*, er *fühlt*, was für kein anderes Objekt gilt.

Dazu kommt — und das ist vielleicht noch wichtiger —, daß die einzelnen Teile des eigenen Körpers für das kleine Kind ein leichtes und stets verfügbares Mittel zur Befriedigung des Es darstellen. So erwirbt zum Beispiel der Säugling als Folge der Reifung und bis zu einem gewissen Grad auch als Folge der Erfahrung gewöhnlich im Alter von drei bis sechs Wochen die Fähigkeit, den Daumen oder die Finger in den Mund zu stecken [Hoffer, 1950], und damit die Möglichkeit, sein Saugbedürfnis jederzeit befriedigen zu können. Wir glauben, daß es für einen so kleinen Säugling nichts anderes gibt, dessen psychische Bedeutung mit der oralen Befriedigung vergleichbar wäre, die mit dem Saugen verknüpft ist. Wir können uns vorstellen, daß eine ähnlich große Bedeutung den verschiedenen Ichfunktionen (motorische Kontrolle, Erinnerung, Kinästhesie) zukommt, die die Befriedigung des Daumenlutschens möglich machen, sowie den Objekten des Triebes selbst, dem Daumen und den Fingern. Wir müssen uns ferner daran erinnern, daß aus dem gleichen Grund auch die (oralen) Lutschorgane von großer psychischer Bedeutung sind, weil sie nämlich aufs engste mit dem alles überragenden Lusterlebnis verknüpft sind, das durch Lutschen hervorgerufen wird. So sind oder werden beide Körperteile — der, der gelutscht wird, und der, der lutscht — von großer psychischer Bedeutung, und ihre psychischen Repräsentanzen nehmen dadurch einen wichtigen Platz unter jenen psychischen Inhalten ein, die unter die Rubrik des Ichs fallen.

Wir müssen ergänzen, daß Teile des Körpers auch dadurch eine große psychische Bedeutung erlangen können, daß sie häufig die Quelle schmerzhafter Empfindungen, also von *Un*lustempfindungen sind, und daß es kein Ausweichen vor diesen Unlustempfindungen gibt. Ist zum Beispiel ein Säugling hungrig, so bleibt er hungrig, bis er gefüttert wird. Er kann sich dem Hungergefühl nicht ›entziehen‹, wie er seine Hand von einem Schmerz bereitenden Reiz wegzieht und diesen damit zum Aufhören bringt.

Der kumulative Effekt dieser Faktoren und vielleicht noch anderer Faktoren, die für uns weniger geklärt sind, bewirkt jedenfalls, daß für den Säugling der eigene Körper — zuerst in seinen verschiedenen Teilen und schließlich auch *in toto* — einen besonders wichtigen Teil innerhalb des Ichs einnimmt. Die psychischen Repräsentanzen des Körpers, d. h. die mit ihm verknüpften Erinnerungen und Vorstellungen, mit ihren Besetzungen mit Triebenergie sind wahrscheinlich der wichtigste Teil des sich entwickelnden Ichs in seinem frühesten Stadium. Freud [1923] drückte das durch die Aussage aus, daß das Ich zuallererst ein körperliches Ich ist.

Ein weiterer Prozeß, der von der Erfahrung abhängt und von sehr großer Bedeutung für die Ichentwicklung ist, ist das, was man die *Identifizierung* mit den Objekten — gewöhnlich Personen — der Umwelt nennt. Unter ›Identifizierung‹ verstehen wir den Akt oder Vorgang, durch den man in einem oder mehreren Denk- oder Verhaltensaspekten wie etwas oder wie jemand wird. Freud legte dar, daß die Tendenz eines Menschen, wie ein Objekt seiner Umwelt zu werden, ein sehr wichtiger Teil der Beziehung zu Objekten ganz allgemein ist und daß sie offenbar im sehr frühen Lebensstadium von ganz besonderer Bedeutung ist.

Schon in der Mitte des ersten Lebensjahres lassen sich im Verhalten des kleinen Kindes Zeichen dieser Tendenz erkennen. So lernt es zum Beispiel das Lächeln, indem es den Erwachsenen nachahmt, der es anlächelt — das Sprechen, indem es nachahmt, was zu ihm gesagt wird; eine Vielzahl imitativer Spiele, die die Erwachsenen regelmäßig mit Säuglingen ungefähr dieser Altersstufe spielen, basieren auf dieser Tendenz zur Nachahmung. Man braucht nur an ›Guck-guck-Da-da‹ und ›Winke-winke‹ zu denken, um sich klarzumachen, was für einen wichtigen Platz in dieser Kindheitsperiode derartige Spiele einnehmen.

Ein weiteres Beispiel für die Bedeutung der Identifizierung liefert uns das Sprechenlernen des Kindes, das etwas später erfolgt. Einfache Beobachtung zeigt uns, daß das Erlernen der Sprachmotorik durch das Kind in erheblichem Maße von der psychischen Neigung abhängig ist, ein Objekt der Umwelt nachzuahmen oder mit andern Worten, sich mit ihm zu identifizieren. Es ist völlig richtig, daß ein Kind nicht sprechen lernen kann, bis sein Zentralnervensystem genügend entwickelt ist, und daß das Sprechenlernen als Ganzes keineswegs nur ein Nachahmungsprozeß ist. Trotzdem trifft es zu, daß Kinder in der Regel nachahmend sprechen, wenigstens zuerst. Das heißt, sie wiederholen Laute, die Erwachsene ihnen vorsagen und lernen sie aussprechen, indem sie einen Erwachsenen nachahmen, sehr häufig als Teil eines Spiels. Es ist ferner außerordentlich instruktiv zu beobachten, daß *jedes* Kind mit dem gleichen ›Akzent‹ spricht wie die Erwachsenen und älteren Kinder seiner Umgebung. Intonation, Tonlage, Aussprache und idiomatische Wendungen werden sämtlich genau kopiert, sofern das Gehör des Kindes normal ist. Diese Nachahmung ist so exakt, daß man sich fragt, ob das, was man gewöhnlich ›Mangel an musikalischem Gehör‹ nennt, das heißt die Unfähigkeit, relative Unterschiede in der Tonhöhe zu erkennen, wirklich angeboren sein kann. Wie dem auch sein mag, wir können jedenfalls nicht bezweifeln, daß bei dem Erwerb dieser spezifischen Ichfunktion, die wir Sprachmotorik genannt haben, die Identifizierung eine sehr große Rolle spielt.

Das gleiche gilt für besondere physische Gewohnheiten, sportliche oder geistige Interessen und Liebhabereien, für die Neigung zu ungezügeltem Ausdruck von Triebimpulsen, wie zum Beispiel zu Wutausbrüchen, oder für die umgekehrte Neigung zur Zurückhaltung solcher Ausbrüche und für viele andere Aspekte der Ichfunktionen. Manche dieser Aspekte sind grober, offensichtlicher Natur, andere sind subtiler und weniger leicht erkennbar, aber wenn man sie alle zusammennimmt, ist klar, daß sie einen sehr wichtigen Teil des Erfahrungseffektes für die Ichbildung darstellen.

Natürlich ist die Neigung, sich mit einem hochgradig besetzten Menschen oder Ding in der Umwelt zu identifizieren, keineswegs auf die frühe Kindheit beschränkt. So hat sich der Heranwachsende, der wie ein Idol aus dem Showgeschäft oder wie ein Sportheld redet, insoweit mit diesem identifiziert. Solche Identifizierungen in der Adoleszenz können vorübergehender Art sein und nur kurzfristige Bedeutung haben, aber das ist keineswegs immer der Fall. Erzieher wissen sehr gut, daß es für den Lehrer von Halbwüchsigen wichtig ist, daß er nicht nur gut unterrichtet, sondern daß er auch seinen Schülern ein ›gutes Beispiel‹ gibt — womit in anderer Form ausgedrückt wird, daß seine Schüler die Tendenz haben, so zu werden wie er, d. h. sich mit ihm zu identifizieren. Gewiß, wir mögen nicht immer die gleiche Vorstellung darüber haben, was ein wünschenswertes Beispiel ist, wie unsere Freunde, die Erzieher, aber wir sollten uns alle darüber einig sein, daß Schüler dazu tendieren, sich mit ihren Lehrern zu identifizieren.

Tatsächlich besteht diese Tendenz während des ganzen Lebens weiter, bleibt jedoch in ihren Manifestationen meist unbewußt, zumindest in den späteren Lebensabschnitten. Mit anderen Worten: der Erwachsene weiß sehr oft nicht, daß er in manchen Aspekten seines Denkens oder Verhaltens — oder von beiden — einem anderen Menschen ähnlich wird, d. h. ihn nachahmt, oder daß er ihm schon ähnlich geworden ist. In den früheren Lebensstadien ist der Wunsch, wie ein anderer Mensch zu sein, dem Bewußtsein im allgemeinen leichter zugänglich, obgleich das keineswegs immer so ist. So macht zum Beispiel ein kleiner Junge kein Geheimnis daraus, daß er wie sein Vater, oder später wie ›Superman‹ oder sonst ein aktueller Held sein möchte, während er sich im späteren Leben vielleicht einen Schnurrbart stehen läßt, der dem seines neuen Chefs aufs Haar gleicht, ohne daß er sich des Wunsches bewußt ist, sich mit ihm zu identifizieren. Sein Verlangen, dies zu tun, ist unbewußt, auch wenn er sich in seinem Entschluß ausdrückt, sich einen Schnurrbart wachsen zu lassen.

Was wir bisher erörterten, ist die Tendenz, sich mit Personen oder Dingen der eigenen Umwelt zu identifizieren, die in hohem Maße mit Libido besetzt sind. Es dürfte aus unserer Erörterung als selbstverständlich klar geworden sein, daß diese Tendenz völlig normal ist, wenngleich sie offenbar im psychischen Leben anfänglich stärker hervortritt und eine relativ wichtigere Rolle spielt als späterhin.

Interessant ist die Beobachtung, daß weiter die Tendenz zur Identifikation mit jenen Objekten besteht, die in hohem Maße mit aggressiver Energie besetzt sind. Dies scheint besonders dann der Fall zu sein, wenn das fragliche Objekt oder die fragliche Person mächtig ist — ein Identifikationstypus, der als ›Identifizierung mit dem Aggressor‹ bezeichnet worden ist [A. Freud, 1936]. In solchen Fällen hat der Betreffende natürlich die Befriedigung, wenigstens in der Phantasie an der Macht und dem Ruhm teilzuhaben, die er seinem Gegner zuschreibt. Dieselbe Art von Befriedigung erfährt übrigens auch derjenige, sei er Kind oder Erwachsener, der sich mit einem bewunderten Objekt identifiziert, das vorwiegend mit Libido besetzt ist. Man vergleiche die früher von uns angeführten Fälle der Identifizierung mit Eltern, Lehrern, populären Idolen und Vorgesetzten.

Das beste Beweismaterial, über das wir verfügen, spricht jedoch für die Auffassung, daß die Identifizierung nur *sekundär* mit Phantasien verknüpft ist, in denen der Betreffende an die Stelle eines bewunderten Objektes tritt, um dadurch einen Vorteil zu erlangen – indem er nämlich die Rechte und den Besitz der bewunderten Person übernimmt. Zweifellos ist das ein sehr mächtiges Motiv in vielen Fällen, wo es eine Rolle spielt, aber offenbar ist die Neigung, sich mit einem Objekt zu identifizieren, einfach eine Folge seiner libidinösen Besetzung, da man sie schon in einem Stadium der frühen Kindheit beobachten kann, lang vor dem Zeitpunkt, zu dem denkbarerweise ein Motiv wie Neid oder eine Phantasievorstellung wie die, an die Stelle einer beneideten Person zu treten, wirksam sein kann. Ob die Identifizierung auch die direkte Folge einer hohen Besetzung mit aggressiver Energie sein kann, ist eine Frage, die noch der Beantwortung harrt.

Freud [1916a] betont einen weiteren Faktor, der im Prozeß der Identifizierung eine wichtige Rolle spielt. Diesen Faktor nannte er Objektverlust, ein Ausdruck, der mehrere Dinge meinen kann. Er kann sich auf den wirklichen Tod eines Objekts beziehen, auf die Phantasie, daß ein Objekt gestorben sei, auf die lang anhaltende oder dauernde Trennung von einem Objekt oder auf die Phantasie einer solchen Trennung. Er entdeckte, daß in jedem dieser Fälle die Tendenz besteht, sich mit dem verlorenen Objekt zu identifizieren. Spätere klinische Erfahrungen haben immer wieder die Richtigkeit und Bedeutsamkeit dieser Entdeckung bekräftigt. Einschlägige Fälle gibt es in großer Variationsbreite: von dem Sohn, der zu einer Kopie seines Vaters nach dessen Tode wird und das Geschäft seines Vaters ganz genauso wie dieser weiterführt, als ob er selbst der alte Herr wäre (was er tatsächlich fast ist) – bis zu der von Freud [1916a] angeführten Patientin, die *sich selbst* Verbrechen vorwarf, die in Wirklichkeit ihr toter Vater begangen hatte. Das erstere dieser beiden Beispiele würden wir natürlich normal nennen, während es sich bei letzterem um eine Patientin handelte, die an einer schweren Geisteskrankheit litt.

Wie aus unseren Beispielen hervorgeht, kann der Verlust einer stark besetzten Person durch Tod oder Trennung eine entscheidende Wirkung auf die Ichentwicklung eines Menschen ausüben. In solchen Fällen bleibt ein dauerndes Bedürfnis zurück, das Verlorene nachzuahmen, zu seinem Bilde zu werden. Die in der psychoanalytischen Praxis am häufigsten untersuchten Fälle dieser Art sind die der Depression, eines klinischen Zustandes, in dessen Psychopathologie die unbewußte Identifizierung mit dem verlorenen Objekt regelmäßig eine wichtige Rolle spielt.

Wir sehen also, daß bei der Ichentwicklung die Identifizierung in mehr als einer Hinsicht mitbeteiligt ist. Sie ist in erster Linie ein inhärenter Teil der Beziehung des Menschen zu einem stark besetzten Objekt, vor allem im frühen Lebensstadium. Wir haben weiter die Neigung zur Identifizierung mit einem bewunderten, aber auch gehaßten Objekt notiert, die Anna Freud die ›Identifizierung mit dem Aggressor‹ genannt hat. Schließlich haben wir den zuletzt erwähnten Faktor, daß der Verlust eines stark besetzten Objekts zu einer mehr oder weniger starken Identifizierung mit dem verlorenen Objekt führt. Gleich, auf welche Weise jedoch die Identifizierung stattfindet, das *Resultat* ist stets, daß das Ich hierdurch bereichert wird, sei es zum Guten oder zum Schlechten.

Wir wollen jetzt ein anderes Thema besprechen, das gleichfalls mit der Frage der Differenzierung des Ichs und des Es voneinander aufs engste zusammenhängt. Es handelt sich um das Thema der Funktionsmodi des psychischen Apparates, die wir den *Primärprozeß (Primärvorgang)* und den *Sekundärprozeß (Sekundärvorgang)* nennen [Freud, 1911].

Der Primärvorgang erhielt seinen Namen, weil Freud ihn für die ursprüngliche oder primäre Funktionsweise des psychischen Apparates hielt. Wir glauben, daß das Es das ganze Leben hindurch in Übereinstimmung mit dem Primärprozeß funktioniert, das Ich hingegen während der ersten Lebensjahre, solange seine Organisation noch unausgebildet und in seiner Funktionsweise weitgehend dem Es ähnlich ist, aus dem es gerade erst hervorging. Der Sekundärprozeß andererseits entwickelt sich allmählich und fortschreitend während der ersten Lebensjahre und ist für die Operationen des verhältnismäßig reifen Ichs charakteristisch.

Beide Begriffe — ›Primärprozeß‹ und ›Sekundärprozeß‹ — werden in der psychoanalytischen Literatur zur Bezeichnung zweier miteinander zusammenhängender, aber doch verschiedener Phänomene verwendet. Das Wort ›Primärprozeß‹ zum Beispiel kann sich entweder auf eine bestimmte Form des Denkens beziehen, die für das Kind charakteristisch ist, dessen Ich noch unreif ist, oder auf die Art und Weise, in der, wie wir glauben, libidinöse oder aggressive Triebenergie im Es oder im unreifen Ich verlagert und abgeführt wird. In analoger Weise kann sich ›Sekundärprozeß‹ auf eine für das reife Ich charakteristische Denkform beziehen oder aber auf die Prozesse der Bindung und der Mobilisierung psychischer Energie, die nach unserer Annahme im reifen Ich vonstatten gehen. Die beiden Denkformen sind von größerer klinischer Bedeutung und der Untersuchung recht gut zugänglich. Die beiden Formen der Behandlung und Entladung psychischer Energie nehmen einen wichtigen Platz in unserer Theorie ein, sind jedoch der Untersuchung weniger leicht zugänglich, wie das für alle unsere Hypothesen über die psychische Energie gilt.

Wir wollen zuerst besprechen, welche Phänomene in der Behandlung der psychischen Energie gemeint sind, wenn vom Primärprozeß oder vom Sekundärprozeß die Rede ist.

Was den Primärprozeß angeht, so lassen sich seine Grundmerkmale ziemlich einfach mit Hilfe unserer früheren theoretischen Formulierungen hinsichtlich der Triebenergie beschreiben. Wir brauchen bloß zu sagen, daß die Triebbesetzungen, die den Primärprozeß begleiten, in hohem Maße mobil sind. Wir glauben, daß diese Beweglichkeit der Besetzungen für zwei auffallende Merkmale des Primärprozesses verantwortlich ist: 1) die Neigung zu unmittelbarer Befriedigung (Entladung der Besetzung), die für das Es und das unreife Ich charakteristisch ist; 2) die Leichtigkeit, mit der die Besetzung von ihrem ursprünglichen Objekt oder von ihrem ursprünglichen Weg der Entladung, falls diese blockiert oder unzugänglich sind, abgezogen und auf einem ähnlichen oder sogar auf einem ziemlich anderen Weg entladen werden kann.

Das erste Merkmal, die Neigung zu unmittelbarer Befriedigung oder Entladung der Besetzung, dominiert eindeutig im Säuglingsalter und in der Kindheit, solange die Ichfunktionen noch unreif sind. Sie ist darüber hinaus auch im späteren Leben viel verbreiteter, als unsere Eitelkeit zugeben möchte, und die Untersuchung der unbewußten psychischen Prozesse vermittels der psychoanalytischen Methode — insbesondere jener Prozesse, die wir das Es nennen — hat gezeigt, daß die Tendenz zur unmittelbaren Entladung der Besetzung für das Es während unseres ganzen Lebens charakteristisch ist.

Was das zweite Merkmal angeht, so läßt sich die Leichtigkeit, mit der eine Methode der Besetzungsentladung an die Stelle einer andern treten kann, am besten durch einige einfache Beispiele erläutern. Ein solches Beispiel liefert uns der Säugling, der an seinem Daumen lutscht, wenn er nicht an die Brust oder die Flasche herankommt. Die Besetzung mit Triebenergie, die mit dem Impuls oder Wunsch, zu saugen, verknüpft ist, ist primär, d. h. zunächst auf die psychischen Repräsentanzen der Brust oder der Flasche gerichtet. Die Besetzung ist jedoch beweglich, und wenn die Entladung nicht durch Saugen an der Brust oder an der Flasche erfolgen kann, weil sie nicht erreichbar sind, so verlagert sich die Besetzung auf den Daumen des Säuglings, der erreichbar *ist* — der Säugling lutscht also statt dessen am Daumen, und die Entladung der Besetzung tritt ein.

Ein weiteres Beispiel wäre das des Kindes, das mit Kuchen aus Lehm oder Sand spielt. Das Spielen mit Kot ist keine zugängliche Form der Besetzungsabfuhr mehr, weil es verboten wurde; so kann das Kind infolge der Beweglichkeit der Triebbesetzung, die sich an die psychischen Repräsentanzen seines Kots knüpft, die gleiche Befriedigung dadurch erlangen, daß es die Besetzung auf Lehm verlagert und die Entladung der Besetzung statt dessen durch Spielen mit Lehm erreicht. Ähnlich ist uns der Junge wohlbekannt, der seinen kleinen Bruder schlägt oder ärgert, wenn er einen Zorn auf seine Mutter hat, oder der Mann, der am Abend seine Kinder anschreit, weil er sich tagsüber nicht getraut hat, seinen Zorn auf seinen Vorgesetzten herauszulassen.

Wenn wir uns nun der Betrachtung des Sekundärprozesses zuwenden, so stellen wir fest, daß hier die Situation ganz anders ist. Hier liegt der Akzent auf der Fähigkeit, die Entladung der Besetzungsenergie *hinauszuschieben*. Wir könnten sagen, daß es offenbar darauf ankommt, die Entladung so lange zu verzögern, bis die Umweltbedingungen am günstigsten sind. Das ist freilich eine anthropomorphische Formulierung, aber schließlich sprechen wir ja vom Ich, das *anthropos* selbst ist [Hartmann, 1953b]. In jedem Fall ist die Fähigkeit, die Entladung hinauszuschieben, ein essentieller Zug des Sekundärprozesses.

Ein anderer dieser Hauptzüge besteht darin, daß die Besetzungen viel fester an einem bestimmten Objekt oder einer bestimmten Methode der Besetzungsentladung haften, als das beim Primärprozeß der Fall war. Auch hier wieder sind — wie im Falle des ersten Merkmales, nämlich der Fähigkeit, die Befriedigung hinauszuschieben — die Unterschiede zwischen dem Primärprozeß und dem Sekundärprozeß mehr quantitativer als qualitativer Natur.

Ebenso vollzieht sich der Übergang von einem Prozeß zum anderen allmählich — sowohl historisch, wenn wir Wachstum und Entwicklung eines bestimmten Individuums verfolgen, als auch deskriptiv, wenn wir versuchen, bei der Untersuchung der psychischen Funktionen einer bestimmten Person die Grenze zwischen dem Primärprozeß und dem Sekundärprozeß zu bestimmen. Es ist für gewöhnlich nicht schwierig zu sagen, daß eine bestimmte Denk- oder Verhaltensform die und die Züge des Primärprozesses oder des Sekundärprozesses aufweist, aber niemand kann sagen: »Hier endet der Primärprozeß und dort beginnt der Sekundärprozeß.« Der Übergang vom Primärprozeß auf den Sekundärprozeß vollzieht sich schrittweise als Teil der Differenzierung und des Wachstums jener psychischen Prozesse die das hervorbringen, was wir das Ich nennen.

Wie wir früher sagten, bezeichnen die Termini Primärprozeß und Sekundärprozeß auch zwei verschiedene Denkmodi. Wiederum glauben wir, daß das primärprozeßhafte Denken früher im Leben auftritt als das Denken in Sekundärprozessen und daß letzteres sich als *ein* Teil oder Aspekt der Ichentwicklung allmählich entwickelt.

Wenn wir nun versuchen, die beiden Denkmodi zu definieren und zu beschreiben, so werden wir feststellen, daß der sekundäre Modus leichter zu beschreiben ist als der primäre, weil er uns vertrauter ist. Es ist das gewöhnliche, bewußte Denken, wie wir es aus der Selbstbeobachtung kennen, d. h. es ist in der Hauptsache verbal und folgt den üblichen Gesetzen der Syntax und der Logik. Es ist der Denkmodus, den wir in der Regel dem relativ reifen Ich zuschreiben, und da er uns allen vertraut ist, bedarf er keiner speziellen weiteren Beschreibung.

Das primärprozeßhafte Denken andererseits ist der Denkmodus, der für jene Jahre der Kindheit charakteristisch ist, in denen das Ich noch unreif ist. Er unterscheidet sich in wichtigen Hinsichten von den uns vertrauten Formen bewußten Denkens, die wir den Sekundärprozeß nennen; ja, er ist von diesem so sehr verschieden, daß dem Leser vielleicht Zweifel kommen, ob dem Denken des Primärprozesses überhaupt ein Platz im normalen — im Gegensatz zum pathologischen — psychischen Funktionsablauf zukommt. Wir müssen deshalb mit Nachdruck betonen, daß das primärprozeßhafte Denken *normalerweise* der dominante Denkmodus für das unreife Ich ist und daß es normalerweise sich auch im Leben des Erwachsenen bis zu einem gewissen Grad fortsetzt, wie wir bald sehen werden.

Wenn wir nun mit unserer Beschreibung des primärprozeßhaften Denkens fortfahren, so können wir mit einem seiner Charakteristika beginnen, das oft einen starken Eindruck des Seltsamen und Unverständlichen hervorruft. Dies ist die Abwesenheit aller Negationen, Konditionalia oder anderer einschränkender Konjunktionen. Wenn etwas ausgesagt wird, so können wir nur aus dem Zusammenhang feststellen, ob es positiv oder negativ, ja vielleicht sogar, ob es bedingt oder optativ gemeint ist. Gegensätze können stellvertretend füreinander auftreten, und einander widersprechende Ideen können friedlich nebeneinander existieren. Es sieht wirklich so aus, als ob wir es schwer haben werden zu zeigen, daß diese Art des Denkens nicht ganz und gar pathologisch ist; aber bevor wir diesen Punkt weiter erörtern, wollen wir unsere Beschreibung des Primärprozesses als eines Denkmodus abschließen.

Im Denken des Primärprozesses ist Darstellung durch Anspielung oder Analogie häufig, und ein Teil eines Objektes, einer Erinnerung oder Idee steht oft für das Ganze, oder umgekehrt. Ferner werden manchmal mehrere verschiedene Gedanken durch einen einzigen Gedanken oder ein einziges Bild repräsentiert. Überhaupt wird verbale Repräsentanz im primärprozeßhaften Denken bei weitem nicht so ausschließlich verwendet wie im Denken des Sekundärprozesses. Visuelle und andere Sinneseindrücke können anstelle eines Wortes auftreten, oder übrigens auch anstelle eines Absatzes oder eines ganzen Kapitels von Wörtern. Als abschließendes Merkmal können wir anfügen, daß das Zeitgefühl oder ein Sichkümmern um die Zeit im Denken des Primärprozesses nicht existieren. Dinge wie ›vorher‹ oder ›nachher‹, wie ›jetzt‹ und ›dann‹, wie ›zuerst‹, ›als nächstes‹ oder ›zuletzt‹ gibt es nicht. Vergangenheit, Gegenwart und Zukunft sind im Primärprozeß *eines*.

Nun trifft es zu, daß primärprozeßhaftes Denken in vielen Fällen schwerer geistiger Erkrankung auftritt und manchmal ein so auffälliger Teil des psychischen Lebens ist, daß es in starkem Maß zu den Symptomen beiträgt, die diese Patienten aufweisen. Das ist der Fall bei den verschiedenen mit toxischer oder organischer Erkrankung des Gehirns einhergehenden Delirien sowie bei schweren Krankheiten unbestimmter Ätiologie wie Schizophrenie und manisch-depressiver Psychose. Das Denken des Primärprozesses ist jedoch nicht als solches pathologisch. Das Abnorme in diesen Fällen ist das relative Nichtvorhandensein oder Verschwinden des Denkens des Sekundärprozesses, nicht das Vorhandensein des primärprozeßhaften Denkens. Die *Dominanz* oder das *ausschließliche Wirken* des Primärprozesses sind es, die etwas Abnormes darstellen, wenn sie im Leben des Erwachsenen vorkommen. Trotz dem anfänglichen Eindruck der Seltsamkeit, den das Denken des Primärprozesses auf uns macht, wird dieses durch die folgenden Überlegungen vielleicht verständlicher für uns. Vielleicht überzeugen uns diese Überlegungen sogar davon, daß wir in Wirklichkeit mit ihm viel vertrauter sind, als wir dachten.

Das Nichtvorhandensein des Zeitgefühls zum Beispiel steht in einer leicht verständlichen Beziehung zu dem, was wir von der geistigen Entwicklung kleiner Kinder wissen. Es dauert mehrere Jahre, bevor das Kind ein Zeitgefühl entwickelt, bevor etwas anderes als das ›hier und jetzt‹ für es verständlich wird, so daß dieses Merkmal des primärprozeßhaften Denkens nichts anderes als ein vertrauter Zug der frühen Kindheit ist.

Das gleiche gilt für die Tendenz, Ideen auf nicht-verbale Weise darzustellen. Schließlich ist das die Form, in der das Kind denken muß, das noch nicht sprechen kann.

Was die von uns geschilderten verwirrenden und unlogischen syntaktischen Züge angeht, so ist der Gebrauch einschränkender Konjunktionen und selbst der Gebrauch des verneinenden Partikels sehr viel häufiger im Schreiben als im Sprechen, wo ein großer Teil des Sinnes durch den Zusammenhang, durch Gesten, Gesichtsausdruck und durch den Ton des Sprechers übermittelt wird. Je legerer und familiärer ferner die Art des Sprechens ist, desto einfacher ist auch die Syntax und desto mehr werden Wörter verwendet, die aus dem Zusammenhang gerissen mehrdeutig wären. So können zum Beispiel die Worte »Der ist ja großartig!« eine sehr unterschiedliche Bedeutung haben, je nachdem, ob sie der Sprecher ernst, spaßhaft oder sarkastisch meint. Trifft das letztere zu, d. h. meint es der Sprecher sarkastisch, so bedeutet das Wort ›großartig‹ genau das Gegenteil der Definition, die das Lexikon für dieses Wort gibt. Es stellt sich also heraus, daß die Darstellung durch das Gegenteil, die auf den ersten Blick eines der verwirrendsten Merkmale des primärprozeßhaften Denkens ist, im täglichen Sprachgebrauch ganz üblich ist. Sie ist tatsächlich so üblich, daß wir ihr häufiges Vorkommen kaum bemerken, wenn wir nicht besonders darauf achten.

Ähnlich sind die Darstellung eines Teils durch das Ganze, und umgekehrt, oder die Darstellung durch Analogie und Anspielung

Denkformen, die in der Dichtung ernsthaft angewendet werden und ebenso häufig in weniger ernsthaften geistigen Hervorbringungen vorkommen, wie zum Beispiel in Scherzen und im Slang. Selbst die nichtverbale Repräsentanz von Ideen schleicht sich nicht selten in unser bewußtes Leben ein. Wir sprechen von Bildern, die »eine Geschichte erzählen, besser als Worte es tun könnten«; und obschon die in künstlerischen Dingen Bewanderten unter uns vermutlich nicht viel von ernstgemeinten Bildern halten werden, die eine Geschichte erzählen wollen, werden wir alle zugeben, daß das zum Beispiel bei Witzzeichnungen, Karikaturen und Reklameillustrationen häufig der Fall ist.

Alle diese Beispiele zeigen, daß die Merkmale des Primärprozesses dem bewußten Denken im Leben des Erwachsenen nicht so fremd sind, wie wir zuerst annahmen. Offensichtlich sind sie das ganze Leben hindurch weiter vorhanden und spielen weiterhin eine recht beträchtliche, wenn auch untergeordnete Rolle. Überdies behält, wie wir in späteren Kapiteln sehen werden, das Ich normalerweise die Fähigkeit, vorübergehend auf unreife Muster zurückzugreifen, die für die Kindheit charakteristisch sind. Dies tritt besonders deutlich bei Spielen und Späßen von Erwachsenen in Erscheinung, mit oder ohne die Würze des Alkohols. Es kommt ferner im Schlaf in Träumen sowie im Wachen in Tagträumen vor. In all diesen Fällen sehen wir, daß die Denkform des Primärprozesses vorübergehend an Bedeutung gewinnt — gegenüber der Denkform des Sekundärprozesses, die normalerweise die dominante Denkform im Leben des Erwachsenen ist, wie wir sagten.

Wir haben jetzt die Denkformen des Primärprozesses und des Sekundärprozesses in ihren wesentlichen Zügen behandelt, wollen aber noch ein paar Punkte ergänzend anführen, die dem Leser den Zugang zu der psychoanalytischen Literatur über diese Gegenstände erleichtern werden.

Da sind zunächst zwei Begriffe, die im allgemeinen Sprachgebrauch der psychoanalytischen Literatur gewisse Züge des Primärprozesses bezeichnen und die wir deshalb definieren wollen. Der erste dieser Begriffe ist ›Verschiebung‹, der zweite ›Verdichtung‹.

›Verschiebung‹ im technischen, psychoanalytischen Sinn bezeichnet die Darstellung eines Teils durch das Ganze, oder umgekehrt, oder allgemein die Ersetzung einer Idee oder Vorstellung durch eine andere, die mit ihr assoziativ verknüpft ist. Freud nahm an, daß solche Substitutionen in einer Verlagerung der Besetzung, d. h. der Aufladung mit psychischer Energie, von einem Gedanken zu einem andern, von einer Idee zu einer andern ihren Ursprung haben oder von ihr abhängig sind. Daher die Wahl des Wortes ›Verschiebung‹: was verschoben wird, ist die Besetzung. Dieser Begriff veranschaulicht übrigens den engen Zusammenhang zwischen dem primärprozeßhaften Denken und den charakteristischen Formen der Regulierung der Triebenergie, die gleichfalls Primärprozeß genannt werden. In diesem Fall hängt die Bereitwilligkeit zur Verschiebung, die für das Denken des Primärprozesses charakteristisch ist, mit der Beweglichkeit der Besetzungen zusammen, die wir als für den eigentlichen Primärprozeß charakteristisch beschrieben haben.

Der Begriff ›Verdichtung‹ bezeichnet die Darstellung mehrerer Ideen oder Vorstellungen durch ein einziges Wort oder Bild, oder sogar durch einen Teil eines solchen. Wie im Falle der Verschiebung, bezieht sich die Wahl des Ausdrucks ›Verdichtung‹ auf die Energieverschiebungen, von denen, wie angenommen wird, der Prozeß abhängt. Freud nahm an, daß, wenn viele psychische Repräsentanzen durch eine einzige repräsentiert werden, die Besetzungen der vielen auf diese eine konzentriert (verdichtet) werden.

Es gibt noch ein weiteres Charakteristikum des primärprozeßhaften Denkens, das gewöhnlich als ein gesondertes und spezielles Merkmal betrachtet wird, das aber eher als Beispiel für eines der bereits erörterten Charakteristika, nämlich der Verschiebung, anzusehen ist. Dieses Charakteristikum ist das, was wir symbolische Darstellung nennen, im analytischen Sinne des Wortes ›symbolisch‹.

Ziemlich früh in seiner Untersuchung der Träume und neurotischen Symptome stellte Freud [1900] fest, daß manche Elemente in Träumen oder Symptomen eine Bedeutung haben, die bei den verschiedenen Patienten relativ konstant ist, die von ihrer gewöhnlich akzeptierten Bedeutung verschieden ist und die — besonders merkwürdig — der Patient selbst nicht kennt! So steht ein Schwesternpaar in einem Traum häufig für Gedanken über weibliche Brüste, eine Reise oder Abwesenheit für den Tod, Geld für Kot und so fort. Es ist, als ob es eine geheime Sprache gäbe, deren sich die Menschen unbewußt bedienen, ohne sie bewußt verstehen zu können. Das Vokabular dieser Sprache nannte Freud Symbole. Mit anderen Worten: im Primärprozeß kann Geld als Symbol, als vollwertiges Äquivalent, für Kot verwendet werden, eine Reise für Tod etc. Das sind nun wirklich bemerkenswerte Zusammenhänge, und es ist nicht überraschend, daß diese Entdeckung großes Interesse und ebenso großen Widerstand hervorrief. Es ist allerdings möglich, daß sowohl das Interesse wie der Widerstand ebensosehr auf die Tatsache zurückzuführen ist, daß viele der symbolisch dargestellten Objekte und Ideen verbotener, d. h. sexueller oder ›schmutziger‹ Art sind.

Die Liste dessen, was durch ein Symbol repräsentiert werden kann, ist nicht sehr lang. Sie umfaßt den Körper und seine Teile, insbesondere die Sexualorgane, das Gesäß, den Anus, die Harntrakte, die Trakte der Nahrungsaufnahme und die Brüste; die Angehöriger der engeren Familie, wie Mutter, Vater, Schwester und Bruder; gewisse Körperfunktionen und körperliche Erfahrungen, wie Sexualverkehr,

Urinieren, Stuhlgang, Essen, Weinen, Zorn und sexuelle Erregung; Geburt; Tod; und einige wenige andere Dinge. Der Leser wird bemerken, daß es sich um Dinge handelt, die für das kleine Kind von großem Interesse sind — daß es mit andern Worten Dinge sind, die für einen Menschen zu einem Zeitpunkt wichtig sind, da sein Ich noch unreif ist und der Primärprozeß in seinem Denken die Hauptrolle spielt.

Damit schließen wir unsere Erörterung des Primärprozesses und des Sekundärprozesses ab. Wir wollen uns nun einem anderen Aspekt der Theorie der Triebenergie zuwenden, der es mit der Differenzierung des Ichs vom Es und seiner anschließenden Entwicklung zu tun hat.

Der Aspekt, den wir meinen, wird die *Neutralisierung der Triebenergie* genannt [Freud, 1923; Hartmann et al., 1949]. Als Folge der Neutralisierung wird Triebenergie, die sonst gebieterisch auf raschestmögliche Entladung drängen würde, wie alle Es-Besetzungen, für das Ich verfügbar und kann von ihm für die Durchführung seiner diversen Aufgaben und Wünsche gemäß dem Sekundärprozeß eingesetzt werden. Wir verbinden also nichtneutralisierte Triebenergie mit dem Primärprozeß und neutralisierte Triebenergie mit dem Sekundärprozeß, wenn wir auch über die genaue Beziehung zwischen der Neutralisierung und der Begründung und Wirksamkeit des Sekundärprozesses kein sicheres Wissen haben.

Was wir tatsächlich wissen, ist einmal, daß die Neutralisierung ein fortschreitender, kein plötzlicher Übergang ist, und zum andern, daß die Energie, die sie für die Ichfunktionen verfügbar macht, für das Ich von essentieller Bedeutung ist. Ohne sie kann das Ich nicht in zureichender Weise, wenn überhaupt, funktionieren [Hartmann, 1953a].

Wenn wir sagen, daß die Neutralisierung fortschreitender Art ist, so meinen wir damit, daß sie eine Umwandlung ist, die sich Schritt für Schritt im Verlauf eines längeren Zeitraums vollzieht. Wie bei den anderen Veränderungen, die mit der Ichentwicklung verbunden sind, handelt es sich um eine Veränderung, die allmählich stattfindet und parallel zum Wachstum des Ichs verläuft, zu dem sie, wie wir schon sagten, einen so wichtigen Teil beiträgt.

Versuchen wir nun die neutralisierte Energie zu definieren, so ist die einfachste, gedrängteste Definition, die wir geben können, die, daß es Energie ist, deren ursprünglich sexueller oder aggressiver Charakter sich deutlich verändert hat. Wir müssen hier einschalten, daß die Konzeption der Denaturierung der Triebenergie zuerst von Freud zu einer Zeit eingeführt wurde, als der einzige anerkannte Trieb der Sexualtrieb war [Freud, 1905 b]. Infolgedessen bezeichnete er bei der Erörterung des Prozesses, mit dem wir uns jetzt befassen, diesen als Desexualisierung. In jüngerer Zeit ist das Wort ›Entaggressivierung‹ (›desaggressivization‹) als Parallelbegriff eingeführt worden [Hartmann et al., 1949], aber aus Gründen der Einfachheit und aus sprachlichen Gründen scheint es uns besser zu sein, einfach von Neutralisierung zu sprechen, ob es sich nun um sexuelle oder um aggressive Energie handelt.

Der Begriff Neutralisierung impliziert, daß eine Betätigung des Individuums, die ursprünglich durch Entladung der Besetzung Triebbefriedigung verschaffte, dies nicht mehr tut und in den Dienst des Ichs gestellt wird —, offenbar nahezu oder völlig unabhängig vom Bedürfnis nach Befriedigung oder Entladung der Besetzung in irgendeiner Form, die auch nur entfernt der ursprünglichen triebhaften Form ähnlich wäre. Vielleicht kann das folgende Beispiel diese Zusammenhänge besser verständlich machen.

Die frühesten Sprechversuche des Kindes bewirken die Entladung diverser Triebbesetzungen, wie auch allgemein die andern Betätigungen des unreifen Ichs. Es mag schwierig oder unmöglich sein, vollständig und genau zu wissen, welche Triebenergien im einzelnen abgeführt werden, aber wir können uns sicherlich auf einige von ihnen einigen, so etwa auf folgende: Ausdruck eines Gefühls, Identifizierung mit einem Erwachsenen und Gewinnung seiner Beachtung. Wir werden uns jedoch auch darüber einig sein, daß im Laufe der Zeit der Gebrauch der Sprache weitgehend *unabhängig* von solcher Befriedigung wird und für die Kommunikation von Gedanken zur Verfügung steht, selbst wenn solche direkten Befriedigungen nicht vorhanden sind, wie sie zuerst mit dem Sprechen verbunden waren: was ursprünglich Triebenergie war, ist neutralisiert worden und steht im Dienste des Ichs.

Wir möchten betonen, daß die Beziehung zwischen einer Tätigkeit wie Sprechen und der Triebbefriedigung auf einer frühen Lebensstufe normal ist. Ohne den Beitrag, den die Energie der Triebe leistet, wäre das Sprechenlernen ernstlich behindert, wenn es überhaupt stattfinden könnte. Klinische Beispiele für diese Tatsache kann man in der Stummheit verschlossener, psychotischer Kinder sehen, die keine Befriedigung gebende Beziehung zu Erwachsenen haben und deren Sprache erst zurückkehrt oder sich erst entwickelt, wenn sie im Laufe der Behandlung wieder — oder zum erstenmal — solche Beziehungen haben. Wenn andererseits die in Frage stehende Triebenergie nicht genügend neutralisiert wird, oder wenn im späteren Leben die Neutralisierung aufgehoben wird und das Sprechen oder die dafür verfügbare neutrale Energie erneut eine Triebbesetzung erfährt, dann können neurotische Konflikte das beeinträchtigen, was bisher eine Ichfunktion war, die dem Betreffenden ungeachtet innerer Konflikte zur Verfügung stand. Beispiele für die Folge einer solchen Triebbesetzung sind das Stottern in der Kindheit (unzureichende Neutralisierung) und die hysterische Aphonie (*erneute*

Triebbesetzung). Wir fügen am Rande hinzu, daß die erneute Triebbesetzung (Entneutralisierung) ein Aspekt des Phänomens der Regression ist, von der wir schon im zweiten Kapitel gesprochen haben und die wir im vierten Kapitel weiter erörtern werden.

Die Konzeption, daß die neutralisierte Energie dem Ich zur Ausführung vieler seiner Funktionen zur Verfügung steht, stimmt mit der Tatsache überein, daß diese Operationen des Ichs autonom in dem Sinne sind, daß sie für gewöhnlich durch den Fluß des Triebgeschehens nicht gestört werden — jedenfalls nach der frühen Kindheit — sowie auch nicht durch die innerpsychischen Konflikte, die durch die Triebe aufgeführt werden [Hartmann et al., 1946]. Diese Autonomie der Ichleistungen ist jedoch keine absolute, sondern nur eine relative, und wie wir oben sagten, kann in manchen pathologischen Situationen die zu ihrer Verfügung stehende Energie eine erneute Triebbesetzung erfahren, und die Funktionen selbst können dann durch die aus den Trieben entstehenden Wünsche — oder durch Konflikte, welche diese Wünsche auslösten — beeinträchtigt werden, ja diesen preisgegeben sein.

Empfohlene Lektüre:

Freud, S. (1923), *Das Ich und das Es,* und (1933), ›Die Zerlegung der psychischen Persönlichkeit‹, XXXI. Vorlesung aus *Neue Folge der Vorlesungen zur Einführung in die Psychoanalyse.*
Rapaport, D. (Hrsg.), (1951), *Organization and Pathology of Thought.*

Viertes Kapitel: Der psychische Apparat (Fortsetzung)

Im dritten Kapitel erörterten wir verschiedene Fragen im Zusammenhang mit der Differenzierung des Ichs vom Es, mit seinem langsamen Wachstum und seiner Funktionsweise. Wir sprachen von den psychischen Grundfunktionen, die unter der Rubrik ›das Ich‹ zusammengefaßt werden — wie motorische Kontrolle, Sinneswahrnehmung, Erinnerung, Affekte und Denken —, und machten auf die Tatsache aufmerksam, daß die Faktoren, die die Ichentwicklung beeinflussen, in zwei Hauptkategorien zerfallen, die Faktoren der Reifung und die Umwelts- oder Erfahrungsfaktoren. Letztere Kategorie haben wir ausführlicher besprochen und auf die außerordentliche Bedeutung hingewiesen, die eines der Objekte der kindlichen Umwelt, nämlich der eigene Körper des Kleinkindes, für die Ichentwicklung hat. Wir besprachen ferner den sehr großen Einfluß, den andere Personen in der Umwelt des Kindes über den Prozeß der Identifizierung auf Wachstum und Entwicklung seines Ichs haben. Wir wandten uns dann dem Funktionsmodus, wie wir es nennen, der verschiedenen Teile des psychischen Apparates zu und erörterten den Primärprozeß und den Sekundärprozeß und die zugehörigen Denkformen. Schließlich erörterten wir die Rolle, die die Neutralisierung der von den Trieben herrührenden psychischen Energie bei der Bildung und Funktionsweise des Ichs spielt.

Im vorliegenden Kapitel werden wir unsere Erörterung um zwei Hauptfragen gruppieren, die ihrerseits eng miteinander zusammenhängen. Die erste dieser Fragen betrifft die Fähigkeit des Ichs, Wissen über seine Umwelt und deren Beherrschung zu erlangen. Die zweite behandelt die komplexen und äußerst wichtigen Mittel und Wege, durch die das Ich ein gewisses Maß von Kontrolle und Beherrschung des Es erlangt, d. h. der Wünsche und Impulse, die aus den Trieben hervorgehen. Der eine Fragenkomplex hat es mit dem Kampf des Ichs mit der Außenwelt in seiner Rolle als Vermittler zwischen dem Es und der Umwelt zu tun, der andere mit dem Kampf, den das Ich in der gleichen Rolle mit dem Es selbst führt, oder wie man sagen könnte, mit der Innenwelt.

Wir wollen mit der ersten Frage beginnen, d. h. mit der Beherrschung der Umwelt durch das Ich. Es ist klar, daß zumindest drei Ichfunktionen, die wir früher erörtert haben, in diesem Zusammenhang von fundamentaler Bedeutung sind. Die erste dieser Funktionen umfaßt die Sinneswahrnehmungen, die das Ich zunächst einmal über die Umgebung informieren. Die zweite umschließt die Fähigkeit, gemäß dem Sekundärprozeß sich zu erinnern, zu vergleichen und zu denken, was ein viel höheres Wissensniveau ermöglicht, als es die elementaren Sinneseindrücke allein je liefern könnten. Die dritte besteht aus den motorischen Kontrollen und Geschicklichkeiten, die den einzelnen zu dem Unternehmen befähigen, seine physische Umwelt mit aktiven Mitteln zu verändern. Wie zu erwarten, sind diese Funktionen untereinander verknüpft, nicht voneinander getrennt. So können zum Beispiel motorische Fähigkeiten zur Erlangung von Sinneseindrücken unerläßlich sein, wie das beim Erwerb stereoskopischen Sehens der Fall ist oder bei der Benützung der Hände zum Betasten. Außer diesen verschiedenen, miteinander zusammenhängenden Ichfunktionen unterscheiden wir jedoch noch eine weitere, besondere Ichfunktion, die für die Beziehung des Ichs zur Umwelt eine bedeutsame Rolle spielt und die wir *Realitätsprüfung* nennen [Freud, 1911, 1923].

Unter Realitätsprüfung verstehen wir die Fähigkeit des Ichs, zwischen den Reizen oder Wahrnehmungen, die aus der Außenwelt kommen, einerseits — und jenen, die aus den Wünschen und Impulsen des Es kommen, andererseits zu unterscheiden. Wenn das Ich imstande ist, diese Aufgabe erfolgreich zu erfüllen, dann sagen wir, der Betreffende habe einen guten oder ausreichenden Realitätssinn. Wenn sein Ich diese Aufgabe nicht leisten kann, sagen wir, sein Realitätssinn sei schwach oder fehlerhaft.

Wie entwickelt sich der Realitätssinn? Wir glauben, daß er sich wie andere Ichfunktionen allmählich entwickelt, im Verlauf eines längeren Zeitraums, während das kleine Kind wächst und reifer wird. Wir nehmen an, daß der Säugling während der ersten Lebenswochen nicht imstande ist, überhaupt zwischen den Reizen, die von seinem eigenen Körper und den Trieben ausgehen, und denen, die von seiner Umwelt ausgehen, zu unterscheiden. Er entwickelt die Fähigkeit dazu progressiv, teilweise infolge der Reifung seines Nervensystems und seiner Sinnesorgane, teilweise auf Grund von Erfahrungsfaktoren.

Freud [1911] machte darauf aufmerksam, daß Enttäuschung einer der letztgenannten Faktoren ist. Er war sogar der Meinung, daß sie von großer Bedeutung bei der Entwicklung der Realitätsprüfung während der ersten Lebensmonate ist. Er wies zum Beispiel darauf hin, daß der Säugling viele Male erlebt, daß gewisse Reize, beispielsweise die von der Brust und der Milch ausgehenden, die wichtige Quellen der Befriedigung sind, zuweilen nicht da sind. Der Säugling entdeckt, daß das sogar dann der Fall sein kann, wenn die betreffenden Reize in hohem Maße besetzt sind, d. h. in diesem Beispiel, obwohl der Säugling hungrig ist.

Derartige Erfahrungen der Enttäuschung, Versagung (Frustration), die sich in der ersten Lebenszeit unausweichlich immer wieder und in vielerlei Gestalt wiederholen, hielt Freud für einen außerordentlich bedeutsamen Faktor bei der Entwicklung des Realitätssinnes. Durch sie lernt das kleine Kind, daß manche Dinge in der Welt kommen und gehen, daß sie ebensogut abwesend wie anwesend sein können, daß sie ›nicht da‹ sind, auch wenn es das noch so sehr wünscht. Dies ist einer der Ausgangspunkte für die Erkenntnis, daß solche Dinge (die Mutterbrust zum Beispiel) nicht zum ›Selbst‹ gehören, sondern ›außerhalb des Selbst‹ sind.

Umgekehrt gibt es manche Reize, deren Verschwinden der Säugling nicht *bewirken* kann. Wie sehr er auch wünschen mag, daß sie ›nicht da‹ seien, sie bleiben da. Diese Reize kommen aus dem Innern des Körpers und sind ihrerseits Ausgangspunkte für die Erkenntnis, daß solche Dinge (Bauchweh zum Beispiel) nicht ›außerhalb des Selbst‹ sind, sondern zum ›Selbst‹ gehören.

Die Fähigkeit, sagen zu können, ob etwas ›Selbst‹ oder ›Nichtselbst‹ ist, ist offensichtlich ein Teil der allgemeinen Funktion der Realitätsprüfung, ein Teil, den wir als die Schaffung fester Ichgrenzen bezeichnen. Eigentlich wäre es wahrscheinlich richtiger, von Selbstbegrenzungen anstatt von Ichgrenzen zu sprechen, aber der letztere Terminus hat inzwischen seinen festen Platz in der Literatur.

Unter dem Einfluß solcher Erfahrungen, wie wir sie eben skizziert haben, entwickelt das Ich des heranwachsenden Kindes allmählich die Fähigkeit, die Realität zu prüfen. Wir wissen, daß diese Fähigkeit in der Kindheit nur partiell vorhanden ist und in ihrer Wirksamkeit von Zeit zu Zeit schwankt. So kennen wir zum Beispiel gut die Neigung des Kindes, ein Spiel oder eine Phantasie als real zu erleben, solange sie dauern. Darüber hinaus müssen wir jedoch erkennen, daß selbst im normalen Erwachsenenleben unsere Realitätsvorstellung fortwährend durch unsere Wünsche, Befürchtungen, Hoffnungen und Erinnerungen beeinflußt wird. Es gibt wenige unter uns — wenn es sie überhaupt gibt —, die ein klares und gleichbleibendes Bild der Welt haben. Für die überwiegende Mehrheit von uns wird das Bild, das wir von der uns umgebenden Welt haben, mehr oder weniger stark durch unser inneres, psychisches Leben beeinflußt.

Um ein einfaches Beispiel zu nehmen: man überlege, wie anders ein fremdes Volk uns erscheint, wenn sein Land mit dem unseren friedliche Beziehungen unterhält, als wenn die beiden Länder miteinander im Krieg stehen. Aus netten, vielleicht sogar bewundernswerten Leuten werden verächtliche, böse Menschen. Was hat in Wirklichkeit die Veränderung in unserer Einschätzung ihres Charakters bewirkt? Ich glaube, wir müßten zugeben, daß die entscheidenden Faktoren, die die Veränderung bewirkten, psychische Prozesse waren, die in uns selbst vor sich gingen. Zweifellos sind diese psychischen Prozesse ziemlich kompliziert, aber man kann zumindest einen wichtigen dieser Prozesse leicht erraten, nämlich die Entstehung des Hasses gegen den Feind, den Wunsch, ihn zu verletzen oder zu vernichten, und das daraus resultierende Schuldgefühl, d. h. die Furcht vor Vergeltung. Als Folge solcher turbulenten Gefühle in uns verwandeln sich in unseren Augen die einstmals schätzenswerten Nachbarn in verächtliche, böse Menschen.

Die Unvollständigkeit oder Unverläßlichkeit der Fähigkeit unseres Ichs zur Realitätsprüfung zeigt sich so in der Herrschaft von Vorurteilen der eben erörterten Art. Sie wird ferner in dem weitverbreiteten und hartnäckigen Aberglauben und in dem Glauben an religiöse und sonstige magische Bräuche sichtbar, sowie ganz allgemein in religiösen Glaubensüberzeugungen. Trotzdem funktioniert die Fähigkeit des Erwachsenen zur Realitätsprüfung normalerweise recht erfolgreich, wenigstens in üblichen, alltäglichen Situationen; nur durch eine schwere Geisteskrankheit geht diese Fähigkeit verloren oder wird stark beeinträchtigt. Patienten, die an einer solchen Krankheit leiden, weisen sehr viel ernstere Störungen ihrer Fähigkeit zur Realitätsprüfung auf, als man sie bei normalen oder neurotischen Menschen gewöhnlich sieht. Wir brauchen als Beispiel nur den geisteskranken Patienten anzuführen, der seine Täuschungen und Halluzinationen für wirklich hält, während sie tatsächlich ihren Ursprung in erster Linie in Ängsten und Wünschen in ihm selbst haben.

Ja, die Gestörtheit der Realitätsprüfung ist ein so regelmäßiger Zug bei den verschiedensten schweren Geisteskrankheiten, daß sie zu einem diagnostischen Kriterium für diese geworden ist. Die ernsten Folgen einer solchen Gestörtheit machen uns nachdrücklich klar, wie wichtig die Fähigkeit zur Realitätsprüfung für das Ich in seiner normalen Rolle als Ausführungsorgan des Es ist. Ein intakter Realitätssinn setzt das Ich in den Stand, im Interesse des Es erfolgreich auf die Umwelt einzuwirken. Er ist damit für das Ich ein wertvolles Aktivum, wenn es im Bündnis mit dem Es aus der Umwelt möglichst viele Gelegenheiten zur Befriedigung herausholen will.

Betrachten wir nun den anderen Aspekt der Rolle des Ichs als Vermittler zwischen dem Es und der Umwelt, den wir in diesem Kapitel untersuchen wollten. Wir stellen fest, daß das Ich unter diesem neuen Aspekt die Entladung der Energien des Es verzögert, sie unter Kontrolle hält und auf sonstige Art ihre Abfuhr verhindert, anstatt diese zu fördern oder zu erleichtern.

Wie wir die Beziehung zwischen Ich und Es verstehen, ist diese Fähigkeit des Ichs, die Abfuhr der Energien des Es zu steuern, in erster Linie für die wirksame Ausnutzung der Umwelt notwendig oder wertvoll. Wenn jemand ein bißchen warten kann, kann er oft eine unangenehme Folge der Befriedigung vermeiden oder die zu gewinnende Lust steigern. Um ein einfaches Beispiel anzuführen: ein

Kind von eineinhalb Jahren, das urinieren will, kann die Unlust des Gescholtenwerdens vermeiden, wenn sein Ich den Akt des Urinierens so lange hinausschieben kann, bis es auf die Toilette kommt, und kann zugleich eine zusätzliche Lust des Lobs und der Zuneigung gewinnen. Weiter haben wir gesehen, daß ein gewisses Hinausschieben der Entladung der Triebenergie einen wesentlichen Teil der Entwicklung des Sekundärprozesses und des sekundärprozeßhaften Denkens ausmacht, was sicherlich für das Ich bei der Nutzung der Umwelt wichtig ist.

Wir können deshalb verstehen, daß es eben dieser Prozeß der Ichentwicklung ist, durch den ein gewisser Grad der Verzögerung in der Entladung der Es-Energien und ein gewisses Maß von Kontrolle des Es durch das Ich erreicht wird. Anna Freud [1954a] hat diesen Aspekt der Beziehung zwischen Ich und Es dadurch ausgedrückt, daß sie ihn mit der Beziehung zwischen dem einzelnen und dem Verwaltungsapparat in einem modernen Staat verglich. Sie wies darauf hin, daß in einer komplexen Gesellschaft der Staatsbürger viele Aufgaben an Beamte delegieren muß, wenn er will, daß sie wirksam und zu seinem eigenen Besten ausgeführt werden. Die Schaffung eines Verwaltungsapparates liegt deshalb im Interesse des einzelnen Staatsbürgers und bringt ihm viele Vorteile, deren er sich gern erfreut; sie hat aber gleichzeitig auch, wie er entdeckt, gewisse Nachteile. Die Verwaltung ist häufig zu schwerfällig bei der Befriedigung eines speziellen Bedürfnisses des einzelnen und hat offenbar ihre eigenen Vorstellungen von dem, was für ihn am besten ist —, Vorstellungen, die nicht immer mit dem übereinstimmen, was er im Augenblick gerade will. In ähnlicher Weise zwingt das Ich manchmal den Trieben des Es ein Hinausschieben auf, führt ihnen gegenüber die Umweltforderungen ins Feld und bemächtigt sich sogar eines Teils der Triebenergie durch Neutralisierung zur eigenen Verwendung.

Nach dem, was wir bis jetzt über die Beziehung zwischen Ich und Es erfahren haben, würden wir erwarten, daß die Beziehung zwischen dem Ich und der Umwelt nie stark genug sein könnte, um das Ich zu einem ernsthaften oder langdauernden Widerstand gegen die Triebforderungen des Es zu zwingen. Schließlich haben wir wiederholt gesagt, daß die Beziehung des Ichs zur Realität primär im Dienste des Es steht, und wir würden deshalb erwarten, daß im Falle eines wirklich ernsthaften Konfliktes zwischen den Wünschen des Es und den Realitäten der Umwelt das Ich im wesentlichen der Verbündete des Es sein würde.

Wie wir jedoch feststellen müssen, unterscheidet sich die tatsächliche Situation von unserer Erwartung erheblich. Wir erfahren, daß sich unter gewissen Umständen das Ich tatsächlich gegen das Es stellt und manchmal sogar der Entladung der Triebenergien des Es direkt entgegentritt. Diese Opposition des Ichs gegen das Es tritt natürlich erst dann deutlich in Erscheinung, wenn ein gewisses Maß an Entwicklung und Organisation der Ichfunktionen stattgefunden hat, aber ihre Anfänge liegen nicht später als gegen Ende des ersten Lebensjahres. Ein einfaches Beispiel für einen solchen Widerstand ist etwa, daß das Ich den Wunsch, einen Bruder oder eine Schwester zu töten, verwirft. Wie wir wissen, attackieren sehr kleine Kinder oft Bruder oder Schwester auf Grund eines solchen Wunsches, aber im Lauf der Zeit und unter dem Druck der Mißbilligung durch die Umwelt tritt das Ich schließlich diesem Wunsch des Es entgegen und verwirft ihn, und zwar so nachdrücklich, daß der Wunsch schließlich nicht mehr zu existieren scheint. Wenigstens was das äußere Verhalten betrifft, hat das Ich die Oberhand behalten und der Tötungswunsch ist aufgegeben worden.

Wir sehen also, daß das Ich, obwohl es primär der Vollstrecker des Es ist und das in vieler Hinsicht auch das ganze Leben hindurch bleibt, ziemlich früh im Leben eine zunehmend stärkere Kontrolle über das Es auszuüben beginnt und allmählich in Opposition zu manchen Strebungen des Es, ja sogar in offenen Konflikt mit ihnen gerät. Zuerst in jeder Hinsicht ein gehorsamer und hilfreicher Diener des Es, wird das Ich teilweise zum Opponenten und sogar zum Herrn des Es.

Aber diese Revision unserer Konzeption von der Rolle des Ichs läßt zwangsläufig einige Fragen in uns wach werden, die eine Antwort verdienen. Wie sollen wir die Tatsache erklären, daß das Ich, ein Teil des Es, das als Diener der Triebe begann, in gewissem Umfang zu ihrem Herrn wird? Ferner: welcher besonderen Mittel bedient sich das Ich, um die Impulse des Es in Schach zu halten, soweit ihm das gelingt?

Die Antwort auf die erste Frage liegt zum Teil in der Natur der Beziehung des kleinen Kindes zu seiner Umwelt, und zum Teil in gewissen psychologischen Merkmalen der menschlichen Seele. Einige dieser Charakteristika sind neu, einige sind uns schon von unseren früheren Erörterungen vertraut. Gemeinsam ist ihnen allen, daß sie sämtlich mit der Funktionsweise des Ichs zusammenhängen.

Zunächst zur Umwelt. Wir wissen, daß die Umwelt des kleinen Kindes für dieses eine sehr spezielle, biologische Bedeutung hat — oder vielmehr, daß Teile dieser Umwelt eine solche Bedeutung haben. Ohne diese Teile — nämlich zuerst die Mutter, später beide Eltern — könnte das Kind nicht überleben. Es überrascht uns deshalb nicht, daß die ungewöhnlich große und einzigartig lang dauernde physische Abhängigkeit des menschlichen Kindes von seinen Eltern in seiner psychischen Abhängigkeit von ihnen eine Parallele hat. Denn das kleine Kind ist, wie wir gesehen haben, hinsichtlich der meisten seiner Lustquellen von seinen Eltern abhängig, und wir begreifen, daß als Folge dieser verschiedenen Faktoren zum Beispiel die Mutter des Kindes zu einem so wichtigen Objekt seiner Umwelt wird, daß im Falle eines Konfliktes zwischen einem Verlangen der Mutter und einem direkten Es-Wunsch des Kindes das Ich die Partei der ersteren gegen das letztere ergreift.

Dieser Teil unserer Antwort ist leicht zu verstehen und bedarf keiner besonders fachspezifischen, komplizierten Erörterung. Wenn wir nun zum letzten Teil unserer Antwort auf die erste der oben gestellten Fragen übergehen, so müssen wir mehrere Faktoren etwas ausführlicher besprechen.

Zunächst müssen wir noch einmal betonen, daß für die Ichbildung und für die Tätigkeit des Ichs Energie verwendet wird, die entweder vollständig oder zum großen Teil vom Es kommt. Wenn wir nicht annehmen wollen, das Es sei ein unerschöpfliches Reservoir psychischer Energie, müssen wir folgern, daß die bloße Existenz des Ichs und seine Tätigkeit eine mengenmäßige Reduzierung der Triebenergie im Es bedeutet. Ein Teil davon wurde aufgebracht, um das Ich zu schaffen und in Tätigkeit zu halten. Ja, wenn wir unsere Mitmenschen um uns herum anschauen, so haben wir manchmal den Eindruck, daß bei manchen besonders leidenschaftslosen Exemplaren der Gattung Mensch überhaupt kein Es mehr übrig ist und daß ihre *gesamte* psychische Energie durch die Ichbildung aufgezehrt wurde, obwohl wir ja wissen, daß ein solcher Extremfall nicht möglich ist. Der Punkt, auf den es ankommt, ist jedoch, daß die Ausbildung des Ichs unweigerlich eine gewisse Schwächung des Es zur Folge hat. Von diesem Gesichtspunkt aus kann man sagen, daß das Ich wie ein Schmarotzer auf Kosten des Es wächst, und das mag sehr wohl mit dazu beitragen, daß das Ich schließlich stark genug ist, teilweise zum Herrn des Es zu werden, anstatt für immer und völlig dessen Diener zu bleiben, obgleich es, wie wir früher sagten, nicht wahrscheinlich ist, daß dieser Umstand allein dieses Ergebnis erklären kann.

An dieser Stelle müssen wir zweckmäßigerweise verschiedene Prozesse erwähnen, die für die Ausbildung und die Tätigkeit des Ichs von Bedeutung sind und die wesentlich zu dem Prozeß beitragen, durch den die psychische Energie des Es vermindert und die des Ichs vermehrt wird.

Ein solcher Prozeß, der, wie wir sahen, ein hauptsächlicher Teil der Ichentwicklung ist und in der eben geschilderten Art und Weise operieren muß, ist die Neutralisierung der Triebenergie. Dieser Prozeß der Denaturierung, den wir im dritten Kapitel ausführlicher beschrieben haben, führt eindeutig zu einer Reduktion der libidinösen und aggressiven Energien des Es und zu einer Zunahme der für das Ich verfügbaren Energie.

Ein anderer Faktor, von dem wir wissen, daß er für die Ichentwicklung wichtig ist und der eine bedeutsame Rolle bei der Umleitung psychischer Energie vom Es auf das Ich spielt, ist der Prozeß der Identifizierung. Die Identifizierung haben wir gleichfalls im dritten Kapitel erörtert, und der Leser wird sich erinnern, daß sie im wesentlichen darin besteht, daß der Betreffende wie ein Objekt (Person oder Ding) der Außenwelt wird, das für ihn psychologisch wichtig, d. h. in hohem Maße mit Triebenergie besetzt ist. Das ›Werden wie‹ bewirkt, wie wir gesehen haben, eine Veränderung des Ichs, und eine der Folgen dieser Veränderung ist, daß entweder alle oder einige der Besetzungen, die vorher mit einem äußeren Objekt verbunden waren, sich statt dessen an die Kopie dieses Objektes im Ich heften. Die Tatsache, daß einige der Energien des Es jetzt mit einem Teil des Ichs verbunden sind, trägt auf Kosten des Es zu einer Anreicherung der dem Ich zur Verfügung stehenden Energien bei sowie zur Stärkung des Ichs gegenüber dem Es.

Es gibt noch einen anderen Weg, der unsere Aufmerksamkeit verdient, auf dem Forderungen des Es abgeschwächt und dadurch der Kontrolle durch das Ich leichter zugänglich werden, nämlich den Prozeß der phantasierten Befriedigung. Es ist eine bemerkenswerte, wenn schon alltägliche Tatsache, daß eine Phantasie — sei es ein Tagtraum oder ein Traum im Schlaf —, in dem einer oder mehrere Wünsche des Es als erfüllt vorgestellt werden, tatsächlich zu einer teilweisen Befriedigung der beteiligten Es-Impulse und zu einer teilweisen Entladung ihrer Energie führt. So träumt beispielsweise ein Schlafender, der durstig ist, daß er seinen Durst stillt, und wird möglicherweise durch den Traum hinreichend befriedigt, so daß er weiterschläft, obwohl der Wasserhahn im Zimmer nebenan ist.

Selbst bei kurzer Überlegung erkennen wir ohne weiteres, daß die Phantasie in unserem psychischen Leben eine außerordentlich große Rolle spielt. Wir haben nicht die Absicht, an dieser Stelle die allgemeine Bedeutung der Funktion der Phantasie zu skizzieren. Wir möchten nur darauf hinweisen, daß eine der Wirkungen der Phantasie darin bestehen kann, daß ein Es-Impuls so weitgehend befriedigt wird, daß es danach für das Ich relativ leicht ist, ihn in Schach zu halten oder zu beherrschen, und daß deshalb die Phantasie eine Rolle dabei spielen kann, dem Ich die Beherrschung eines Teils des Es zu ermöglichen. Wir fügen hinzu, daß — was eigentlich auf der Hand liegt — solche Phantasien im normalen psychischen Leben häufig vorkommen.

Wir kommen nun zu dem letzten der psychologischen Charakteristika, die wir erörtern, weil sie bei dem Vorgang mitbeteiligt sind, durch den das Ich in den Stand gesetzt wird, in gewissem Umfang zum Herrn des Es zu werden. Dieses Charakteristikum ist wahrscheinlich das entscheidende bei der ganzen Situation, das eigentlich verantwortliche für die Fähigkeit des Ichs, den Impulsen des Es bis zu einem gewissen Grad und zu gewissen Zeiten entgegenzutreten und sie zu beherrschen. Es handelt sich um die Tendenz des Menschen, unter gewissen Umständen Angst zu entwickeln. Um diese Tendenz zu erklären, bedarf es nicht nur einer ziemlich umfangreichen speziellen Erörterung, sondern auch einer eingehenden Einführung, da man die gegenwärtige psychoanalytische Theorie der Angst nicht verstehen kann, wenn nicht zuletzt das dargestellt wird, was Freud [1911] das Lustprinzip nannte. Diese Hypothese haben wir noch nicht erörtert; wir wollen es jetzt tun.

Drückt man es so einfach wie möglich aus, so besagt das Lustprinzip, daß die Psyche die Tendenz hat, so zu operieren, daß Lust erlangt und ihr Gegenteil, ›Unlust‹, vermieden wird. Freud ergänzte die Konzeption des Lustprinzips durch die Idee, daß in der frühesten Lebenszeit die Tendenz zur Lusterlangung gebieterisch und unmittelbar ist und der Mensch erst mit dem Älterwerden allmählich die Fähigkeit erwirbt, das Erlangen von Lust hinauszuschieben.

Nun klingt diese Konzeption des Lustprinzips recht ähnlich wie die Konzeption des Primärprozesses, die wir im dritten Kapitel besprochen haben. Gemäß dem Lustprinzip besteht die Tendenz zur Erlangung von Lust und zur Vermeidung von Unlust, die im frühesten Leben keine Verzögerung duldet. Gemäß dem Primärprozeß müssen Besetzungen mit Triebenergie so bald als möglich entladen werden, und wir nehmen weiter an, daß dieser Prozeß zu Beginn des Lebens im psychischen Geschehen dominant ist. Im Zusammenhang mit dem Lustprinzip behauptete Freud darüber hinaus, daß mit dem Älterwerden die Fähigkeit des einzelnen allmählich zunimmt, das Erlangen von Lust und das Vermeiden von Unlust hinauszuschieben, während er im Zusammenhang mit dem Primärprozeß die Idee formulierte, daß die Entwicklung des Sekundärprozesses und die Zunahme seiner relativen Bedeutung dem einzelnen erlaubt, im Älterwerden die Entladung von Besetzungen hinauszuschieben.

In den meisten wesentlichen Teilen entspricht also Freuds frühe Konzeption des Lustprinzips seiner späteren Konzeption des Primärprozesses. Der einzige *wirkliche* Unterschied – im Gegensatz zu den terminologischen Unterschieden – besteht darin, daß das Lustprinzip in *subjektiven* Begriffen, der Primärprozeß in *objektiven* formuliert ist. Das heißt, die Worte ›Lust‹ oder ›Unlust‹ beziehen sich auf subjektive Phänomena, in diesem Fall auf Affekte, während die Ausdrücke ›Entladung der Besetzung‹ oder ›Entladung von Triebenergie‹ sich auf die objektiven Phänomena der Energieverteilung und -entladung, in diesem Fall innerhalb des Es, beziehen. Übrigens ist zu beachten, daß nach unseren Theorien ein Affekt oder Gefühl ein Ich-Phänomen ist, wie sehr es auch hinsichtlich seiner Genese von Prozessen innerhalb des Es abhängig sein mag.

Freud war sich natürlich wohl bewußt, daß zwischen der Formulierung des Lustprinzips und der Formulierung jenes Aspektes der Funktionen des Es, die er den Primärprozeß nannte, eine große Ähnlichkeit bestand. Er unternahm auch den Versuch, die beiden Konzeptionen zu vereinigen; und gerade weil er fühlte, daß der Versuch nicht gelungen war, müssen wir die beiden Hypothesen an dieser Stelle getrennt besprechen.

Der Versuch, die beiden Konzeptionen zu vereinigen, beruhte auf einer sehr einfachen Annahme – auf der Annahme nämlich, daß eine Zunahme des Betrags an nicht entladenen, beweglichen Besetzungen innerhalb des psychischen Apparates einer Unlustempfindung entspricht oder eine solche hervorruft, während die Entladung solcher Besetzungen mit einer entsprechenden Abnahme des verbleibenden Betrages zu einer Lustempfindung führt. Einfacher und etwas weniger genau ausgedrückt, können wir sagen, daß Freud [1911] ursprünglich annahm, eine Zunahme an psychischer Spannung verursache Unlust, während eine Abnahme dieser Spannung Lust verursache. Wäre diese Annahme richtig, so wären Lustprinzip und Primärprozeß bloß verschiedene Formulierungen der gleichen Hypothese.

Die Argumentation wäre ungefähr folgende: Das Lustprinzip besagt, daß in jedem sehr kleinen Kind eine Tendenz zur Erlangung von Lust durch Befriedigung vorhanden ist, die nicht hinausgeschoben werden darf. Der Primärprozeß besagt, daß im ganz kleinen Kind eine Tendenz zur Entladung von Besetzungen, d. h. von Triebenergie, vorhanden ist, die nicht hinausgeschoben werden darf. Aber nach Freuds ursprünglicher Annahme ist die Lust der Befriedigung eins mit der Entladung von Besetzung oder vielleicht mit einem Aspekt davon. Wäre also die Annahme richtig, so würden die beiden Formulierungen das gleiche mit verschiedenen Worten aussagen, Lustprinzip und Primärprozeß wären also lediglich zwei Alternativformulierungen der gleichen Hypothese.

Unglücklicherweise für unser natürliches Verlangen nach Einfachheit in unseren Theorien kam Freud [1924c] zu dem Schluß, daß zwar in der überwiegenden Mehrzahl der Fälle die Entladung von beweglicher psychischer Energie von Lust begleitet werde, während Unlust die Folge der Ansammlung solcher Energie sei, daß es aber eben doch wichtige Fälle gebe, in denen das offenbar nicht so sei. Tatsächlich erklärte er, daß es sogar Fälle gebe, wo das Umgekehrte zutreffe. Als Beispiel dafür wies er darauf hin, daß bis zu einem gewissen Punkt eine Zunahme an sexueller Spannung als lustvoll erlebt wird.

Freuds letzte Entscheidung war deshalb, daß die Beziehungen zwischen den Erscheinungen der Ansammlung und Entladung beweglicher Triebenergie auf der einen Seite und den Affekten Lust und Unlust auf der andern Seite weder einfach noch bestimmbar seien.

Er gab lediglich einer Vermutung Ausdruck, nämlich daß Geschwindigkeit und Rhythmus der Zunahme oder Entladung von Besetzungen möglicherweise ein bestimmender Faktor seien — und dabei beließ er es im großen und ganzen. Es sind später Versuche unternommen worden, eine befriedigende Hypothese über die Beziehung zwischen Lust und der Ansammlung und Entladung von Triebenergie aufzustellen, aber keiner dieser Versuche hat bis jetzt eine genügend breite Anerkennung gefunden, um seine Aufnahme in diese Darstellung zu rechtfertigen [Jacobson, 1953].

Die Konsequenz dieser Tatsachen ist, daß wir das Lustprinzip noch nicht befriedigend mit den Begriffen der späteren Konzepte formulieren können, die hauptsächlich die psychische Energie behandeln. Wir müssen uns deshalb an die frühere Fassung halten, deren Formulierung auf den subjektiven Erfahrungen von Lust und Unlust basiert: die Psyche, oder der einzelne in seinem psychischen Leben, sucht Lust zu erlangen und Unlust zu vermeiden.

Der Leser wird sich erinnern, daß wir eine Erörterung des Lustprinzips hier eingeschaltet haben, um den Weg für das Thema ›Angst‹ vorzubereiten; und diesem Gegenstand wollen wir jetzt unsere Aufmerksamkeit zuwenden. Welche Bedeutung das Lustprinzip in der psychoanalytischen Theorie der Angst hat, wird im Verlauf unserer Erörterung deutlich werden.

Freuds ursprüngliche Theorie der Angst war, daß sie aus der Aufstauung und ungenügenden Entladung von Libido resultiere. Ob die abnormale Ansammlung von Libido in der Psyche die Folge äußerer Hindernisse für ihre ordnungsgemäße Entladung ist [Freud, 1895], oder ob sie auf innere Hindernisse zurückzuführen ist, wie zum Beispiel unbewußte Konflikte oder Hemmungen bezüglich sexueller Befriedigung, war vom Gesichtspunkt der Theorie der Angst relativ unwichtig. In beiden Fällen war das Resultat eine Ansammlung nicht-entladener Libido, die sich in Angst umwandeln konnte. Die Theorie erklärte nicht, wie die Umwandlung stattfindet, auch nicht, welche Faktoren den genauen Zeitpunkt der Umwandlung bestimmen. Wichtig ist auch die Feststellung, daß nach dieser Theorie der Terminus ›Angst‹ eine pathologische Form der Furcht bezeichnet, die zwar phänomenologisch mit der normalen Furcht vor einer äußeren Gefahr verbunden ist, aber einen völlig anderen Ursprung hat. Furcht vor äußerer Gefahr sei vermutlich eine erlernte Reaktion, d. h. eine auf Erfahrung beruhende Reaktion, während Angst umgewandelte Libido sei, d. h. eine pathologische Manifestation der Triebenergie.

Dies war der Stand der psychoanalytischen Theorie der Angst bis 1926. In diesem Jahr wurde eine Monographie Freuds mit dem Titel *Hemmung, Symptom und Angst* veröffentlicht. Darin legte Freud dar, daß Angst das Zentralproblem der Neurose ist und brachte eine neue Theorie der Angst vor, die auf der Strukturhypothese basierte und die wir nachher summarisch darstellen werden.

Es lohnt jedoch, zuvor noch am Rande zu vermerken, daß eine enge Beziehung besteht zwischen dem Hauptinhalt von *Hemmung, Symptom und Angst*, also Freuds zweiter Theorie der Angst, und dem zweier früherer Werke, auf die wir im zweiten und dritten Kapitel häufig Bezug genommen haben, *Jenseits des Lustprinzips* und *Das Ich und das Es*. Diese beiden Monographien enthalten die fundamentalen Konzeptionen, die die moderne psychoanalytische Theorie von dem unterscheiden, was vorher war. Diese Konzeptionen sind die dualistische Triebtheorie und die Strukturhypothese. Sie ermöglichen eine folgerichtigere und adäquatere Betrachtungsweise der psychischen Phänomene, als sie bis dahin möglich war, sowie ein besseres Verständnis ihrer komplizierten Wechselbeziehungen. Die neuen Theorien bereiteten auch den Weg zu wichtigen Fortschritten in der klinischen Anwendung der Psychoanalyse. Ein hervorragendes Beispiel dafür ist die Entwicklung der Ich-Analyse und des gesamten Gebietes der psychoanalytischen Ich-Psychologie.

Freud selbst schrieb mehrere Aufsätze, in denen er zeigte, wie sich die neuen Theorien fruchtbar auf klinische Probleme anwenden lassen [Freud, 1924b, 1924c, 1924d, 1926]. *Hemmung, Symptom und Angst* ist mit Abstand das wichtigste Einzelbeispiel für eine solche fruchtbare Anwendung. Freud legte darin eine klinisch anwendbare Theorie der Angst dar, die sich auf die durch die Strukturhypothese gewonnenen Einsichten gründete.

Wenn wir versuchen wollen, die neue Theorie zu verstehen, so müssen wir uns zuerst darüber klar sein, daß Freud der Auffassung war, die Angst habe eine biologische, ererbte Basis. Er glaubte mit andern Worten, daß der menschliche Organismus mit der angeborenen Fähigkeit ausgestattet ist, mit den psychologischen und physiologischen Manifestationen zu reagieren, die wir Angst nennen. Ja, er legte dar, diese Fähigkeit habe beim Menschen wie bei niederen Tieren einen entscheidenden Wert für das Überleben des einzelnen, zumindest in dessen ›natürlichem‹ Zustand. Wenn ein menschliches Wesen, das ohne den Schutz seiner Eltern ist, nicht durch etwas erschreckt werden könnte, wäre es bald vernichtet.

Was Freud in seiner Theorie der Angst zu erklären versuchte, war also nicht die Natur oder der Grundursprung der Angst, vielmehr ihr Platz und ihre Bedeutung im psychischen Leben des Menschen. Wie wir sehen werden, schlossen die Formulierungen, die er in *Hemmung, Symptom und Angst* brachte, teilweise seine früheren Formulierungen ein, teilweise gingen sie weit über diese hinaus.

Ferner wurde ein Hauptteil seiner früheren Theorie vollständig fallengelassen: er gab die Idee völlig auf, daß nicht entladene Libido in Angst *umgewandelt* werde. Er tat diesen Schritt auf Grund klinischer Erfahrungen und belegte die Gültigkeit seiner neuen Position durch eine recht detaillierte Erörterung zweier Fälle von Phobien in der Kindheit.

In seiner neuen Theorie verknüpft Freud das Auftreten von Angst mit dem, was er ›traumatische Situationen‹ und ›Gefahrsituationen‹ nannte. Die ersteren definierte er als Situationen, in denen die Psyche durch ein übergroßes Einströmen von Reizen überwältigt wird, das sie nicht mehr beherrschen oder entladen kann. Er glaubte, daß automatisch Angst entsteht, wenn dies geschieht.

Da es zur Funktion des Ichs gehört, einströmende Reize zu meistern und wirksam abzuführen, steht zu erwarten, daß traumatische Situationen häufiger in den ersten Lebensmonaten und -jahren vorkommen, solange das Ich noch relativ schwach und unentwickelt ist. Freud war in der Tat der Meinung, daß der Prototyp der traumatischen Situation die Wirkung des Geburtserlebnisses auf das Kind ist, wenn es zur Welt kommt. In diesem Zeitpunkt ist das Kind einem überwältigenden Einströmen äußerer und viszeraler Sinnesreize ausgesetzt und reagiert darauf mit dem, was Freud als Manifestationen der Angst ansah.

Freuds Hauptinteresse an der Geburt als einer von Angst begleiteten traumatischen Situation lag offenbar darin, daß sie als Prototyp späterer, psychologisch bedeutsamerer traumatischer Situationen angesehen werden konnte und insofern sich reibungslos in seine neuen Ideen einfügte. Otto Rank [1924] unternahm den Versuch, diese Idee Freuds klinisch in viel kühnerer Weise anzuwenden, als das Freud selbst beabsichtigt hatte, und vertrat die Auffassung, alle Neurosen ließen sich auf das Geburtstrauma zurückverfolgen und könnten dadurch geheilt werden, daß man das Trauma so, wie es gewesen sein mußte, rekonstruierte und dem Patienten bewußt machte. Ranks Theorien erregten damals, als sie zuerst vorgebracht wurden, ziemliches Aufsehen unter den Psychoanalytikern, sind aber inzwischen so gut wie ganz aufgegeben worden.

Freud beschäftigte sich in seiner Monographie ziemlich ausführlich mit den traumatischen Situationen, die in der frühen Kindheit nach der Geburt auftreten. Als Beispiel für solche Situationen wählte er die folgende. Das kleine Kind ist von der Mutter nicht nur bezüglich der Befriedigung der meisten seiner körperlichen Bedürfnisse abhängig, sondern auch bezüglich der Triebbefriedigungen, die Kleinkinder, zumindest in den ersten Lebensmonaten, hauptsächlich im Zusammenhang mit körperlicher Befriedigung erleben. Wenn zum Beispiel ein Kind gestillt wird, wird nicht nur sein Hunger gestillt. Es erlebt zugleich auch die Trieblust, die mit oraler Stimulierung verbunden ist, sowie die Lust, gehalten, gewärmt und liebkost zu werden. Vor einem gewissen Alter kann das Kind diese Arten von Lust, das heißt, diese Triebbefriedigungen, nicht allein erlangen. Es braucht dazu seine Mutter. Wenn das Kind in Abwesenheit der Mutter ein Triebbedürfnis hat, das nur durch die Mutter befriedigt werden kann, dann entsteht eine Situation, die für das Kind in dem Sinne traumatisch ist, wie Freud dieses Wort verwendete. Das Ich des Kindes ist noch nicht genügend entwickelt, um die Befriedigung durch Zügelung der Triebwünsche hinauszuschieben; statt dessen wird die Psyche durch den Ansturm von Reizen überwältigt. Da das Ich diese Reize weder beherrschen noch in zureichendem Maße entladen kann, entsteht Angst.

Zu beachten ist, daß in unserem Beispiel, und natürlich in all den andern Fällen, für die es als typisch stehen soll, die Flut von Reizen, die diesen primitiven, automatischen Typus der Angst entstehen läßt, *inneren* Ursprungs ist. Sie entsteht spezifisch durch das Wirken der Triebe oder genauer des Es. Aus diesem Grund ist die Angst des automatischen Typus, die wir erörtert haben, gelegentlich als ›Es-Angst‹ bezeichnet worden. Dieser Name wird jedoch heute selten verwendet, da er dem Mißverständnis Raum gab, das Es sei der *Sitz* dieser Art von Angst. Tatsächlich war es die Vorstellung Freuds, wie sie in der Strukturhypothese enthalten ist, daß das Ich der Sitz aller Gefühle ist. Das Erleben jeglichen Gefühls ist nach Freud eine Funktion des Ichs, und das muß natürlich auch für die Angst gelten. Das Mißverständnis, das Es sei der Sitz der automatisch herbeigeführten Angst, wurde dadurch begünstigt, daß das Ich als differenzierte oder gar als integrierte Struktur in einem so frühen Lebensalter wie dem, auf das sich unser Beispiel des vorhergehenden Absatzes bezieht, noch kaum existiert. Ganz kleine Kinder haben, wie wir früher schon sagten, nur die Rudimente eines Ichs, und selbst das kleine Bißchen, das sich vom übrigen Es zu differenzieren begonnen hat, läßt sich von diesem noch kaum unterscheiden. Trotzdem ist das, was sich bei so kleinen Kindern an Ich tatsächlich differenzieren läßt, der Sitz der entstehenden Angst.

Freud glaubte auch, daß die Tendenz oder Fähigkeit des psychischen Apparates, in der oben beschriebenen Weise, d. h. durch die Entwicklung von Angst, auf einen übergroßen Ansturm von Reizen zu reagieren, das ganze Leben hindurch erhalten bleibt. Mit andern Worten: eine traumatische Situation, in Freuds speziellem Sinn dieses Wortes, kann in jedem Alter entstehen. Gewiß, solche Situationen werden aus dem oben angegebenen Grund, nämlich daß das Ich noch unentwickelt ist, in der ersten Lebenszeit häufiger entstehen, da ja das Ich, je besser es ausgebildet ist, desto besser auch imstande ist, anbrandende Reize inneren oder äußeren Ursprungs zu beherrschen oder zu entladen. Der Leser wird sich daran erinnern, daß nur wenn solche Reize *nicht* genügend beherrscht oder entladen werden, die Situation traumatisch wird und sich Angst entwickelt.

Wenn Freud mit seiner Annahme recht hat, daß die Geburt ein

Prototyp späterer traumatischer Situationen ist, dann ist das Geburtserlebnis ein Beispiel für eine traumatische Situation in der frühen Kindheit, die durch Reize hauptsächlich äußeren Ursprungs verursacht wird. In anderen Fällen entstehen die verletzenden Reize hauptsächlich aus den Trieben, d. h. ihr Ursprung liegt im Innern, wie das zum Beispiel für das Kind zutrifft, dessen Mutter nicht da ist, um ihm die Befriedigung zu verschaffen, nach der sein Es schreit und die nur sie geben kann.

Soweit wir wissen, sind die traumatischen Situationen, die infolge von Forderungen des Es entstehen, in der ersten Lebenszeit die häufigsten und wichtigsten. Freud glaubte ferner, daß solche Situationen im späteren Leben in jenen Fällen entstehen, die er als ›Aktualneurosen‹ (siehe das achte Kapitel) klassifizierte, und daß die Angst, unter der diese Patienten leiden, tatsächlich auf den überwältigenden Ansturm von Reizen zurückzuführen ist, die aus sexueller Triebenergie entstehen, welche infolge äußerer Hindernisse nicht hinlänglich entladen wurde.

Diese spezielle Annahme Freuds hat jedoch relativ wenig praktische Bedeutung, da die Diagnose von Aktualneurosen heute kaum noch, wenn überhaupt, gestellt wird. Eine andere Anwendung der gleichen Grundidee jedoch hat eine größere klinische Bedeutung erlangt, nämlich die Annahme, daß die sogenannten traumatischen Neurosen beim Erwachsenen, zum Beispiel Kampf-Neurosen und was man früher ›shell-shock‹[1] nannte, die Folge eines überwältigenden Ansturms *äußerer* Reize sind, der automatisch zur Entstehung von Angst führte. Freud hat selbst diese Möglichkeit zur Sprache gebracht, und später nahmen anscheinend viele Autoren an, sie treffe zu, oder jedenfalls, Freud habe sie für zutreffend gehalten. In Wirklichkeit hat Freud [1926] die Meinung geäußert, daß eine traumatische Neurose wahrscheinlich nicht auf so einfache Weise entstehen könne – ohne die Beteiligung der tieferen Schichten der Persönlichkeit, wie er es nannte.

Freuds Konzeption der traumatischen Situationen und der automatischen Entstehung von Angst in traumatischen Situationen stellt, wie wir sagen könnten, den ersten Teil seiner neuen Theorie der Angst dar. Es ist der Teil, der seiner früheren Theorie am nächsten steht, obwohl er hinsichtlich der Entstehungsart von Angst sich von ihr erheblich unterscheidet. Der Leser wird sich erinnern, daß nach Freuds früherer Auffassung die Angst aus der Umwandlung von Libido entsteht, während sie nach seiner späteren Ansicht sich als Folge eines überwältigenden Ansturms von Reizen entwickelt, die möglicherweise von den Trieben herrühren, vielleicht aber auch nicht.

[1] Neurotische Reaktionen, die durch Trommelfeuer und Verschüttung hervorgerufen wurden. Anm. d. Übers.

Wir können jetzt den ersten Teil der neuen Theorie Freuds wie folgt zusammenfassen:

1. Angst entsteht automatisch, sobald die Psyche durch einen Ansturm von Reizen überwältigt wird, der zu stark ist, als daß er beherrscht oder entladen werden könnte.

2. Diese Reize können sowohl äußeren wie inneren Ursprungs sein, sie kommen aber am häufigsten aus dem Es, d. h. aus den Trieben.

3. Wenn Angst nach diesem Muster automatisch entsteht, so wird die Situation traumatisch genannt.

4. Der Prototyp solcher traumatischen Situation ist die Geburt.

5. Automatische Angst ist charakteristisch für die frühe Kindheit, weil das Ich in diesem Lebensstadium schwach und unreif ist, findet sich aber auch im Leben der Erwachsenen in den Fällen sogenannter Aktualneurosen.

Der zweite Teil der neuen Theorie besagt, daß das kleine Kind im Laufe des Wachstums lernt, das Herankommen einer traumatischen Situation zu antizipieren und auf sie mit Angst zu reagieren, bevor sie traumatisch wird. Diesen Typ der Angst nannte Freud Signalangst. Sie wird durch eine *Gefahrsituation* oder durch die Erwartung von Gefahr hervorgerufen, ihre Hervorrufung ist eine Funktion des Ichs, und sie dient dazu, die dem Ich zur Verfügung stehenden Kräfte zu mobilisieren, um der drohenden traumatischen Situation zu begegnen oder sie zu vermeiden.

Um die Bedeutung des Ausdrucks ›Gefahrsituation‹ zu erläutern, kehrte Freud zu dem Beispiel des von seiner Mutter alleingelassenen Säuglings zurück. Der Leser wird sich erinnern, daß falls das Kind, solange es noch allein ist, von einem Bedürfnis befallen wird, zu dessen Befriedigung die Gegenwart der Mutter nötig ist, die Situation traumatisch wird und automatisch Angst entsteht. Freud folgerte, daß das Ich des Kindes, wenn es ein gewisses Entwicklungsstadium erreicht hat, erkennt, daß eine Beziehung besteht zwischen dem Weggehen der Mutter und dem höchst unangenehmen Zustand automatisch herbeigeführter Angst, der manchmal eintritt, wenn sie fortgegangen ist. Mit andern Worten, das Ich weiß, daß keine Angst entsteht, wenn die Mutter da ist, wohl aber manchmal, wenn sie fort ist. Infolgedessen betrachtet das Ich die Trennung von der Mutter als eine ›Gefahrsituation‹, wobei die Gefahr das Auftreten einer gebieterischen Forderung des Es nach Befriedigung ist, während die Mutter weg ist, mit der daraus folgenden Entstehung einer traumatischen Situation.

Was tut nun das Kind in einer solchen Gefahrsituation? Zum Teil ist das jedem vertraut, der Erfahrung mit Kindern hat. Durch die verschiedensten Äußerungen seines Jammers versucht das Kind, die Mutter vom Weggehen abzuhalten oder sie wieder herbeizurufen, wenn sie schon fort ist. Freud war jedoch mehr an dem interessiert, was in dem Kind innerpsychisch vor sich geht, als an den verschiedenen Ichleistungen, die auf eine Änderung der äußeren Umwelt abzielen, so wichtig sie sein mögen. Er erklärte, das Ich reagiere in einer Gefahrsituation mit Angst, die es aktiv selbst erzeugt, und schlug vor, diese Angst Signalangst zu nennen, da sie durch das Ich als Gefahrensignal erzeugt wird.

Aber einen Augenblick noch, bevor wir weitergehen. Wie kann das Ich aktiv Angst hervorbringen, sei es als Gefahrensignal, sei es für irgendeinen sonstigen Zweck? Um diese Frage beantworten zu können, müssen wir uns daran erinnern, daß das Ich schließlich eine Gruppe zusammenhängender Funktionen ist. Wir glauben, daß in einer Gefahrsituation einige dieser Funktionen — zum Beispiel Sinneswahrnehmung, Erinnerung und eine bestimmte Art von Denkprozeß — mit dem Erkennen der Gefahr befaßt sind, während andere Teile des Ichs, oder andere Ichfunktionen, auf die Gefahr mit dem, was als Angst wahrgenommen wird, reagieren. In der Tat können wir aus unserer klinischen Erfahrung sogar vermuten, daß die Wahrnehmung einer Gefahr wahrscheinlich eine Phantasievorstellung der traumatischen Situation hervorruft und daß diese Phantasie es ist, die die Signalangst verursacht. Ob diese Vermutung nun richtig ist oder nicht, wir können jedenfalls sagen, daß bestimmte Ichfunktionen für das Erkennen der Gefahr und andere für die Reaktion auf sie mit Angst verantwortlich sind.

Wir wollen nun mit Freuds Darlegung fortfahren, was geschieht, wenn das Ich eine Gefahrsituation erkennt und darauf durch die Erzeugung von Signalangst reagiert. An diesem Punkt nun kommt das Lustprinzip ins Spiel. Signalangst ist unangenehm, und je intensiver die Angst ist, desto unangenehmer ist sie. Dabei nehmen wir an, daß die Intensität der Angst bis zu einem gewissen Grad dem proportional ist, wie ernsthaft oder unmittelbar drohend (oder beides) das Ich die Gefahr einschätzt. Wir erwarten somit, daß im Falle einer erheblichen Gefahrsituation auch die Angst und die Unlust erheblich sein werden. Die Unlust setzt dann automatisch das in Aktion, was Freud das »allmächtige« Lustprinzip genannt hat. Es ist das Wirken des Lustprinzips, das dem Ich die nötige Kraft verleiht, das Auftauchen oder die weitere Tätigkeit aller Es-Impulse in Schach zu halten, die zu einer Gefahrsituation führen könnten. In dem Beispiel des von der Mutter alleingelassenen Säuglings könnten sich diese Impulse beispielsweise in dem Wunsch ausdrücken, von ihr gestillt und liebkost zu werden.

Freud skizzierte eine Reihe *typischer* Gefahrsituationen, von denen zu erwarten steht, daß sie nacheinander im Leben des Kindes vorkommen. Chronologisch die erste ist die Trennung von einem Menschen, der für das Kind als Quelle der Befriedigung wichtig ist. In der psychoanalytischen Literatur wird das oft als ›Objektverlust‹ oder als ›Verlust des geliebten Objektes‹ bezeichnet, obwohl in dem Alter, in dem das *zuerst* als Gefahr wahrgenommen wird, das Kind noch viel zu klein ist, als daß wir ihm ein so komplexes Gefühl wie Liebe zuschreiben dürften. Die nächste typische Gefahrsituation für das Kind ist der Verlust der Liebe eines Menschen aus seiner Umgebung, auf den es zur Befriedigung angewiesen ist. Mit andern Worten: obwohl der betreffende Mensch da ist, befürchtet das Kind vielleicht, daß es dessen Liebe verliert. Das wird als ›Verlust der Liebe des Objektes‹ bezeichnet. Die nächste typische Gefahrsituation ist bei den beiden Geschlechtern verschieden. Im Fall des kleinen Jungen ist die Gefahr der Verlust des Penis, was in der psychoanalytischen Literatur als Kastration bezeichnet wird. Im Fall des kleinen Mädchens ist die Gefahr irgendeine analoge Genitalverletzung. Die letzte Gefahrsituation ist die des Schuldgefühls, der Mißbilligung und Bestrafung durch das Über-Ich.

Die erste dieser Gefahren halten wir für charakteristisch für das früheste Stadium der Ichentwicklung, etwa bis zum Alter von eineinhalb Jahren, wo dann die zweite Gefahr hinzukommt, während die dritte erst im Alter von zweieinhalb bis drei Jahren in den Mittelpunkt tritt. Die letzte der typischen Gefahrsituationen ergibt sich erst nach dem Alter von fünf oder sechs Jahren, wenn das Über-Ich gebildet worden ist. All diese Gefahren bestehen *unbewußt* das ganze Leben hindurch bis zu einem gewissen Grad weiter — bei neurotischen Patienten in einem übermäßigen Grad —, und die relative Bedeutung der einzelnen Gefahren variiert von Mensch zu Mensch. Es liegt auf der Hand, daß es für die klinische Arbeit mit einem Patienten von größter Bedeutung ist, zu wissen, welche Gefahr er hauptsächlich unbewußt fürchtet.

Freud behauptete, Angst sei das Zentralproblem der psychischen Krankheiten, und seine Behauptung wird heute von den meisten unter uns akzeptiert. Wir sollten uns übrigens ins Gedächtnis zurückrufen, daß das nicht immer so war. Vor der Veröffentlichung von *Hemmung, Symptom und Angst* beschäftigte sich das psychoanalytische Denken über die Neurosen sowohl theoretisch wie klinisch hauptsächlich mit den Schicksalen der Libido, vor allem mit den libidinösen Fixierungen. Wie wir früher schon sagten, hielt man damals die Angst für Libido, die als Folge ihrer unzureichenden Entladung umgewandelt worden sei. Es war deshalb ganz natürlich, daß in den theoretischen Diskussionen die Libido im Brennpunkt stand und daß es das Hauptinteresse des Klinikers war, Fixierungen aufzulösen und allgemein eine hinreichende Entladung der Libido sicherzustellen. Das soll nicht heißen, daß es heute weniger wichtig ist als früher, Fixierungen zu beseitigen. Nur neigen wir heute dazu, diese Probleme sowohl klinisch wie theoretisch unter dem Gesichtspunkt des Es *und* des Ichs zu betrachten, nicht nur ausschließlich von der Seite des Es her.

Bei all dem Nachdruck, den die psychoanalytische Literatur der Gegenwart auf die Bedeutung der Angst bei psychischen Erkrankungen legt, verlieren wir leicht die Tatsache aus den Augen, daß die Angst, indem sie das Ich befähigt, Triebwünsche oder -impulse, die ihm gefährlich erscheinen, in Schach zu halten oder zu untersagen, eine wesentliche Rolle in der normalen Entwicklung spielt. Diese Funktion der Angst ist keineswegs als solche pathologisch. Im Gegenteil, sie ist ein notwendiger Teil des psychischen Lebens und Wachstums. Ohne sie wäre zum Beispiel jede Art von Erziehung, im umfassendsten Sinn des Wortes, unmöglich. Der einzelne wäre jedem Impuls ausgeliefert, der in seinem Es entsteht, und müßte versuchen, alle diese Impulse nacheinander oder gleichzeitig zu befriedigen, wenn der Versuch nicht zu einer traumatischen Situation führen soll, in der der einzelne durch die Angst überwältigt wird.

Ein anderer Punkt bezüglich der Signalangst ist folgender: ihre Intensität ist wesentlich geringer (oder sollte es sein) als die der Angst, die eine traumatische Situation begleitet. Mit andern Worten: dieses Signal, das das Ich im Laufe seiner Entwicklung zu geben lernt, bereitet eine weniger intensive Unlust als die Angst, die entstehen könnte, wenn das Signal nicht gegeben würde und eine traumatische Situation entstünde. Signalangst ist abgeschwächte Angst.

Wir wollen nun diesen zweiten Teil der neuen Theorie der Angst rekapitulieren:

1. Im Laufe der Entwicklung erwirbt das Ich die Fähigkeit, Angst zu erzeugen, wenn eine Gefahrsituation entsteht (Drohung einer traumatischen Situation), später auch in Erwartung einer Gefahr.

2. Durch das Wirken des Lustprinzips setzt diese Signalangst das Ich in den Stand, Es-Impulse in einer Situation der Gefahr in Schach zu halten oder zu untersagen.

3. Es gibt eine charakteristische Gruppe oder Abfolge von Gefahrsituationen in der frühen und späteren Kindheit, die als solche in mehr oder weniger starkem Grad das ganze Leben hindurch *unbewußt* weiterbesteht.

4. Signalangst ist eine abgeschwächte Form der Angst, sie spielt in der normalen Entwicklung eine große Rolle und ist die Form der Angst, die für die Psychoneurosen charakteristisch ist.

Wir haben jetzt unsere Antwort auf die erste der beiden Fragen, die wir auf Seite 67 aufgeworfen haben, abgeschlossen. Das war die Frage, wie die Tatsache zu erklären ist, daß das Ich, obwohl es als ein Teil des Es beginnt — ein Diener des übrigen Es ist —, im Lauf der Zeit schließlich in gewissem Umfang zum Herrn des Es wird. Wir wollen uns jetzt der Beantwortung der zweiten Frage zuwenden, die wir auf Seite 67 aufgeworfen haben, wie das Ich es eigentlich, soweit es ihm gelingt, fertigbringt, die Es-Impulse in Schach zu halten.

Aus unserer Erörterung der Angst haben wir gelernt, daß das Ich dem Auftauchen eines Es-Impulses dann entgegentritt, wenn es annimmt, das Hervortreten dieses Impulses werde eine Gefahrsituation schaffen. Das Ich erzeugt dann Angst als Gefahrensignal, gewinnt damit die Hilfe des Lustprinzips und ist in der Lage, dem Auftauchen gefährlicher Impulse mit Erfolg Widerstand zu leisten. In der psychoanalytischen Terminologie bezeichnen wir einen solchen Widerstand als *Abwehr* oder als Abwehroperation des Ichs. Unsere Frage kann also folgendermaßen gefaßt werden: »Welches sind die Abwehrformen, die das Ich gegen das Es zu bieten hat?«

Die Antwort auf diese Frage ist sehr einfach, wenn freilich auch sehr allgemein. Das Ich kann alles benützen, was ihm zur Hand und zweckdienlich ist. Jede Ichhaltung, jede Wahrnehmung, ein Wechsel in der Aufmerksamkeit, die Förderung eines anderen Es-Impulses, der sicherer ist als der gefährliche und mit diesem konkurrieren wird, ein energischer Versuch, die Energie des gefährlichen Triebes zu neutralisieren, die Bildung von Identifizierungen oder die Förderung einer Phantasie: alle diese Dinge können für sich allein oder kombiniert zur Abwehr benützt werden. Kurz, das Ich kann alle Prozesse der normalen Ichbildung und Ichfunktion zu Abwehrzwecken benützen und tut das auch zu gegebener Zeit.

Außer diesen Abwehroperationen des Ichs, bei denen es Prozesse benützt, die uns von unseren früheren Erörterungen bekannt sind, gibt es jedoch noch weitere Vorgänge, die primär mit der Abwehr des Ichs gegen das Es zu tun haben. Anna Freud [1936] gab diesen Prozessen den Namen ›Abwehrmechanismen‹; mit ihnen wird sich unsere weitere Erörterung der Abwehrformen des Ichs hauptsächlich befassen.

Jede Liste der Abwehrmechanismen, die wir aufstellen könnten, wäre notwendigerweise unvollständig und der Kritik ausgesetzt, da es unter den Analytikern noch immer Meinungsverschiedenheiten darüber gibt, was als Abwehrmechanismus bezeichnet werden kann, im Gegensatz zu den andern Mitteln, die dem Ich zur Beherrschung der Es-Impulse zur Verfügung stehen. Aus diesem Grunde werden wir versuchen, jene Abwehrmechanismen zu definieren und zu besprechen, die allgemein als solche anerkannt werden und von denen allgemein zugegeben wird, daß sie eine erhebliche Bedeutung für das psychische Geschehen haben.

Der Mechanismus, der am frühesten erkannt wurde und der in der psychoanalytischen Literatur am ausführlichsten erörtert worden ist, ist der, den wir *Verdrängung* nennen [Freud, 1915b]. Verdrängung besteht in einer Tätigkeit des Ichs, die dem unerwünschten Es-Impuls den Zugang zum Bewußtsein versperrt, oder auch Abkömmlingen dieses Impulses, wie Erinnerungen, Emotionen, Begehrungen oder wunscherfüllenden Phantasien. Soweit es das *bewußte* Leben des Betreffenden angeht, ist es so, als ob sie sämtlich nicht existierten. Eine verdrängte Erinnerung ist vom subjektiven Gesichtspunkt dessen, in dem die Verdrängung stattgefunden hat, eine vergessene Erinnerung. Ja, wie wir am Rande einflechten können, wir wissen nicht sicher, ob es überhaupt eine andere Art des Vergessens gibt als die Verdrängung.

Durch den Akt der Verdrängung entsteht im Innern der Psyche ein bleibender oder zumindest ein lang dauernder Gegensatz zwischen Ich und Es am Ort der Verdrängung. Wir glauben, daß einerseits das verdrängte Material weiterhin mit einer gewissen Besetzung von Triebenergie aufgeladen ist, die ständig nach Befriedigung drängt, während andrerseits das Ich die Verdrängung durch die ständige Verausgabung eines Teils der ihm zur Verfügung stehenden psychischen Energie aufrechterhält. Diese Energie wird Gegenbesetzung genannt, da sie die Funktion hat, der Besetzung mit Triebenergie entgegenzutreten, mit der das verdrängte Material aufgeladen ist.

Das Gleichgewicht zwischen Besetzung und Gegenbesetzung ist nie statisch fixiert. Es ist das Ergebnis einer Balance zwischen widerstreitenden Kräften und kann sich jederzeit ändern. Solange die vom Ich aufgewendete Gegenbesetzung stärker bleibt als die Besetzung des verdrängten Materials, bleibt letzteres verdrängt. Wenn jedoch die Gegenbesetzung schwach wird, dann tendiert das verdrängte Material dazu, ins Bewußtsein und in Aktion zu treten. Das heißt, die Verdrängung beginnt zu versagen, wie wir es nennen, und das gleiche ist der Fall, wenn die Intensität der Triebbesetzung zunimmt, ohne daß auch die Gegenbesetzung entsprechend stärker wird.

Vielleicht lohnt es sich, diese Möglichkeiten zu erläutern. Die durch das Ich aufgewendete Gegenbesetzung kann auf verschiedene Weise verringert werden. Das scheint zum Beispiel bei vielen toxischen und fiebrigen Zuständen zu geschehen; die Intoxikation durch Alkohol ist ein uns allen bekannter Zustand dieser Art. Ein Mensch kann in der Trunkenheit in seinem offenkundigen Verhalten oder Reden libidinöse und aggressive Tendenzen zeigen, von denen er selbst nichts weiß, wenn er nüchtern ist; das gleiche kann bei anderen toxischen Zuständen der Fall sein. Eine vergleichbare Reduzierung der Gegenbesetzung tritt offenbar häufig während des Schlafens ein, wie wir im siebten Kapitel sehen werden — mit der Folge, daß unter Umständen verdrängte Wünsche und Erinnerungen in einem Traum in einer Art und Weise bewußt auftreten, wie sie im Wachzustand des Träumers ganz unmöglich wären.

Umgekehrt haben wir guten Grund zu der Annahme, daß zum Beispiel in der Pubertät eine Zunahme der für das Es verfügbaren Energie stattfindet, so daß in diesem Lebensstadium Verdrängungen, die mehrere Jahre lang ziemlich stabil waren, teilweise oder vollständig zusammenbrechen. Wir nehmen ferner an, daß Mangel an Befriedigung in der Regel die Kraft der Es-Impulse verstärkt. Wie ein Mensch, der am Verhungern ist, Dinge ißt, die ihn normalerweise anekeln würden, so ist es bei einem Menschen, der beispielsweise sexuell extrem Mangel gelitten hat, wahrscheinlicher, daß seine Verdrängungen versagen, als wenn er nicht so lang oder so extrem Mangel gelitten hätte. Ein anderer Faktor, der wahrscheinlich durch Verstärkung der Es-Impulse Verdrängungen schwächt, ist der der Verführung oder Versuchung.

Wir müssen weiter auf folgendes hinweisen: wenn eine Verdrängung geschwächt und im Begriff ist, zu versagen, oder wenn sie sogar tatsächlich bis zu einem gewissen Grad versagt, so bedeutet das nicht, daß der Kampf zwischen dem Ich und dem Es um die in Frage stehenden Impulse notwendigerweise beendet ist und daß diese Impulse nun ziemlich direkten und freien Zugang zum Bewußtsein und die Unterstützung des Ichs zur Erlangung von Befriedigung haben. Dieses Ergebnis ist selbstverständlich möglich. Beim Übergang von der Kindheit zum Erwachsensein müssen, zumindest in unserer Gesellschaft, viele sexuelle Verdrängungen ganz oder teilweise aufgehoben werden, damit eine normale sexuelle Anpassung des Erwachsenen erreicht wird. Ein anderes Ergebnis ist jedoch gleichfalls häufig. Sobald der Es-Impuls beginnt, zum Bewußtsein und zur Befriedigung durchzubrechen, reagiert das Ich auf den Durchbruch als auf eine neue Gefahr, erzeugt wiederum das Signal der Angst und mobilisiert auf diese Weise frische Kräfte zur erneuten Abwehr gegen den unerwünschten und gefährlichen Impuls. Hat das Ich mit seinem Versuch Erfolg, so wird eine ausreichende Abwehr neu aufgebaut, sei es durch Verdrängung oder auf andere Weise, die ihrerseits eine neue Aufwendung von Gegenbesetzungsenergie durch das Ich verlangt, damit sie aufrechterhalten werden kann.

Bezüglich der Möglichkeit von Veränderungen des Gleichgewichts zwischen Ich und Es, das bei der Verdrängung gegeben ist, ist noch folgendes zu ergänzen: es ist möglich [Freud, 1924a; 1933, S. 98], daß es so etwas wie, sagen wir, eine *völlig* erfolgreiche Verdrängung eines Wunsches gibt, die das tatsächliche *Verschwinden* des Wunsches und die Abschaffung seiner Besetzung mit Energie zur Folge hat, oder zumindest die vollständige Ableitung seiner Besetzung auf andere psychische Inhalte. In der Praxis kennen wir kein Beispiel einer solchen idealen, vollkommenen Verdrängung. Tatsächlich haben wir es in der klinischen Arbeit in der Hauptsache mit Fällen zu tun, bei denen die Verdrängung auffällig erfolglos war, mit dem Resultat, daß psychoneurotische Symptome auftreten (siehe das achte Kapitel). Wenigstens sind die einzigen Fälle, über die wir positives Wissen haben, jene, wo das verdrängte Material weiterhin mit

Triebenergie besetzt ist, dem infolgedessen eine Gegenbesetzung gegenübergestellt werden muß.

Zwei weitere Punkte bezüglich des Verdrängungsmechanismus sind noch klarzulegen. Der erste Punkt ist, daß der gesamte Prozeß sich unbewußt vollzieht. Nicht nur das verdrängte Material ist unbewußt. Die Ichtätigkeiten, die die Verdrängung bewirken, sind genauso unbewußt. Man ist dessen, daß man etwas ›verdrängt‹, genausowenig gewahr wie dessen, daß man etwas vergißt. Das einzige, dessen man gewahr werden kann, ist das Endresultat. Es gibt jedoch eine bewußte Tätigkeit, die der Verdrängung in gewisser Weise analog ist. Diese Tätigkeit wird in der psychoanalytischen Literatur als *Unterdrückung* (›suppression‹) bezeichnet. Es ist der wohlbekannte Entschluß, etwas zu vergessen und sich keine Gedanken mehr darüber zu machen. Es ist mehr als wahrscheinlich, daß es Zwischenglieder zwischen Unterdrückung und Verdrängung gibt, und es kann sogar sein, daß es keine wirklich scharfe Grenze zwischen beiden gibt. Wenn wir jedoch das Wort ›Verdrängung‹ benützen, so meinen wir, daß die Aussperrung aus dem Bewußtsein und die Errichtung einer dauerhaften Gegenbesetzung sich unbewußt vollzogen haben.

Der zweite unserer abschließenden Punkte ist, daß, wenn etwas verdrängt wird, es nicht genügt zu sagen, ihm werde der Zugang zum Bewußtsein durch Zwang verwehrt. Ebenso wichtig ist es, sich klarzumachen, daß das Verdrängte funktionell vom Ich getrennt wurde und statt dessen zu einem Teil des Es geworden ist.

Eine solche Feststellung bedarf einer Erklärung. Bis jetzt haben wir in unserer Erörterung der Verdrängung von einem Gegensatz oder Konflikt zwischen dem Ich auf der einen Seite und einem Impuls des Es auf der andern gesprochen. Es wäre sicherlich nicht sehr sinnvoll zu sagen, daß die Verdrängung einen Es-Impuls zu einem Teil des Es macht. Was wir uns in diesem Zusammenhang klarmachen müssen, ist, daß die Erinnerungen, Phantasien und Emotionen, die eng mit dem in Frage stehenden Es-Impuls verknüpft sind, viele Elemente umfassen, die Teil des Ichs waren, *bevor* die Verdrängung erfolgte. Schließlich standen ja vor der Verdrängung die Ichfunktionen im Dienst dieses besonderen Es-Impulses, so wie sie auch im Dienst der andern standen, so daß Es-Impuls und Ichfunktionen ein harmonisches Ganzes bildeten, nicht zwei miteinander im Konflikt stehende Teile. Als die Verdrängung stattfand, wurde das *Ganze* verdrängt, mit der Folge, daß tatsächlich etwas von der Ichorganisation abgezogen und dem Es zugeschlagen wurde. Wenn man diese Tatsache im Auge behält, ist es leicht zu verstehen, daß ein ungebührliches Maß an Verdrängung der Integrität des Ichs schadet. Wir können jetzt begreifen, daß jede Verdrängung tatsächlich den Umfang des Ichs vermindert und deshalb sein Leistungsvermögen gegenüber dem vorherigen Zustand verringert. Als eine weitere Methode, durch die

die Verdrängung die Leistungsfähigkeit oder ›Kraft‹ des Ichs reduziert, können wir ergänzend anführen, daß jede Verdrängung vom Ich eine weitere Verausgabung aus seinem begrenzten Vorrat an Energie verlangt, um die notwendige Gegenbesetzung aufrechtzuerhalten.

Der zweite Abwehrmechanismus, den wir erörtern wollen, wird *Reaktionsbildung* genannt. Das ist ein Mechanismus, durch den aus einem Paar von ambivalenten Haltungen die eine, zum Beispiel Haß, durch Überbetonung der andern unbewußt gemacht und gehalten wird — in unserem Beispiel also durch Überbetonung der Liebe. Auf diese Weise *scheint* an die Stelle von Haß Liebe zu treten, an die Stelle von Grausamkeit Sanftmut, an die Stelle von Halsstarrigkeit Nachgiebigkeit, an die Stelle von Lust am Schmutz Sauberkeit und Ordentlichkeit — und so fort. Entscheidend für die Bestimmung der genauen Natur der Reaktionsbildung in jedem Einzelfall ist die Antwort auf die Frage: »Was fürchtet das Ich als Gefahr und reagiert deshalb darauf mit dem Signal der Angst?« Wenn das Ich aus irgendeinem Grund den Impuls zu hassen fürchtet, oder genauer, wenn es die mit Hassen verbundenen Impulse fürchtet, dann wird der Abwehrmechanismus der Reaktionsbildung in Kraft treten und diese Impulse dadurch abbremsen und weiter in Schach halten, daß die Haltung der Liebe betont und verstärkt wird. Handelt es sich um Furcht vor Liebe, so vollzieht sich das Umgekehrte.

So kann zum Beispiel ein Mensch eine Haltung großer Zärtlichkeit und Zuneigung Menschen oder Tieren gegenüber entwickeln, um sehr grausame oder sogar sadistische Impulse gegen sie unter Kontrolle und unbewußt zu halten. Umgekehrt kann es sich im Lauf einer psychiatrischen oder analytischen Behandlung herausstellen, daß der bewußte Zorn des Patienten auf den Therapeuten primär durch das unbewußte Bedürfnis seines Ichs motiviert ist, sich gegen das Auftauchen von Gefühlen und Phantasien der Liebe zu dem Therapeuten zu wehren. Unsere Kenntnis vom Operieren dieses Abwehrmechanismus hat unter anderem zur Folge, daß wir, sobald wir eine unrealistische oder übersteigerte Haltung dieser Art beobachten, uns fragen, ob sie nicht als Abwehr gegen ihr Gegenteil so stark überbetont ist. So müssen wir erwarten, daß ein enragierter Pazifist oder Gegner der Vivisektion unbewußte Phantasien von Grausamkeit und Haß hat, die seinem Ich besonders gefährlich erscheinen.

Wir glauben, daß sich die Reaktionsbildung unbewußt vollzieht, wie das bei der Verdrängung der Fall ist und wie das tatsächlich bei den meisten, wenn nicht allen Abwehrmechanismen des Ichs der Fall ist. Auch hier wieder bietet es jedoch gewisse Vorteile, wenn wir die Analogien zur Reaktionsbildung erkennen, die in unserem bewußten psychischen Leben tatsächlich vorhanden sind. Was bei der Reaktionsbildung unbewußt geschieht, ist dem zumindest ähnlich, was sich bewußt in der Psyche des Schmeichlers und des Heuchlers vollzieht — unter gewissen Umständen sogar des guten Gastgebers. Jeder von diesen sagt sich: »Ich will so tun, als ob ich diesen Menschen gern hätte, obwohl meine wahren oder tieferen Gefühle ihm gegenüber anders, vielleicht sogar das gerade Gegenteil sind.« Wir müssen uns jedoch davor hüten, solche Ähnlichkeit mit Identität zu verwechseln. Wenn sich ein derartiger Prozeß bewußt vollzieht, bedeutet er eine bloß zeitweilige Anpassung. Die echte Reaktionsbildung dagegen verändert permanent sowohl das Ich wie das Es des Menschen, in dem sie geschieht, ganz ähnlich wie die Verdrängung.

Bevor wir zum nächsten Abwehrmechanismus weitergehen, möchten wir noch eine abschließende Bemerkung machen, die sowohl die Komplexität der Ichleistungen allgemein und die Wechselbeziehung zwischen ihnen illustriert wie auch die Schwierigkeiten, die sich jedem Versuch in den Weg stellen, die Erörterung der Abwehrmechanismen des Ichs durch einen gewissen Schematismus allzu sehr zu vereinfachen.

Betrachten wir den Fall eines zweijährigen Kindes, dessen Mutter ein Brüderchen oder Schwesterchen zur Welt bringt. Wir wissen, *ein* unvermeidliches Resultat einer solchen Erfahrung auf seiten des Zweijährigen ist, daß es das Baby loswerden will, das in seinen Augen ihm die Liebe und Beachtung der Mutter raubt. Ein solcher gegen das Baby gerichteter feindseliger Wunsch wird von seiten des Kindes in erkennbarem Grad durch Worte oder Taten ausgedrückt und kann geradezu eine Gefahr für das Baby bedeuten. Das Kind entdeckt jedoch bald, daß seine Feindseligkeit gegen das Geschwisterchen der Mutter höchst unwillkommen ist. Das übliche Ergebnis ist, daß es aus Furcht, die Liebe der Mutter zu verlieren, sich gegen das Aufkommen dieser feindlichen Impulse wehrt. Es kann sein, daß die Abwehr, die sein Ich anwendet, die der Verdrängung ist. In diesem Fall werden nach unserer Annahme die feindlichen Impulse und deren Derivate vom Ich ausgeschlossen; sie werden dem Es zugeschlagen, und eine permanente Gegenbesetzung verwehrt ihnen den Zugang zum Bewußtsein.

Es ist zudem nicht ungewöhnlich, daß wir neben dem Verschwinden der feindlichen Gefühle aus dem Bewußtsein des Kindes ein gewisses Maß an Liebe für dieses Geschwisterchen beobachten können. Ihre Intensität kann sehr verschieden sein, wir können sie aber unbedenklich gleichfalls den Abwehrtätigkeiten des Ichs zuschreiben, insbesondere einer Reaktionsbildung. Offenbar hat das Ich zwei Mechanismen angewandt, um sich gegen die feindlichen Es-Impulse zu wehren, die es erschrecken. Es hat sich nicht nur der Verdrängung bedient, sondern auch der Reaktionsbildung.

Tatsächlich sagt uns unsere klinische Erfahrung, daß Abwehrmechanismen selten einzeln, oder auch in Paaren, angewandt werden.

Im Gegenteil, es werden viele zusammen verwendet, obwohl in jedem gegebenen Fall gewöhnlich ein oder zwei die wichtigsten oder primären Mechanismen sind.

Aber auch damit sind die Komplikationen, die in unserem einfachen Beispiel stecken, noch nicht erschöpft. Wir können gut verstehen, daß das Kind bei der Verdrängung seiner Feindseligkeit so reagierte, als ob seine Mutter zu ihm gesagt hätte: »Wenn du das Kleine haßt, habe ich dich nicht lieb.« Seine Antwort war: »Ich hasse das Kleine nicht, deshalb brauche ich nicht zu befürchten, daß du mich nicht lieb hast.« Der Satz »Ich hasse das Kleine nicht« ist eine Verbalisierung dessen, was die Verdrängung geleistet hat. Um die Möglichkeit eines Mißverständnisses auszuschließen, wollen wir am Rande bemerken, daß wir nicht zum Ausdruck bringen wollen, eine solche Unterhaltung zwischen Mutter und Kind habe tatsächlich stattgefunden, sondern nur, daß der Effekt so war, als hätte es eine solche Unterhaltung gegeben. Obwohl die Worte selber nie geäußert wurden, entsprechen die durch die Worte ausgedrückten Gedanken Vorgängen, die wirklich geschahen. Aber die Worte, die wir bis jetzt benützt haben, haben nur mit Verdrängung zu tun, und Reaktionsbildung war, wie wir sahen, ebenfalls ein Teil der Abwehr des Kindes. Durch diese Reaktionsbildung sagte das Kind dem Sinne nach: »Ich hasse das Kleine nicht, ich habe es lieb.« Wo kam das »Ich habe es lieb« her? Gewiß, unser Einfühlungsvermögen sagt uns, daß es einen Wert für die innere Abwehr hat, daß es viel schwieriger ist, Haßgefühle gegen jemanden zuzugeben, von dem wir behaupten, daß wir ihn lieben, als gegen jemanden, dem wir gleichgültig gegenüberstehen. Gewiß, viele Mütter sagen nicht nur »Du darfst das Kleine nicht hassen«, sondern sie sagen auch sehr deutlich »Du mußt das Kleine liebhaben«, so daß für ihre Kinder ›Das-Kleine-liebhaben‹ logischerweise eine Absicherung gegen die Furcht ist, die Liebe der Mutter zu verlieren. Aber die analytische Erfahrung lehrt uns dazuhin, daß wenn ein Zweijähriges ›das Kleine lieb hat‹, dies auf eine ganz spezielle und bedeutsame Art und Weise geschieht. Das zweijährige Kind handelt dann so, als ob es selbst die Mutter wäre, und ahmt sie in seinen Handlungen und in seiner Haltung gegenüber dem Baby nach. Mit andern Worten: es identifiziert sich unbewußt mit der Mutter.

Wir werden deshalb zu der unerwarteten Schlußfolgerung geführt, daß der Prozeß der Identifizierung möglicherweise ein Teil der Reaktionsbildung oder vielleicht ein notwendiges Vorspiel zu ihr ist, und wir fragen uns, ob es nicht vielleicht zwei Arten von Abwehrmechanismen gibt — elementare, die nicht weiter rückführbar sind, und solche, die sich auf diese elementaren Mechanismen zurückführen lassen. Das ist eine Frage, auf die eine endgültige Antwort noch aussteht. In ihrem klassischen Werk *Das Ich und die Abwehr-*

mechanismen hat Anna Freud [1936] die Auffassung einiger Autoren erwähnt, daß Verdrängung der Grundmechanismus der Abwehr ist und daß alle anderen Mechanismen entweder eine Verdrängung verstärken oder nach dem Versagen einer Verdrängung eingesetzt werden. Anna Freud selbst hat durch Implikation auf den Weg verwiesen, die Abwehrmechanismen auf genetischer Basis, also auf der Basis der Entwicklung zu untersuchen und wohl auch zu klassifizieren, d. h. mit den primitivsten Abwehrmechanismen zu beginnen, oder vielleicht sogar mit den Vorläufern der eigentlichen Abwehrmechanismen, und sich dann Schritt für Schritt bis zu den letzten, relativ hochentwickelten Abwehrmechanismen vorzuarbeiten. Es ist interessant, daß dieser Vorschlag, der doch so anspornend erscheint, bisher nicht weiter verfolgt worden ist, jedenfalls soweit man das nach der Literatur beurteilen kann.

Um jedoch für den Augenblick zu der Auffassung zurückzukehren, daß Verdrängung *der* Abwehrmechanismus ist und daß alle andern bestenfalls Hilfsmittel der Verdrängung sind, so müssen wir bekennen, daß wir zu einem abschließenden Urteil darüber nicht in der Lage sind. Die Schwierigkeit ergibt sich daraus, daß wir nicht imstande sind, Verdrängung anders als nach ihrem Resultat zu charakterisieren oder zu beschreiben. Das Resultat der Verdrängung ist, daß etwas ›vergessen‹, d. h. daß ihm der Zugang zum Bewußtsein versperrt wird. Es trifft auch für jeden anderen Abwehrmechanismus zu, daß etwas vom Bewußtsein ausgesperrt wird. Ob auch für diese anderen Abwehrmechanismen gilt, daß sowohl die Einzelheiten des Prozesses der Aussperrung vom Bewußtsein wie die Einzelheiten des Endresultates den entsprechenden Details jenes anderen Mechanismus hinreichend ähnlich sind, den wir mit dem speziellen Namen Verdrängung bezeichnen, läßt sich bis jetzt noch nicht mit Sicherheit sagen.

Wir wollen mit unserem Katalog der Abwehrmechanismen fortfahren. Das Wort *Isolierung* ist in der psychoanalytischen Literatur dazu benutzt worden, zwei Abwehrmechanismen zu bezeichnen, die einander keineswegs ähnlich sind, obwohl sie beide für Patienten charakteristisch sind, die einen speziellen Typus neurotischer Symptome zeigen, die wir gewöhnlich ›zwanghaft‹ nennen. Die häufigste Bedeutung des Wortes ist ein Mechanismus, den Freud ursprünglich Isolieren des Affekts nannte, der aber besser Affektverdrängung oder Gefühlsverdrängung genannt würde. In solchen Fällen mag eine Phantasie, die mit einem Wunsch oder einer entscheidenden wichtigen Erinnerung aus der Vergangenheit verknüpft ist, leichten Zugang zum Bewußtsein haben, die — in der Regel schmerzhafte — Emotion jedoch, die damit verbunden sein sollte, tritt nicht ins Bewußtsein. Darüber hinaus gelingt es solchen Patienten gewöhnlich, sich von der Empfindung jeglicher stärkerer Emotion zurückzuhalten. Sicherlich, dieser Prozeß der Gefühlsverdrängung beginnt damit, daß schmerzlichen oder erschreckenden Gefühlen der Zugang zum Bewußtsein verwehrt wird, d. h. er operiert unzweifelhaft im Interesse des Lustprinzips und geht in vielen Fällen nicht darüber hinaus. Bei manchen bedauernswerten Menschen geht er jedoch so weit, daß zuletzt der Betreffende überhaupt kaum noch irgendeines Gefühles gewahr wird und wie zu einer Karikatur jenes Gleichmutes wird, den Philosophen der Antike als Ideal postulierten.

Die andere Bedeutung der Isolierung ist ein viel seltener Mechanismus, den Freud in dem Abschnitt von *Hemmung, Symptom und Angst* [1926] behandelt hat, der sich mit der Psychopathologie der Zwänge beschäftigt. Es ist ein unbewußter Prozeß, durch den ein bestimmter Gedanke durch einen kurzen Zeitraum psychischer Leere von den ihm vorangegangenen und den nachfolgenden Gedanken buchstäblich isoliert wird. Indem das Ich auf diese Weise den isolierten Gedanken aller Assoziationsverbindungen in der Psyche beraubt, versucht es, die Möglichkeit, daß er wieder ins Bewußtsein tritt, auf ein Minimum zu reduzieren. Der Gedanke wird als ›unberührbar‹ behandelt.

Wie wir sagten, ist es für beide Arten der Isolierung charakteristisch, daß sie in Gemeinschaft mit Zwangssymptomen auftreten. Ein anderer Abwehrmechanismus, der charakteristischerweise mit solchen Symptomen verbunden ist, ist der Mechanismus des *Ungeschehenmachens*. Dies ist eine Aktion, die den Zweck hat, den Schaden zu widerlegen oder aufzuheben, von dem der Betreffende sich einbildet, er könne durch seine Wünsche verursacht werden, seien diese nun sexueller oder feindseliger Art. So kann zum Beispiel ein kleines Kind, für das seine feindseligen Wünsche gegen einen Bruder oder eine Schwester oder gegen einen Elternteil eine Quelle der Angst sind, sich in folgender Weise verhalten. Zuerst schlägt es das Objekt seines Zorns, dann gibt es ihm einen Kuß. Durch die zweite Handlung hebt es die erste auf. Es ist nicht schwer, ähnliches Verhalten auch bei älteren Kindern und bei Erwachsenen zu finden.

Viele Beispiele ritualisierten Verhaltens sowohl bei Kindern wie bei Erwachsenen sind auf dieser Basis erklärbar, d. h. sie zielen bewußt oder unbewußt darauf, die Wirkung eines Es-Impulses ungeschehen zu machen, den das Ich für gefährlich hält. Manchmal ist die Bedeutung des Rituals offenkundig. Sie mag auch dem Patienten selbst fast, wenn nicht ganz unbewußt sein. Häufiger ist jedoch die Bedeutung des Mechanismus des Ungeschehenmachens nicht leicht zu entdecken, weil sie, wie in dem oben angeführten Beispiel, verzerrt und getarnt wurde, bevor sie bewußt werden durfte. Eines könnten wir jedenfalls sagen: die ganze Idee des Ungeschehenmachens ist eine magische Vorstellung und hat wahrscheinlich ihren Ursprung in jenen frühen Jahren der Kindheit, in denen magische Ideen so weithin das psychische Leben beherrschen.

Ein weiterer wichtiger Abwehrmechanismus ist der der *Verleugnung*. Anna Freud [1936] benützte dieses Wort, um damit die Verleugnung eines unangenehmen oder unerwünschten Stücks der äußeren Wirklichkeit mit Hilfe einer wunscherfüllenden Phantasie oder durch äußeres Verhalten zu bezeichnen. So kann es zum Beispiel vorkommen, daß ein kleiner Junge, der Angst vor seinem Vater hat, erklärt, er sei selber der stärkste Mann der Welt und habe soeben die Weltmeisterschaft im Schwergewicht gewonnen, und daß er zu Hause mit einem Gürtel als Zeichen seiner Weltmeisterschaft herumläuft. Was der kleine Junge in diesem Beispiel verleugnet, ist seine eigene geringe Körpergröße und seine Schwäche im Vergleich zu seinem Vater. Diese Fakten der Realität werden abgelehnt und durch eine Phantasie und ein Verhalten ersetzt, die die Wünsche des Jungen befriedigen, seinem Vater physisch überlegen zu sein.

Der Terminus ›Verleugnung‹ bezeichnet bei anderen Autoren offenbar auch eine entsprechende Haltung gegenüber den Daten der inneren Erfahrung, also gegenüber der inneren Realität. In obigem Beispiel etwa könnte man sagen, daß der kleine Junge seine eigene Furcht verleugnete. Eine derartige Verwendung des Terminus ›Verleugnung‹ erscheint jedoch unerwünscht, da die Verwendung in diesem Sinn ihn sehr stark dem Begriff der Unterdrückung annähert, den wir weiter oben definiert haben, oder ihn vielleicht seinem Wesen nach zu einem Schritt auf dem Weg zur Verdrängung macht. Die ursprüngliche Bedeutung von ›Verleugnung‹ bezeichnet vielmehr die Blockierung gewisser Sinneseindrücke aus der äußeren Welt. Wenn ihnen nicht ganz der Zugang zum Bewußtsein verwehrt wird, so wird ihnen zumindest so wenig wie möglich Aufmerksamkeit gewidmet, und die unangenehmen Folgen ihres Vorhandenseins werden teilweise ignoriert.

Eine andere Konfusion, die sich bei Erörterungen über die Probleme der Abwehr im Zusammenhang mit der Verwendung des Wortes ›Verleugnung‹ manchmal einstellt, geht darauf zurück, daß es das spezielle Wesen der Abwehr ist, daß *etwas* verleugnet wird, gerade so wie es sehr häufig das Wesen der Abwehr ist, daß etwas vom Bewußtsein ausgesperrt wird. Bei jeder Abwehroperation sagt das Es ja und das Ich nein. Es erscheint jedoch nicht gerechtfertigt, daraus zu schließen — wie das anscheinend einige Autoren tun —, daß der spezifische Mechanismus, den Anna Freud als Verleugnung durch Phantasieren beschrieben hat, beim Wirksamwerden jedes Abwehrmechanismus beteiligt ist.

Wir können ergänzen, daß der Abwehrmechanismus der Verleugnung entweder mit gewissen Aspekten des Spiels und der Tagträume eng verknüpft ist oder daß er bei diesen beiden Tätigkeiten während des ganzen Lebens eine bedeutsame Rolle spielt. Der gesamte Komplex der Freizeitbetätigung kommt als Mittel zur Flucht aus den Sorgen und Versagungen unseres Alltagslebens offensichtlich der Verleugnung in ihrer Wirkung als Abwehrmechanismus sehr nahe.

Als nächstes wollen wir den ›Projektion‹ genannten Abwehrmechanismus besprechen. Dieser bewirkt, daß der betreffende Mensch einen eigenen Wunsch oder Impuls einer anderen Person zuschreibt — oder auch einem nichtpersönlichen Objekt der Außenwelt. Ein extrem pathologisches Beispiel dafür wäre der geisteskranke Patient, der seine gewalttätigen Impulse projiziert und infolgedessen unrichtigerweise glaubt, ihm drohe eine physische Gefahr von seiten des FBI, der Kommunisten oder auch des Nachbarn von nebenan — wie der Fall gerade liegen mag. Ein solcher Patient würde klinisch in der Regel als ein Fall von paranoider Psychose eingeordnet werden.

Es ist jedoch wichtig festzuhalten, daß die Projektion zwar bei paranoiden Psychosen eine sehr wichtige Rolle spielt, daß sie aber auch im Seelenleben von Menschen wirksam ist, die nicht geisteskrank sind. Die analytische Erfahrung hat gezeigt, daß viele Menschen anderen eigene Impulse und Wünsche zuschreiben, die für sie nicht akzeptabel sind und die sie durch den Mechanismus der Projektion sozusagen loswerden wollen. Es ist, *als ob* solche Menschen unbewußt sagen: »Nicht *ich* habe einen solchen bösen oder gefährlichen Wunsch, *er* hat ihn.« Die Analyse dieser Menschen hat uns gezeigt, daß die Verbrechen und Laster, die wir in Kriegszeiten unseren Feinden zuschreiben — die Vorurteile, die wir gegen Fremde, gegen Ausländer oder Menschen anderer Hautfarbe haben —, und viele unserer abergläubischen und religiösen Überzeugungen oft ganz oder teilweise das Resultat einer unbewußten Projektion eigener Wünsche und Impulse sind.

Diese Beispiele zeigen uns, daß in den Fällen, in denen ein Erwachsener die Projektion als Abwehrmechanismus in sehr großem Umfang einsetzt, die Wahrnehmung der äußeren Realität bei dem Betreffenden erheblich verzerrt ist, oder anders ausgedrückt, daß die Fähigkeit seines Ichs zur Realitätsprüfung erheblich beeinträchtigt ist. Nur ein Ich, das seine Fähigkeit, die Realität in richtiger Weise zu prüfen, bereitwillig aufgibt, wird sich die ausgedehnte Anwendung dieser Abwehr gestatten. Diese Bemerkungen gelten übrigens gleichermaßen für den Einsatz der Verleugnung als Abwehrmechanismus bei Erwachsenen.

Die Projektion ist also ein Abwehrmechanismus, der normalerweise in der ersten Lebenszeit seine größte Rolle spielt. Das ganz kleine Kind schreibt ganz natürlich anderen — Personen, Tieren oder sogar unbelebten Objekten — die Gefühle und Reaktionen zu, die es selbst erlebt, selbst wenn es nicht in einem Abwehrkampf gegen seine eigenen Gefühle oder Wünsche begriffen ist; und die Tendenz, unerwünschte Impulse oder unerwünschtes Verhalten dadurch zu verwerfen, daß sie andern zugeschrieben werden, ist in den ersten Lebensjahren deutlich erkennbar. Es kommt oft vor, daß ein Kind, wenn es wegen eines Vergehens gescholten oder eines solchen beschuldigt wird, erklärt, nicht es selbst, sondern irgendein anderes Kind, häufig ein erfundenes, habe das getan. Als Erwachsene neigen wir dazu, eine solche Entschuldigung als bewußte Täuschung von seiten des Kindes anzusehen, aber die Kinderpsychologen versichern uns, daß das sehr kleine Kind tatsächlich seine Projektion als Wahrheit ansieht und erwartet, daß auch die Eltern oder das Kindermädchen sie als solche akzeptieren.

Ein abschließendes Wort über den möglichen Ursprung des Mechanismus der Projektion ist vielleicht angebracht. Man hat die Annahme vorgebracht [Stärcke, 1920; van Ophuijsen, 1920; Arlow, 1949], der psychologische Mechanismus, durch den ein Teil der Gedanken oder Wünsche vom eigenen Seelenleben abgetrennt und in die Außenwelt projiziert wird, habe ein Modell in dem physischen Erlebnis der Stuhlentleerung, das dem Kind von seiner frühesten Lebenszeit an vertraut ist. Aus psychoanalytisch geschulten Beobachtungen wissen wir, daß das kleine Kind seine Fäzes als Teil des eigenen Körpers ansieht; und wenn die Projektion als Abwehrmechanismus benützt wird, versucht der Betreffende offenbar unbewußt, seine unerwünschten psychischen Inhalte so loszuwerden, wie wenn es intestinale Inhalte wären.

Ein weiterer Abwehrmechanismus ist der, den man die *Wendung gegen das Selbst* nennt, die Wendung eines Triebimpulses gegen die eigene Person. Was damit gemeint ist, können wir am besten durch ein Beispiel aus dem Kindheitsverhalten erläutern, denn in der Kindheit ist dieser Mechanismus, wie Projektion und Verleugnung, im äußeren Verhalten leicht zu beobachten. So wird zum Beispiel ein Kind, das gegen einen anderen Zorn empfindet, aber nicht wagt, dem eigentlichen Objekt gegenüber dem Zorn Ausdruck zu geben, unter Umständen statt dessen sich selbst schlagen oder verletzen. Dieser Mechanismus spielt, obwohl er scheinbar so absonderlich ist, genau wie die Projektion im normalen psychischen Leben eine größere Rolle, als man für gewöhnlich erkennt. Er ist häufig von einer unbewußten Identifikation mit dem Objekt des Impulses begleitet, gegen dessen Auftreten sich der Betreffende zur Wehr setzt. In dem oben angeführten Beispiel etwa ist es so, *als ob* das Kind, wenn es sich selbst schlägt, sagte: »Ich bin er und *so* werde ich ihn schlagen!«

Der Leser wird sich erinnern, daß wir den Prozeß der Identifizierung schon ziemlich ausführlich im dritten Kapitel erörtert haben, und zwar als einen sehr wichtigen Faktor der Ichentwicklung. Die Identifizierung wird häufig zum Zwecke der Abwehr benützt, es gibt jedoch gegenwärtig keine einhellige Meinung darüber, ob sie als eigentlicher Abwehrmechanismus zu klassifizieren ist, oder ob es richtiger ist, sie als eine allgemeine Tendenz des Ichs anzusehen, die häufig zur Abwehr verwendet wird. Wir dürfen in diesem Zusammenhang wiederholen, was wir zu Beginn unserer Erörterung der Abwehrmechanismen des Ichs sagten, nämlich, daß das Ich *alles* ihm zur Verfügung Stehende als Abwehr verwenden kann und auch tatsächlich verwendet, was dazu beitragen kann, die Gefahr zu verringern oder zu vermeiden, die aus den Forderungen eines unerwünschten Triebverlangens entstehen kann.

Wenn die Identifizierung durch das Ich zur Abwehr eingesetzt wird, orientiert sich ihre Form oft unbewußt an der physischen Handlung des Essens oder Schluckens. Das bedeutet, daß der Mensch, der den Mechanismus der Identifikation benützt, sich unbewußt vorstellt, daß er die Person, mit der er sich identifiziert, aufißt oder durch sie aufgegessen wird. Eine solche Phantasie ist die Umkehrung jener Phantasie, die mit dem Mechanismus der Projektion verknüpft ist, bei der — wie der Leser sich erinnert — das unbewußte Modell offenbar der Akt der Stuhlentleerung ist.

Zur Bezeichnung der unbewußten Phantasie einer Vereinigung mit einem andern durch Hereinnahme finden sich in der Literatur auch die Termini *Introjektion* und *Einverleibung*. Einige Autoren haben den Versuch gemacht, eine Unterscheidung zwischen diesen verschiedenen Bezeichnungen zu treffen, aber nach allgemeinem Sprachgebrauch sind sie im wesentlichen Synonyma des Terminus *Identifizierung*.

Wir müssen noch einen weiteren Mechanismus erwähnen, der unter den Abwehraktionen des Ichs einen außerordentlich wichtigen Platz einnimmt, nämlich die *Regression*. Trotz ihrer Bedeutung als Abwehrfunktion ist jedoch die Regression, wie die Identifizierung, wahrscheinlich ein Mechanismus von umfassenderer Bedeutung als die eigentlichen Abwehrmechanismen. Wir können annehmen, daß die Tendenz zur Regression ein fundamentales Charakteristikum unseres Trieblebens ist, und als solches haben wir sie im zweiten Kapitel bereits erwähnt. Die Bedeutung der Triebregression als Abwehr liegt darin, daß zum Beispiel angesichts ernster Konflikte über Wünsche der phallischen Phase der Triebentwicklung diese Wünsche teilweise oder ganz aufgegeben werden und der Betreffende zu den Zielen und Wünschen der früheren analen und oralen Phasen zurückkehrt oder regrediert und damit die Angst vermeidet, die durch das Beharren der phallischen Wünsche hervorgerufen würde. In manchen Fällen genügt eine solche Triebregression (die übrigens in den meisten Fällen nur eine teilweise, keine vollständige ist), um den Konflikt zwischen Ich und Es zugunsten des ersteren zu entscheiden, und es entsteht ein relativ stabiles innerpsychisches Gleichgewicht, das zur Grundlage hat, daß die phallischen Triebwünsche mehr oder weniger vollständig durch präphallische Wünsche ersetzt wurden. In anderen Fällen gelingt es der Regression nicht, ihr Abwehrziel zu erreichen, und statt eines Gleichgewichts entsteht ein neuer Konflikt, diesmal auf präphallischer Ebene. Solche Fälle, bei denen in erheblichem Umfang eine Triebregression stattgefunden hat, ohne daß eine Lösung des innerpsychischen Konfliktes zugunsten des Ichs erzielt wurde, finden sich klinisch gewöhnlich bei den schweren Fällen psychischer Krankheiten. Eine derartige Regression im Triebleben ist anscheinend in vielen Fällen auch von einem gewissen Maß von Regression in den Ichfunktionen und in der Ichentwicklung begleitet. Wenn eine solche Regression der Ichfunktionen im psychischen Leben eines Menschen stark ausgeprägt ist und sich bis ins Erwachsensein fortsetzt, dann ist sie fast immer als pathologisch anzusehen.

Damit ist die Liste der Abwehrmechanismen, mit denen wir uns beschäftigen wollen, abgeschlossen: Verdrängung, Reaktionsbildung, Isolieren des Affekts, eigentliche Isolierung, Ungeschehenmachen, Verleugnung, Projektion, Wendung gegen das Selbst, Identifizierung oder Introjektion und Regression. Sie sind sämtlich in mehr oder weniger starkem Grad bei der normalen psychischen Entwicklung und im normalen psychischen Geschehen wirksam, und ebenso bei verschiedenen psychopathologischen Zuständen.

Mit ihnen eng verbunden, jedoch von ihnen unterschieden, ist der psychische Mechanismus, den Freud [1905b] *Sublimierung* nannte. So wie sie ursprünglich aufgefaßt wurde, war die Sublimierung das normale Gegenstück zu den Abwehrmechanismen; von letzteren wurde damals angenommen, sie seien primär mit psychischer Dysfunktion verbunden. Heute würden wir eher sagen, daß die Bezeichnung Sublimierung einen bestimmten Aspekt der normalen Ichfunktionen ausdrückt. Im dritten Kapitel und im vorliegenden Kapitel sagten wir wiederholt, daß das Ich normalerweise so arbeitet, daß die maximale Triebbefriedigung erzielt wird, die mit den durch die Außenwelt gesetzten Beschränkungen vereinbar ist. Um den Begriff der Sublimierung zu erläutern, wollen wir als Beispiel den infantilen Wunsch, mit Kot zu spielen, nehmen, der natürlich ein Triebabkömmling ist. In unserer Kultur wird diesem Wunsch gewöhnlich starker Widerstand von seiten der Eltern oder der Elternersatzfiguren entgegengesetzt. Es kommt dann oft vor, daß das Kind das Spielen mit Kot aufgibt und sich statt dessen dem Kneten von Lehmkuchen zuwendet. Später nimmt unter Umständen das Modellieren mit Lehm oder Plastilin diese Stelle ein, und in Ausnahmefällen treibt der Betreffende vielleicht als Erwachsener Bildhauerei — als Liebhaberei oder sogar als Beruf. Die psychoanalytische Untersuchung zeigt, daß jede dieser Ersatzbetätigungen dem ursprünglichen, infantilen Impuls, mit Kot zu spielen, ein gewisses Maß an Befriedigung verschafft. In allen diesen Fällen wurde jedoch die ursprünglich begehrte Betätigung in Richtung sozialer Annehmbarkeit und Billigung modifiziert. Darüber hinaus ist der ursprüngliche Impuls in der Psyche des Betreffenden, der sich mit Modellieren in Lehm oder Plastilin beschäftigt, unbewußt geworden. Schließlich spielt bei den meisten solcher Ersatzbetätigungen der Sekundärprozeß eine größere Rolle, als das bei dem ursprünglichen, infantilen Wunsch oder der entsprechenden Tätigkeit der Fall war. Natürlich ist letzteres bei einem Beispiel wie dem von uns gewählten weniger offensichtlich als in einem Fall, wo der Betreffende nicht Bildhauer, sondern Spezialist für Darmparasiten wurde.

Was wir Sublimierung nennen, ist eine solche Ersatzbetätigung, die zugleich den Forderungen der Außenwelt entspricht und einem infantilen Triebabkömmling, der in seiner ursprünglichen Form verworfen wurde, ein gewisses Maß an unbewußter Befriedigung verschafft. In den von uns angeführten Beispielen sind das Spielen mit Lehmkuchen, das Modellieren, das Bildhauern und das Studium der Darmparasiten sämtlich Sublimierungen des Wunsches, mit Kot zu spielen. Wir könnten genausogut sagen, daß sie sämtlich Manifestationen — auf verschiedenen Altersstufen — der normalen Ichfunktion sind, die darauf abzielt, die Forderungen des Es und die der Außenwelt möglichst vollständig und mit größtmöglicher Effizienz zu harmonisieren und zu befriedigen.

Empfohlene Lektüre:

Freud, S. (1926), *Hemmung, Symptom und Angst.*
Freud, A. (1936), *Das Ich und die Abwehrmechanismen.*

In diesem abschließenden Kapitel über die sogenannte Strukturhypothese des psychischen Apparates wollen wir einige Aspekte der Beziehung des Individuums zu den Personen seiner Umwelt erörtern sowie die Frage der Entwicklung des Über-Ichs. Wie bisher versuchen wir, mit dem Stand der Dinge in der ersten Lebenszeit zu beginnen und unser Thema im Ablauf der kindlichen Entwicklung und bis ins spätere Leben weiterzuverfolgen.

Freud war der erste, der uns ein klares Bild von der überaus großen Bedeutung vermittelt hat, die unserer Beziehung zu anderen Menschen für unser psychisches Leben und für unsere Entwicklung zukommt. Die früheste dieser Beziehungen ist natürlich die Beziehung des Kindes zu seinen Eltern, die sich in den meisten Fällen zuerst in der Hauptsache auf die Mutter oder den Mutterersatz beschränkt. Dies gilt in jedem Fall, ob nun die Bindung des Kindes an diese Personen auf Banden der Liebe, des Hasses, oder von beidem beruht, wobei letzteres bei weitem am häufigsten ist. Die Bedeutung dieser frühen Bindungen muß zum Teil darauf zurückzuführen sein, daß sie den Gang der kindlichen Entwicklung beeinflussen, was spätere Beziehungen nicht in gleichem Umfang tun können, schon deshalb nicht, weil sie später liegen. Die Wichtigkeit dieser frühen Beziehungen ist zum Teil darauf zurückzuführen, daß das Kind während eines sehr langen Zeitraums verhältnismäßig hilflos ist. Diese lang dauernde Hilflosigkeit hat zur Folge, daß das Kind bezüglich des Schutzes, der Befriedigung, ja seines Lebens selbst von seiner Umwelt während einer viel längeren Zeit abhängig ist, als das bei jedem anderen Säugetier der Fall ist. Mit andern Worten: biologische Faktoren per se spielen eine große Rolle dabei, welcher Bedeutung und welchen Charakters unsere zwischenmenschlichen Beziehungen sein werden, denn diese sind durch die lange nach der Geburt weiterbestehende Fötalphase determiniert, wie sie für unsere Entwicklung als Menschenwesen charakteristisch ist.

In der psychoanalytischen Literatur bezeichnet der Terminus ›Objekt‹ Personen oder Dinge der äußeren Umgebung, die für unser psychisches Leben psychologisch bedeutsam sind, ob solche ›Dinge‹ nun belebt oder unbelebt sind. Dementsprechend bezeichnet das Wort ›Objektbeziehungen‹ die innere Haltung und das äußere Verhalten des einzelnen gegenüber solchen Objekten. Der Einfachheit halber werden wir uns dieser Bezeichnungen bei der folgenden Erörterung bedienen.

Wie wir im Dritten Kapitel sagten, nehmen wir an, daß das kleine Kind in den frühesten Lebensphasen keine Objekte als solche wahrnimmt und erst im Lauf der ersten Monate seiner Entwicklung allmählich lernt, das Selbst vom Objekt zu unterscheiden. Wir stellten auch fest, daß zu den wichtigsten Objekten der frühen Kindheit die verschiedensten Teile des eigenen Körpers des Kindes gehören, zum Beispiel seine Finger, Zehen und der Mund. Sie sind sämtlich als Quellen der Befriedigung äußerst wichtig und sind deshalb, wie wir annehmen, in hohem Maße mit Libido besetzt. Genauer müßten wir eigentlich sagen, daß die psychischen Repräsentanzen dieser Körperteile des Kindes hochgradig besetzt sind, da wir nicht mehr glauben — wie das früher einige Analytiker taten —, daß die Libido wie ein Hormon zu einem Körperteil transportiert und dort fixiert werden kann. Diesen Zustand der auf die eigene Person gerichteten Libido nannte Freud [1914] Narzißmus, nach der griechischen Legende von dem Jüngling Narziß, der sich in sich selbst verliebte.

Der gegenwärtige Platz des Begriffes Narzißmus in der psychoanalytischen Theorie ist bis zu einem gewissen Grad unsicher. Das kommt daher, daß Freud diesen Begriff vor der Formulierung der dualistischen Triebtheorie entwickelt hat. Infolgedessen fand nur der Sexualtrieb in der Konzeption des Narzißmus einen Platz, und diese ist mit der dualistischen Triebtheorie und mit der Strukturhypothese nie explizit zur Übereinstimmung gebracht worden. Sollen wir beispielsweise annehmen, daß die auf die eigene Person gerichtete Energie, die aus dem Aggressionstrieb stammt, ebenfalls Teil des Narzißmus ist? Und weiter, welcher Teil des psychischen Apparates wird durch Triebenergie besetzt, die ihrer Natur nach narzißtisch ist? Ist es das Ich, oder sind es spezielle Teile des Ichs, oder vielleicht sogar andere, bis jetzt noch undefinierte Teile des psychischen Apparates? Das sind Fragen, auf die eine endgültige Antwort noch aussteht.

Die Konzeption des Narzißmus bleibt jedoch, obwohl sie sozusagen nicht auf den neuesten Stand gebracht wurde, eine nützliche und notwendige Arbeitshypothese in der psychoanalytischen Theorie. Im allgemeinen wird der Begriff so verwendet, daß er zumindest drei etwas unterschiedliche, wenn auch eng miteinander zusammenhängende Dinge bezeichnet, soweit er auf einen Erwachsenen angewandt wird. Das sind: 1) eine Überbesetzung des Selbst; 2) eine Unterbesetzung der Objekte der Außenwelt; und 3) eine pathologisch unreife Beziehung zu diesen Objekten. Wird der Begriff natürlich auf ein Kind angewandt, so bezeichnet er im allgemeinen das, was wir als eine normale Stufe oder ein normales Merkmal der frühen Entwicklung ansehen. Vielleicht sollten wir hinzufügen, daß Freud glaubte, der größere Teil der Libido bleibe das ganze Leben lang narzißtisch, also auf die eigene Person gerichtet. Man bezeichnet das gewöhnlich als ›normalen‹ oder ›gesunden‹ Narzißmus. Freud glaubte auch, daß jene libidinösen Kräfte, die die psychischen Repräsentanzen der Objekte der Außenwelt besetzen, in der gleichen Beziehung zur Hauptmasse der narzißtischen Libido stehen wie die Pseudopodia einer Amöbe zu deren Körper. D. h., die Objektlibido ist ein Abkömmling der narzißtischen Libido und kehrt unter Umständen zu ihr zurück, wenn das Objekt später aus irgendeinem Grund aufgegeben wird. Wir wollen nun zum Thema der Entwicklung der Objektbeziehungen zurückkehren. Die Haltung des Kindes gegenüber den ersten Objekten, deren es gewahr wird, ist natürlich ausschließlich egozentrisch. Das Kind kümmert sich zuerst nur um die Befriedigungen, die das Objekt gewährt, d. h. um den bedürfnisbefriedigenden Aspekt des Objektes, wie wir sagen könnten. Vermutlich wird das Objekt zuerst nur besetzt, wenn das Kind anfängt, ein Bedürfnis zu erleben, das durch oder über das Objekt befriedigt werden kann, und ist im übrigen für das Kind psychisch nicht existent. Wir nehmen an, daß sich erst allmählich eine dauernde Beziehung zu einem Objekt entwickelt, womit wir eine bleibende Objektbesetzung meinen, die auch dann weiterbesteht, wenn kein unmittelbares Bedürfnis vorliegt, welches das Objekt befriedigen soll. Diese gleiche Idee können wir auch auf mehr subjektiver Basis durch die Aussage ausdrücken, daß das kleine Kind an den Objekten seiner Umwelt erst allmählich ein Interesse entwickelt, das auch dann anhält, wenn das Kind von diesen Objekten keine Lust oder Befriedigung erstrebt. So ist zum Beispiel für den Säugling die Mutter zuerst nur dann von Interesse, wenn er hungrig ist oder sie aus einem anderen Grund braucht, aber später im Säuglingsalter oder in der frühen Kindheit ist die Mutter auf eine fortdauernde Weise psychologisch wichtig, nicht mehr bloß gelegentlich.

Wir wissen nicht sehr viel darüber, auf welche Weise im einzelnen eine permanente Objektbeziehung sich entwickelt, auch nicht über die Phasen, die diese Entwicklung durchläuft, insbesondere über die sehr frühen Phasen. Erwähnenswert ist, daß die frühesten Objekte das sind, was wir Partialobjekte nennen: Das bedeutet zum Beispiel, daß es lange dauert, bis die Mutter für das Kind als ein einziges Gesamtobjekt existiert. Davor sind ihre Brust oder die Flasche, ihre Hand, ihr Gesicht etc. je getrennte Objekte im psychischen Leben des Kindes, und es kann gut sein, daß selbst verschiedene Aspekte dessen, was physisch das gleiche Objekt ist, für das Kind deutlich voneinander getrennte, nicht vereinigte oder miteinander verbundene Objekte sind. So kann zum Beispiel für das Kind das lächelnde Gesicht der Mutter zuerst ein anderes Objekt sein als ihr unfreundliches oder zorniges Gesicht, ihre liebevolle Stimme ein anderes Objekt als ihre scheltende Stimme etc., und vielleicht werden diese beiden Gesichter oder diese beiden Stimmen erst nach einer gewissen Zeit als ein einziges Objekt wahrgenommen. Wir glauben, daß sich eine fortdauernde Objektbeziehung wahrscheinlich in der zweiten Hälfte des ersten Lebensjahres entwickelt. Eines der wichtigen Merkmale solcher frühen Objektbeziehungen ist ein hohes Maß von *Ambivalenz*, wie wir es nennen. Das heißt, daß je nach den Umständen Gefühle der Liebe und ebenso intensive Gefühle des Hasses miteinander abwechseln. Es läßt sich in der Tat bezweifeln, ob wir den Destruktionsphantasien und -wünschen gegenüber dem Objekt, von denen wir annehmen, daß sie im zweiten Teil des ersten Lebensjahres vorhanden sind, eine feindselige Absicht zuschreiben dürfen. Gewiß, würden sie ausgeführt, so würden sie zur Vernichtung des Objektes führen, aber der Wunsch oder die Phantasie eines ganz kleinen Kindes, die Brust oder die Mutter zu verschlingen, ist ebensosehr ein primitiver Vorläufer der Liebe wie des Hasses. Es besteht jedoch kein Zweifel darüber, daß das Kind ungefähr mit dem zweiten Lebensjahr beginnt, dem gleichen Objekt gegenüber sowohl zornige Gefühle wie Lustgefühle zu empfinden.

Diese frühe Ambivalenz ist normalerweise in gewissem Umfang das ganze Leben hindurch weiter vorhanden, aber für gewöhnlich ist sie schon in der späteren Kindheit wesentlich weniger stark ausgeprägt als im zweiten bis fünften Lebensjahr, und in der Adoleszenz und im Leben des Erwachsenen ist sie noch schwächer. Es ist zuzugeben, daß das Nachlassen der Ambivalenz oft mehr scheinbar als wirklich ist. Die *bewußten* Gefühle gegenüber dem Objekt spiegeln oft nur die eine Hälfte der Ambivalenz wider, während die andere Hälfte im Unbewußten gehalten wird, trotzdem aber auf das psychische Leben des Betreffenden eine starke Wirkung ausübt. Eine solche anhaltende Ambivalenz ist oft mit schweren neurotischen Konflikten und Symptomen verbunden, wie das ja zu erwarten ist.

Ein weiteres Merkmal früher Objektbeziehungen ist das Phänomen der Identifizierung mit dem Objekt. Wir haben das im dritten Kapitel bereits erörtert und dargelegt, daß die Identifizierung in den komplizierten Prozessen der Ichentwicklung eine sehr wichtige Rolle spielt. Obwohl es viele Motive für die Identifikation gibt, haben wir erklärt, daß jede Objektbeziehung in sich die Tendenz zur Identifizierung mit dem Objekt, zum ›Werden wie das Objekt‹ trägt, und daß die Tendenz zur Identifizierung desto ausgeprägter ist, je primitiver das Stadium der Ichentwicklung ist.

Wir können deshalb verstehen, daß Objektbeziehungen, vor allem im frühen Leben, eine außerordentlich wichtige Rolle für die Ichentwicklung spielen, da ja ein Teil des Ichs in gewisser Weise ein Niederschlag dieser Beziehungen ist. Darüber hinaus ist in den letzten Jahren hervorgehoben worden, daß unzulängliche oder unbefriedigende Beziehungen zu den Objekten, das heißt zu der äußeren

Umwelt der sehr frühen Lebenszeit, die richtige Entwicklung jener Ichfunktionen verhindern können, die wir im vierten Kapitel besprochen haben: die Realitätsprüfung und die Beherrschung der Triebe [Spitz, 1945; Beres und Obers, 1950]. Auf diese Weise wird vielleicht im sehr frühen Leben der Grund gelegt für ernste psychologische Schwierigkeiten in der späteren Kindheit oder im Erwachsenenleben [Hartmann, 1953a].

Wie wir im dritten Kapitel sagten, bleibt das ganze Leben hindurch in uns allen die Tendenz zur Identifikation mit hochgradig besetzten Objekten *unbewußt* weiter bestehen, obwohl sie normalerweise in den Objektbeziehungen des späteren Lebens nicht die dominierende Stellung einnimmt, die sie typischerweise in der frühen Kindheit hat. Dieses unbewußte Weiterbestehen der Tendenz zur Identifikation mit dem Objekt ist nur *ein* Beispiel eines allgemeinen Attributs vieler frühen Modi oder Merkmale des psychischen Geschehens, denen man, soweit es das bewußte psychische Leben anlangt, entwächst, die jedoch weiterleben, ohne daß wir dessen gewahr werden, daß sie weiter vorhanden und wirksam sind.

Wenn jedoch die Identifizierung bei den Objektbeziehungen des Erwachsenenlebens weiterhin eine dominierende Rolle spielt, so betrachten wir das als Beweis für eine so starke Fehlentwicklung des Ichs, daß sie als pathologisch anzusehen ist. Die ersten auffallenden Beispiele einer solchen Fehlentwicklung hat Helene Deutsch [1934, 1942] mitgeteilt, die sie ›Als ob‹-Persönlichkeiten nannte. Es handelte sich um Menschen, deren Persönlichkeit sich mit ihren Objektbeziehungen veränderte wie ein Chamäleon. War ein solcher Mensch in einen Intellektuellen verliebt, so paßten sich seine Interessen und seine Persönlichkeit dem intellektuellen Typus an. Gab er diese Beziehung auf und ging statt dessen eine Bindung an einen Gangster ein, so paßte er sich ebenso vorbehaltlos an diese Haltung und Lebensform an. Wie aus unserer früheren Erörterung zu erwarten, stellte Helene Deutsch fest, daß die frühen Objektbeziehungen dieser Patienten, zum Beispiel ihre Beziehungen zu ihren Eltern, ausgesprochen abnormal gewesen waren. Ähnliche Fälle einer blockierten oder gestörten Ichentwicklung sind in der Zwischenzeit auch von anderen Autoren mitgeteilt worden (vgl. Anna Freud [1954b]).

Die frühen Stufen von Objektbeziehungen, die wir bis jetzt darzustellen versucht haben, werden gewöhnlich als prägenitale oder manchmal spezifischer als anale oder orale Objektbeziehungen bezeichnet. Es sei nochmals daran erinnert, daß die übliche Verwendung des Wortes ›prägenital‹ in diesem Zusammenhang ungenau ist. Der richtige Terminus wäre ›präphallisch‹. Denn in der psychoanalytischen Literatur werden die Objektbeziehungen des Kindes gewöhnlich nach der erogenen Zone genannt, die im libidinösen Leben des Kindes in dieser Zeit gerade eine führende Rolle spielt.

Eine derartige Bezeichnung hat in erster Linie historische Bedeutung. Freud untersuchte die Stufen der libidinösen Entwicklung, bevor er die anderen Aspekte des psychischen Lebens dieser frühen Perioden untersuchte, die er ebenfalls als erster geklärt hat, so daß es nur natürlich war, daß die Namen der verschiedenen Stufen der libidinösen Entwicklung später für die Charakterisierung *aller* Phänomene der betreffenden Periode im Leben des Kindes verwendet wurden. Hinsichtlich der Objektbeziehungen jedoch hat die Verwendung der auf die Libido bezogenen Terminologie mehr als nur historischen Wert. Sie erinnert uns daran, daß es schließlich die Triebe — und wohl primär der Sexualtrieb — sind, die zuerst nach Objekten suchen, da ja nur durch Objekte Triebabfuhr oder Befriedigung erlangt werden kann. Die Bedeutung der Objektbeziehungen wird *primär* durch die Existenz unserer Triebwünsche bestimmt, und die Beziehung zwischen Trieb und Objekt ist während unseres ganzen Lebens von fundamentaler Bedeutung. Wir unterstreichen diese Tatsache, weil sie angesichts der in neuerer Zeit entdeckten Zusammenhänge zwischen Objektbeziehungen und Ichentwicklung manchmal aus den Augen verloren wird.

Im Alter von zweieinhalb bis dreieinhalb Jahren tritt das Kind in Objektbeziehungen ein, die in der Regel die intensivsten und schicksalhaftesten seines ganzen Lebens sind. Vom Gesichtspunkt der Triebe her tritt das psychische Leben des Kindes — wie sich der Leser aus unseren Darlegungen im zweiten Kapitel erinnern wird — in diesem Alter aus der analen in die phallische Phase. Das bedeutet, daß die maßgeblichen oder intensivsten Wünsche und Impulse, die das Kind den Objekten seines Trieblebens gegenüber erfährt, von nun an die phallischen Wünsche und Impulse sind. Nicht, daß das Kind schnell oder vollständig die analen und oralen Wünsche aufgäbe, die sein Triebleben in noch früher liegenden Phasen beherrschten. Im Gegenteil: wie wir im zweiten Kapitel sagten, bleiben diese präphallischen Wünsche noch bis weit in die phallische Phase hinein wirksam. Sie spielen jedoch in dieser Phase eine untergeordnete, nicht mehr eine dominierende Rolle.

Die phallische Phase unterscheidet sich von den vorangehenden, nicht nur vom Ich, sondern auch von den Trieben her betrachtet. Im Falle des Ichs jedoch gehen diese Unterschiede auf die fortschreitende Entwicklung der Ichfunktionen zurück, welche die ganze Kindheit und insbesondere die frühen Jahre charakterisiert. Die Veränderungen im Triebleben, also im Es, aus dem Oralen zum Analen und dann zum Phallischen, gehen nach unserer Auffassung primär auf ererbte, biologische Tendenzen zurück.

Das Ich des Dreijährigen oder Vierjährigen ist erfahrener, weiter entwickelt, stärker integriert und infolgedessen in vielerlei Hinsicht verschieden von dem Ich des einjährigen oder zweijährigen Kindes.

Diese Unterschiede treten in jenem Aspekt der Ichfunktionen zutage, der uns im Augenblick hauptsächlich beschäftigt, nämlich in jenen Merkmalen der Objektbeziehungen des Kindes, die auf das Ich bezogen sind. In diesem Stadium hat das Kind nicht mehr Beziehungen zu Partialobjekten, wenn es sich normal entwickelt hat. So werden zum Beispiel die verschiedenen Teile des Körpers der Mutter, ihre unterschiedlichen Stimmungen und ihre gegensätzliche Rolle als ›gute‹ Mutter, die die Wünsche des Kindes befriedigt, und als ›böse‹ Mutter, die diesen Wünschen die Erfüllung versagt, vom Kind in diesem Alter als ein einziges, Mutter genanntes Objekt erkannt. Weiter haben die Objektbeziehungen des Kindes jetzt einen beträchtlichen Grad von Dauer, von Stabilität erlangt. Die auf ein Objekt gerichteten Besetzungen dauern an, obwohl das Bedürfnis nach dem Objekt zeitweise fehlt, was in den sehr frühen Stadien der Ichentwicklung nicht der Fall ist. Diese Besetzungen bleiben sogar trotz ziemlich langer Abwesenheit des Objektes selbst bestehen. Außerdem ist das Kind, wenn die phallische Phase einmal zumindest gut in Gang gekommen ist, in der Lage, ziemlich klar zwischen dem Selbst und dem Objekt zu unterscheiden und Objekte als Individuen wie es selbst, mit ähnlichen Gefühlen und Gedanken, wahrzunehmen. Gewiß, der letztere Prozeß geht so weit, daß er etwas unrealistisch wird, weil einmal Tiere und Spielzeug wie menschliche Wesen angesehen werden, und weil zum andern die eigenen Gedanken und Impulse des Kindes leicht auf andere Personen in fehlerhafter Weise projiziert werden, wie wir im vierten Kapitel gesehen haben. Die hauptsächliche Feststellung jedoch, die wir hier treffen wollen, ist die, daß im Zeitpunkt der phallischen Phase die Ichentwicklung des Kindes so weit fortgeschritten ist, daß Objektbeziehungen möglich sind, die denen der späteren Kindheit und des Erwachsenenlebens vergleichbar sind, wenn sie auch nicht in jeder Hinsicht mit ihnen identisch sein mögen. Das Selbstbewußtsein und die Objektwahrnehmung des Fünfjährigen sind so beschaffen, daß die Existenz von Gefühlen der Liebe oder des Hasses für ein spezifisches Objekt möglich wird, ebenso auch von Gefühlen der Eifersucht, der Furcht und der Wut gegenüber einem Rivalen, die alle wesentlichen Merkmale solcher Gefühle im späteren Leben enthalten.

Die wichtigsten Objektbeziehungen der phallischen Phase sind die, die als *Ödipuskomplex* zusammengefaßt werden. Ja, die Lebensperiode zwischen ungefähr zweieinhalb und sechs Jahren wird ebensooft ödipale Phase oder Periode wie phallische Stufe oder Phase genannt. Die Objektbeziehungen, die den Ödipuskomplex bilden, sind sowohl für die normale wie für die pathologische psychische Entwicklung von größter Bedeutung. Freud sah in der Tat die Ereignisse dieser Lebensphase als die entscheidenden an [Freud, 1924a], und obschon wir heute wissen, daß noch früher liegende Ereignisse für manche Menschen von entscheidender Bedeutung sein können, so daß die Ereignisse der ödipalen Periode für ihr Leben weniger wichtig sind als die der vorödipalen oder präphallischen Periode, so erscheint es doch immer noch wahrscheinlich, daß die Ereignisse der ödipalen Periode für die meisten Menschen von fundamentaler und für fast alle zumindest von sehr großer Bedeutung sind.

Unser Wissen über den Ödipuskomplex hat sich auf folgende Weise entwickelt. Freud entdeckte ziemlich früh, daß es im unbewußten psychischen Leben seiner neurotischen Patienten regelmäßig Inzestphantasien mit Bezug auf den Elternteil des anderen Geschlechts gab, verbunden mit Eifersucht und mörderischer Wut gegen den Elternteil des gleichen Geschlechts. Wegen der Analogie zwischen diesen Phantasien und der griechischen Legende von Ödipus, der, ohne es zu wissen, seinen Vater tötete und seine Mutter heiratete, nannte Freud diese Konstellation den Ödipuskomplex [Freud, 1900]. Im Lauf der ersten zehn oder fünfzehn Jahre unseres Jahrhunderts stellte sich heraus, daß der Ödipuskomplex kein ausschließliches Merkmal des unbewußten psychischen Lebens von Neurotikern ist, sondern im Gegenteil auch bei normalen Personen vorhanden ist. Die Existenz solcher Wünsche und die durch sie hervorgerufenen Konflikte sind in Wirklichkeit eine Erfahrung, die allen Menschen gemein ist. Es ist zwar richtig, wie viele Anthropologen dargelegt haben, daß Kulturen, die von der unseren verschieden sind, auch entsprechende Unterschiede im psychischen Leben und in den Konflikten der Kindheit aufweisen, aber die besten uns heute zur Verfügung stehenden Zeugnisse sprechen dafür, daß in jeder uns bekannten Kultur inzestuöse und elternmörderische Impulse und damit zusammenhängende Konflikte existieren [Róheim, 1950].

Zu der Erkenntnis, daß der Ödipuskomplex universell ist, kam hinzu, daß in den ersten beiden Jahrzehnten dieses Jahrhunderts auch unser Wissen von den ödipalen Wünschen selbst zunahm. Man erkannte, daß zu diesen auch die inversen oder negativen ödipalen Wünsche, wie sie zuerst genannt wurden, zu rechnen sind. Damit ist gemeint: Inzestphantasien mit Bezug auf den Elternteil des gleichen Geschlechts und Todeswünsche gegenüber dem Elternteil des andern Geschlechts. Diese Konstellation von Phantasien und Emotionen wurde ihrerseits für eine Ausnahme gehalten, man erkannte jedoch im Laufe der Zeit, daß auch sie eine Regelerscheinung ist.

Dies ist also, in gedrängtester Form, ein Gesamtbild dessen, was wir den Ödipuskomplex nennen. Er umfaßt eine Doppeleinstellung gegenüber beiden Eltern: im Falle des Knaben auf der einen Seite den Wunsch, den aus Eifersucht gehaßten Vater auszuschalten und in einer sinnlichen Beziehung zur Mutter seinen Platz einzunehmen, auf der anderen Seite den Wunsch, die aus Eifersucht gehaßte Mutter auszuschalten und ihren Platz beim Vater einzunehmen.

Wir wollen versuchen, dieser äußerst komprimierten Formulierung dadurch mehr realen Gehalt zu geben, daß wir die typische Entwicklung des Ödipuskomplexes in schematischer Weise nachzeichnen. Bevor wir jedoch damit beginnen, ein warnender Hinweis: Der wichtigste Einzelfaktor, den wir bezüglich des Ödipuskomplexes im Auge behalten müssen, ist die Stärke und Gewalt der damit verknüpften Gefühle. Es ist ein wirkliches Liebesabenteuer. Für viele Menschen ist es das heftigste Abenteuer ihres ganzen Lebens; in jedem Fall steht es an Intensität keinem anderen Erlebnis nach, das einem Menschen je widerfährt. Die folgende Beschreibung kann auch nicht entfernt das vermitteln, was dem Leser stets gegenwärtig sein muß, wenn er die Beschreibung liest: die Intensität dieses Sturmes von Leidenschaften, von Liebe und Haß, von Sehnsucht und Eifersucht, von Wut und Furcht – dieses Gewitters, das in dem Kinde tobt. *Davon* sprechen wir bei unserem Versuch, den Ödipuskomplex darzustellen.

Zu Beginn der ödipalen Periode ist gewöhnlich die stärkste Objektbeziehung, die das kleine Kind – ob Junge oder Mädchen – hat, die zu seiner Mutter. Damit meinen wir, daß die psychischen Repräsentanzen der Mutter stärker besetzt sind als alle anderen, ausgenommen die des eigenen Selbst des Kindes, insbesondere seines Körpers. Wie wir später sehen werden, ist das eine wichtige Ausnahme. Der erste deutliche Schritt in die ödipale Phase ist also, soweit wir wissen, für beide Geschlechter der gleiche; er besteht aus einer Ausdehnung der bereits bestehenden Beziehung zur Mutter, die in der Weise ausgeweitet wird, daß auch die Befriedigung der erwachenden genitalen Triebwünsche des Kindes darin einbegriffen wird. Gleichzeitig entwickelt sich ein Verlangen nach ihrer ausschließlichen Liebe und Bewunderung, das vermutlich mit dem Wunsch verknüpft ist, erwachsen zu sein und ›Papa zu sein‹ oder mit der Mutter ›das zu tun, was Papa tut‹. Natürlich kann das Kind in diesem Alter nicht klar erfassen, was das ist, was ›Papa tut‹. Auf Grund seiner eigenen physischen Reaktionen muß es jedoch – unabhängig davon, ob es Gelegenheit hatte, seine Eltern zu beobachten – diese Wünsche in Zusammenhang bringen mit erregenden Empfindungen in seinen Genitalien und wenn es sich um einen Knaben handelt, mit der Empfindung und dem Phänomen der Erektion. Wie Freud in seiner Arbeit mit neurotischen Patienten sehr früh entdeckte, können im Kind eine oder mehrere verschiedene Phantasien über die sexuellen Betätigungen seiner Eltern entstehen, die es mit der Mutter wiederholen möchte. Zum Beispiel kommt das Kind möglicherweise zu dem Schluß, daß sie miteinander auf die Toilette gehen oder daß sie gegenseitig ihre Genitalien betrachten oder sie in den Mund nehmen oder sie im Bett gegenseitig betasten. Die Mutmaßungen oder Phantasien des Kindes hängen, wie man sieht, im allgemeinen mit den lustbereitenden Erfahrungen des Kindes mit Erwachsenen zusammen, mit denen es bereits zu Beginn der ödipalen Phase vertraut war, oder aber mit seinen eigenen autoerotischen Betätigungen. Es kann weiter nicht zweifelhaft sein, daß im Lauf der Monate und Jahre die Sexualphantasien des Kindes mit seiner Erfahrung und mit seinem Wissen zunehmen. Ergänzend müssen wir noch anführen, daß der Wunsch, der Mutter Kinder zu schenken, wie das der Vater tat, zu den besonders wichtigen ödipalen Wünschen gehört und daß die Sexualtheorien über diese Periode sich sehr stark um das Problem drehen, wie das geschieht, sowie darum, wie die Babys herauskommen, wenn sie gemacht sind.

Hand in Hand mit dem sexuellen Begehren der Mutter und dem Verlangen, ihr ausschließliches Liebesobjekt zu sein, gehen Wünsche nach der Vernichtung oder dem Verschwinden aller Rivalen, die im allgemeinen Vater und Geschwister sind. Die Geschwisterrivalität hat zugegebenermaßen mehr als nur eine Ursache, aber die hauptsächlichste ist sicherlich das Verlangen nach dem ausschließlichen Besitz des Vaters oder der Mutter.

Diese eifersüchtigen, mordgierigen Wünsche erzeugen aus zwei Gründen schwere Konflikte im Kind. Der erste dieser Gründe ist offensichtlich die Furcht vor Vergeltung, insbesondere von seiten der Eltern, die in diesem Alter dem Kind wirklich allmächtig zu sein scheinen. Der zweite Grund ist, daß diese Wünsche im Konflikt mit Gefühlen der Liebe und Bewunderung stehen, oft genug auch mit Gefühlen der Sehnsucht und der Abhängigkeit, sowohl gegenüber Vater oder Mutter als auch gegenüber dem älteren Bruder oder der älteren Schwester — ferner mit der Furcht vor der elterlichen Mißbilligung des Wunsches, ein jüngeres Geschwisterchen zu vernichten. Mit andern Worten, das Kind fürchtet Vergeltung und Liebesverlust als Folgen seiner aus Eifersucht geborenen Wünsche.

Von diesem Gesichtspunkt aus ist es zweckmäßig, wenn wir die Evolution des Ödipuskomplexes beim Mädchen und beim Knaben getrennt betrachten. Wir beginnen mit letzterem.

Die Erfahrung aus der Analyse vieler Erwachsener und Kinder sowie das Beweismaterial aus der Anthropologie, aus religiösen Mythen und Volksmythen, aus den Schöpfungen der Kunst und aus verschiedenen anderen Quellen hat gezeigt, daß die Vergeltung, die der kleine Junge als Folge der ödipalen Wünsche gegenüber seiner Mutter befürchtet, der Verlust des eigenen Penis ist. Das ist es, was in der psychoanalytischen Literatur mit dem Begriff *Kastration* gemeint ist. Das Beweismaterial, aus dem sich ergibt, *warum* gerade der Junge davor Furcht hat, ist von verschiedenen Autoren verschieden dargestellt und formuliert worden, und wir brauchen uns an dieser Stelle damit nicht zu befassen. Für unsere Zwecke genügt es zu wissen, *daß* es so ist.

Die Beobachtung des Knaben, daß es in der Tat wirkliche Menschen gibt, die *keinen* Penis haben, nämlich Mädchen oder Frauen, überzeugt ihn davon, daß seine eigene Kastration eine echte Möglichkeit ist, und die Furcht, sein Sexualorgan zu verlieren, das für ihn einen hohen Wert darstellt, löst einen heftigen Konflikt hinsichtlich seiner ödipalen Wünsche aus. Dieser Konflikt führt letzten Endes zur Verwerfung der ödipalen Wünsche. Zum Teil werden sie aufgegeben, zum Teil werden sie verdrängt, d. h. in die unzugänglichen Winkel des Unbewußten verbannt.

Die Situation wird dadurch kompliziert, daß in dem kleinen Jungen ein eifersüchtiger Zorn gegen seine Mutter entfacht wird, weil sie seinen Wunsch nach ausschließlichem Besitz ihrer Liebkosungen und ihres Körpers ablehnt, und weil dadurch der Wunsch entsteht oder verstärkt wird, sie loszuwerden (sie zu töten) und statt ihrer vom Vater geliebt zu werden. Da auch das Kastrationsangst auslöst, sobald er gelernt hat, daß Frau sein heißt, ohne Penis sein, müssen auch diese Wünsche letzten Endes verdrängt werden.

Wir sehen also, daß die maskulinen wie die femininen Wünsche der ödipalen Periode Kastrationsangst erwecken, und da der kleine Junge weder physisch noch sexuell reif ist, kann er die durch seine Wünsche erzeugten Konflikte nur dadurch lösen, daß er entweder die Wünsche aufgibt oder sie durch verschiedene Abwehrmechanismen und andere Abwehroperationen des Ichs in Schach hält.

Im Falle des kleinen Mädchens ist die Situation etwas komplizierter. Ihr Wunsch, bei der Mutter den Mann zu spielen, scheitert nicht an der Kastrationsangst, da sie ja keinen Penis hat, von allem andern abgesehen. Er kommt infolge der Erkenntnis zu Fall, daß ihr dafür die körperliche Beschaffenheit fehlt — eine Erkenntnis, die intensive Gefühle der Scham, der Inferiorität, der Eifersucht (Penis-Neid) im Gefolge hat, sowie Zorn gegen die Mutter, die es zugelassen hat, daß sie ohne Penis geboren wurde. In ihrer Wut und Verzweiflung wendet sie sich normalerweise dem Vater als ihrem Hauptobjekt der Liebe zu und hofft, bei ihm die Stelle der Mutter einzunehmen. Wenn auch diese Wünsche enttäuscht werden, kehrt das kleine Mädchen vielleicht zu ihrer früheren Bindung an die Mutter zurück und bleibt unter Umständen ihr ganzes Leben hindurch in ihrem psychosexuellen Verhalten dem Wunsch verhaftet, einen Penis zu haben und ein Mann zu sein. Im normaleren Verlauf jedoch wird das kleine Mädchen, nachdem sein Wunsch, das einzige sexuelle Objekt des Vaters zu sein, abgewiesen wurde, gezwungen sein, zu verzichten und seine ödipalen Wünsche zu verdrängen. Der Kastrationsangst, die für das Schicksal der ödipalen Wünsche des kleinen Jungen eine so ungeheuer mächtige Determinante darstellt, entspricht beim kleinen Mädchen einmal die Kränkung und Eifersucht, die als ›Penisneid‹ bezeichnet werden, zum zweiten die Furcht vor einer genitalen Verletzung, die auf den Wunsch folgt, von ihrem Vater besessen und befruchtet zu werden.

Der Leser wird verstehen, daß auch diese sehr stark komprimierte Darstellung der Hauptzüge des Ödipuskomplexes in hohem Maße schematisch ist. In Wirklichkeit ist das psychische Geschehen in jedem Kind während dieser Periode jeweils einzigartig und wird entscheidend durch die Erfahrungen der ersten beiden Lebensjahre beeinflußt, die der ödipalen Periode vorangingen, sowie durch die Ereignisse der ödipalen Periode selbst. Man kann sich zum Beispiel vorstellen, was für enorme Folgen sich aus der Krankheit, der Abwesenheit oder dem Tod eines Elternteils oder eines Bruders oder einer Schwester ergeben würden, oder daraus, daß ein neues Geschwisterchen geboren wird, oder aus der Beobachtung des Verkehrs zwischen den Eltern oder zwischen anderen Erwachsenen oder aus der sexuellen Verführung des Kindes durch einen Erwachsenen oder durch ein älteres Kind — falls eines dieser Ereignisse während der ödipalen Periode eintreten sollte.

Wir glauben ferner, daß außer diesen Umweltfaktoren wahrscheinlich auch die konstitutionellen Fähigkeiten und Anlagen der Kinder in dieser Hinsicht variieren. Freud [1937] erwähnte die Unterschiede der Triebanlage, die zum Beispiel in der Tendenz zur Bisexualität vorkommen können, d. h. in der Prädisposition zum Femininen beim Knaben, zum Maskulinen beim Mädchen. Er nahm als gegeben an — und die meisten Analytiker sind der gleichen Meinung —, daß ein gewisses Maß von Bisexualität in der psychischen Sphäre normalerweise bei jedem Menschen vorhanden ist. Das ist eine logische Folge der Tatsache, daß der Ödipuskomplex normalerweise Phantasien der sexuellen Vereinigung mit *beiden* Eltern einschließt. Es ist jedoch klar, daß Unterschiede in der relativen Stärke der maskulinen und der femininen Komponente des Sexualtriebs die relative Intensität der verschiedenen ödipalen Wünsche erheblich beeinflussen können.

So ist zum Beispiel zu erwarten, daß eine ungewöhnlich starke konstitutionelle Tendenz zur Femininität bei einem Knaben die Entwicklung einer ödipalen Konstellation begünstigt, bei der der Wunsch, die Stelle der Mutter in der sexuellen Vereinigung mit dem Vater einzunehmen, intensiver ist als der Wunsch, den Platz des Vaters bei der Mutter einzunehmen. Das Umgekehrte würde im Falle einer ungewöhnlich starken konstitutionellen Tendenz zur Maskulinität bei einem Mädchen gelten. Ob in einem bestimmten Fall das auch das tatsächliche Resultat ist, hängt natürlich davon ab, wieweit Umweltfaktoren die konstitutionelle Tendenz fördern oder ihr entgegenwirken. Außerdem haben wir zur Zeit noch keine Möglichkeit, die relative Bedeutung von Konstitution und Umwelt mit hinreichender Sicherheit zu bestimmen. Bei unserer klinischen Arbeit sind uns die konstitutionellen Faktoren in der Regel nicht bekannt, so daß wir ihre mögliche Bedeutung gegenüber den Umweltfaktoren, die in der Regel offensichtlicher und deshalb eindrucksvoller sind, leicht aus den Augen verlieren.

Zumindest einen weiteren wichtigen Aspekt der ödipalen Phase, der nicht übergangen werden sollte, haben wir noch nicht erwähnt. Das ist die genitale Masturbation, die gewöhnlich die sexuelle *Aktivität* des Kindes in dieser Lebensperiode bildet. Diese Betätigung und die Phantasien, die sie begleiten, treten zum großen Teil an die Stelle des direkten Ausdrucks der sexuellen und aggressiven Impulse, die das Kind gegenüber seinen Eltern empfindet. Ob dieser Ersatz wirklicher Handlungen gegenüber wirklichen Menschen durch autoerotische Stimulierung und Phantasie auf lange Sicht für das Kind nützlich oder schädlich ist, hängt zum Teil davon ab, welche Wertbegriffe wir haben; aber die Frage ist in jedem Fall müßig. Der Ersatz ist unvermeidbar, weil er letzten Endes dem Kind durch seine biologische Unreife aufgezwungen wird.

Mit dem Ende der ödipalen Phase wird die genitale Masturbation gewöhnlich aufgegeben oder stark eingeschränkt und tritt erst in der Pubertät wieder auf. Die ursprünglichen, ödipalen Phantasien werden verdrängt, aber getarnte Abwandlungen von ihnen bleiben im Bewußtsein als die bekannten Tagträume der Kindheit fortbestehen und üben weiterhin einen wichtigen Einfluß auf fast alle Aspekte des psychischen Lebens aus: auf die Formen und Objekte der Sexualität des Erwachsenen; auf die schöpferische, künstlerische und sonstige sublimierte Betätigung; auf die Charakterbildung und auf alle neurotischen Symptome, die der Betreffende entwickeln mag (siehe das neunte Kapitel).

Das ist jedoch nicht die einzige Form, in der der Ödipuskomplex das künftige Leben des einzelnen beeinflußt. Er hat darüber hinaus eine spezifische Folge, die für das weitere psychische Leben von sehr großer Bedeutung ist und die wir jetzt besprechen wollen. Diese Folge ist die *Bildung des Über-Ichs*, die dritte aus der Gruppe psychischer Funktionen, die Freud in seiner sogenannten Strukturhypothese des psychischen Apparates postulierte.

Wie wir im dritten Kapitel sagten, entspricht das Über-Ich in genereller Weise dem, was wir gewöhnlich Gewissen nennen. Es umfaßt die moralischen Funktionen der Persönlichkeit. Zu diesen Funktionen gehört: 1) die Billigung oder Mißbilligung von Handlungen und Wünschen aus Gründen der Redlichkeit; 2) kritische Selbstbeobachtung; 3) Selbstbestrafung; 4) das Verlangen nach Wiedergutmachung oder Reue, wenn Unrecht getan wird und 5) Selbstlob oder Selbstliebe als Belohnung für tugendhafte oder erwünschte Gedanken und Handlungen.

Im Gegensatz zu der gewöhnlichen Bedeutung des Begriffs ›Gewissen‹ sind jedoch die Funktionen des Über-Ichs oft weitgehend oder vollständig unbewußt. Es trifft deshalb zu, wie Freud [1933] sagte, daß die Psychoanalyse zwar einerseits gezeigt hat, daß die Menschen weniger moralisch sind, als sie von sich glaubten — indem sie nämlich die Existenz unbewußter Wünsche in jedem einzelnen bewies, die dieser bewußt verwirft und verleugnet —, daß die Psychoanalyse andererseits aber auch bewiesen hat, daß in jedem von uns strengere moralische Gebote und Verbote wirken, als unser Bewußtsein weiß.

Kehren wir zu unserem Thema zurück, was der Ursprung des Über-Ichs ist. Man ist sich heute ziemlich allgemein darüber einig, daß die frühesten Anfänge des Über-Ichs — oder wir sollten vielleicht besser sagen, seine Vorläufer — in der präphallischen oder präödipalen Phase liegen. Die moralischen Forderungen und Verbote der Eltern oder der Kindermädchen, Erzieherinnen und Lehrer, die unter Umständen die Stelle der Eltern einnehmen, beginnen schon sehr früh, das psychische Leben des Kindes zu beeinflussen. Gegen Ende des ersten Lebensjahres jedenfalls tritt ihr Einfluß ganz sicher zutage. Am Rande sei erwähnt, daß die moralischen Gebote dieser sehr frühen Periode recht einfacher Art sind, wenn wir sie mit dem Maßstab des Erwachsenen messen. Zu den wichtigsten gehören jene, die mit der Erziehung zur Sauberkeit zu tun haben. Ferenczi bezeichnete diese Vorläufer des Über-Ichs als ›Sphinktermoral‹.

In der präödipalen Phase jedoch behandelt das Kind die moralischen Forderungen, die an es gerichtet werden, als Teil seiner Umwelt. Wenn die Mutter — oder ein anderer moralischer Schiedsrichter — in Fleisch und Blut da ist und das Kind ihr zu Gefallen sein will, wird es keine Übertretung begehen. Ist es allein oder ist es auf seine Mutter zornig, wird es entweder ihr zum Trotz handeln oder tun, was es gerade will, soweit nicht Furcht vor Strafe es zurückhält. Im Verlauf der ödipalen Phase selbst ändern sich die Dinge in dieser Hinsicht, und irgendwann im Alter von ungefähr fünf oder sechs Jahren fängt die Moral an, zu einer Sache des Inneren zu werden. Das ist der Zeitpunkt, zu dem, wie wir glauben, das Kind zuerst zu empfinden beginnt, daß moralische Maßstäbe und die Forderung, daß Unrechttun bestraft, bereut und ungeschehen gemacht werden muß, aus seinem eigenen Innern kommen, nicht von einer anderen Person, der es gehorchen muß. Wir glauben ferner, daß erst im Alter von neun oder zehn Jahren dieser Prozeß der Internalisierung stabil genug geworden ist, um im wesentlichen permanent zu bleiben, auch wenn er normalerweise während der ganzen Adoleszenz, in gewissem Umfang vielleicht auch noch im Leben des Erwachsenen, ergänzt und modifiziert wird.

Wodurch wird nun diese schicksalhafte Internalisierung hervorgerufen? Soweit wir es verstehen, werden im Verlauf der Aufgabe

und Verdrängung oder der anderweitigen Verwerfung der Inzestwünsche und Todeswünsche, die den Ödipuskomplex bilden, die Beziehungen des Kindes zu den Objekten dieser Wünsche zu einem beträchtlichen Teil in Identifikationen mit ihnen umgewandelt. Anstatt
die Eltern zu lieben und zu hassen — wobei das Kind annimmt, sie
werden derartige Wünsche ablehnen und bestrafen —, wird es in
der Verwerfung seiner Wünsche *wie* seine Eltern. Der ursprüngliche Kern der Verbote des Über-Ichs ist also die Forderung, das Individuum solle jene Inzestwünsche und Regungen verwerfen, die
seinen Ödipuskomplex ausgemacht haben. Aber diese Forderung
bleibt natürlich unbewußt das ganze Leben hindurch als der Wesens-
kern des Über-Ichs weiter bestehen.

Wir sehen deshalb, daß das Über-Ich eine besonders enge Beziehung zum Ödipuskomplex hat und daß es als Folge der Identifikationen mit den moralischen und Verbotsaspekten der Eltern gebildet
wird — Identifikationen, die während des Prozesses der Auflösung
oder des Untergangs des Ödipuskomplexes in der Psyche des Kindes
entstehen. Das Über-Ich, können wir sagen, besteht ursprünglich
aus den internalisierten Bildern der moralischen Aspekte der Eltern
in der phallischen oder ödipalen Phase.

Wir wollen nun gewisse Aspekte dieses Identifizierungsprozesses
etwas ausführlicher untersuchen. Wir müssen dabei im Auge behalten, daß die Hauptaufgabe des Ichs in der Zeit, in der die Identifikationen stattfinden, der Abwehrkampf gegen die ödipalen Strebungen ist. Wir wissen, daß Kastrationsangst beim Knaben und deren
Analoga beim Mädchen in der Hauptsache die Furcht ausmachen,
die diesen Kampf motiviert, und daß der Kampf selbst beim Kind
dieses Alters im Zentrum des psychischen Geschehens steht. Alles andere ist ein Teil davon, eine Folge davon oder diesem untergeordnet.

Vom Ich her gesehen, ist die Etablierung der Identifikationen, die
das Über-Ich bilden, eine sehr große Hilfe bei seinen Abwehraktionen gegen die Es-Impulse, um deren Meisterung es kämpft. Sie bedeutet, daß die elterlichen Verbote einen festen, dauerhaften Platz
in der Psyche erhielten, wo sie stets ein wachsames Auge auf das
Es haben. Es ist, als ob das Kind, indem es sich auf diese Weise mit
seinen Eltern identifiziert, die Gewähr hat, daß diese immer da sind,
so daß, sobald ein Es-Impuls die Oberhand zu gewinnen droht, die
Eltern zur Stelle sind, um ihre Forderung auf Verwerfung dieses
Impulses durchzusetzen.

Wir sehen also, daß die Identifikationen im Zusammenhang mit
der Über-Ich-Entwicklung vom Gesichtspunkt der Abwehr aus für
das Ich einen Vorteil darstellen. Wir können sogar noch weiter gehen
und sagen, daß sie in dieser Hinsicht für das Ich eine entscheidende
Unterstützung darstellen. Vom Gesichtspunkt der Unabhängigkeit

des Ichs aus jedoch und seiner Freiheit, Triebbefriedigung zu genießen, stellen die Identifikationen des Über-Ichs einen sehr großen
Nachteil dar. Mit der Bildung des Über-Ichs verliert das Ich einen
großen Teil seiner Aktionsfreiheit und bleibt von da an stets dessen
Oberherrschaft unterworfen. Im Über-Ich hat das Ich nicht bloß
einen Verbündeten gewonnen, es hat in ihm seinen Meister gefunden. Von nun an treten die Forderungen des Über-Ichs zu denen des
Es und der äußeren Umwelt hinzu; das Ich muß sich ihnen beugen
und versuchen, zwischen ihnen zu vermitteln. Das Ich kann an der
Macht der Eltern durch Identifikation mit ihnen teilhaben, aber es
muß damit bezahlen, daß es ihnen in gewissem Umfang auf immer
unterworfen bleibt.

Freud [1923] machte zwei weitere Beobachtungen bezüglich der
Bildung dieser Identifikationen, deren Erwähnung hier von Interesse
ist. Die erste dieser Beobachtungen besteht darin, daß das Kind die
elterlichen Verbote großenteils als mündliche Befehle oder als Schel-
ten erlebt. Die Folge davon ist, das das Über-Ich eine enge Beziehung zu Hör-Erinnerungen, insbesondere zu Erinnerungen an das
gesprochene Wort, aufweist. Eine intuitive Erfassung dieser Tatsache ist wahrscheinlich der Grund für die verbreitete Redewendung,
die von der ›Stimme des Gewissens‹ spricht. In Zuständen psychischer Regression, wie zum Beispiel in Träumen [Isakower, 1954]
und bei gewissen Formen schwerer Geisteskrankheit [Freud, 1923],
wird das Wirken des Über-Ichs in Gestalt gesprochener Worte wahrgenommen, die der Betreffende als von einer Stelle außerhalb seines
Selbst kommend erlebt, so wie das bei den Befehlen seiner Eltern
war, als er noch klein war. Es wäre jedoch falsch, anzunehmen, daß
das Über-Ich ausschließlich mit auditiven Wahrnehmungen und Erinnerungen verknüpft ist. Erinnerungen an andere Sinneswahrnehmungen, visuelle und solche des Tastsinnes, sind gleichfalls damit
verknüpft. So hatte zum Beispiel ein Patient, dem seine eigenen
feindseligen Phantasien große Furcht einflößten, auf dem Höhepunkt
eines Anfalles von akuter Angst das Gefühl, jedesmal einen Schlag
ins Gesicht zu erhalten, wenn er wütend werden wollte. In diesem
Fall wurde das Wirken des Über-Ichs als physische Bestrafung erlebt, die als von jemandem außerhalb seiner selbst kommend empfunden wurde, genau wie seine Eltern ihn in seiner Kindheit gelegentlich bestraft hatten.

Die zweite der Beobachtungen Freuds [1923] war, daß die Elternbilder, die introjiziert werden und so das Über-Ich bilden, die des
jeweiligen Über-Ichs der Eltern sind. Das heißt, daß Eltern bei der
Erziehung ihrer Kinder im allgemeinen dazu neigen, sie genauso zu
erziehen, wie sie in der eigenen Kindheit von ihren Eltern behandelt
wurden. Sie wenden die eigenen moralischen Forderungen, die sie
früh in ihrem Leben erworben haben, auf ihre Kinder an, deren

Über-Ich folglich das der Eltern wiederholt oder ihm ähnlich wird. Dieses Charakteristikum hat eine wichtige gesellschaftliche Konsequenz, wie Freud [1923] dargelegt hat. Es resultiert nämlich daraus das zähe Weiterbestehen des Moralkodex einer Gesellschaft, und zum Teil sind darauf der Konservativismus und der Widerstand gegen Veränderungen zurückzuführen, den die Sozialstrukturen zeigen.

Wir wollen nun einige Aspekte der Entstehung des Über-Ichs betrachten, die enger mit dem Es als mit dem Ich zusammenhängen. Zum einen sind die Identifikationen des Über-Ichs, wie Freud [1923] dargelegt hat, in gewissem Umfang die Folge der Aufgabe der inzestuösen Objektbeziehungen des Ödipuskomplexes. In diesem Sinne sind diese Identifikationen zum Teil eine Folge des Objektverlustes. Der Leser wird sich daran erinnern, daß dies einer der Mechanismen der Identifizierung war. Wie wir es verstehen, führt, wenn die Triebbesetzungen von ihren ursprünglichen Objekten abgezogen werden, die ständige Suche nach einem anderen Objekt zur Bildung einer Identifizierung mit dem ursprünglichen Objekt im Ich selbst, an das sich die Besetzungen dann heften. Die vormaligen Objektbesetzungen werden dann zu narzißtischen Besetzungen. In dem uns jetzt interessierenden Fall umfassen natürlich die so im Ich gebildeten Identifikationen jenen besonderen Teil des Ichs, den wir das Über-Ich nennen.

So ist, vom Es her gesehen, das Über-Ich also Ersatz und Erbe der ödipalen Objektbeziehungen. Das ist der Grund, warum Freud von ihm sagte, es wurzele tief im Es. Wir erkennen weiter, daß die Bildung des Über-Ichs die Umwandlung einer sehr beträchtlichen Menge von Objektbesetzungen in auf das Selbst bezogene oder narzißtische zur Folge hat. Gewöhnlich werden die am offenkundigsten sexuellen Besetzungen und die feindseligen Besetzungen, die am unmittelbarsten oder heftigsten sind, aufgegeben, während Gefühle der Zärtlichkeit oder weniger heftiger Feindseligkeit weiterhin an den ursprünglichen Objekten haften. Das heißt, das Kind empfindet auch weiterhin Gefühle der Zärtlichkeit und weniger heftige Haß- oder Rebellionsgefühle gegenüber seinen Eltern. Um Mißverständnisse zu vermeiden, müssen wir klarstellen, daß keineswegs sämtliche unmittelbaren Inzestimpulse und Tötungsimpulse gegenüber den Eltern aufgegeben werden. Im Gegenteil: zumindest ein Teil von ihnen — ja, bei vielen, vielleicht sogar bei den meisten Menschen ein beträchtlicher Teil von ihnen — wird einfach verdrängt oder sonstwie abgewehrt. Dieser Teil lebt im Es weiter, wie auch andere verdrängte Wünsche, richtet sich weiterhin auf die ursprünglichen Objekte und wird nur durch den ständigen Widerstand der Gegenbesetzungen, die das Ich gegen sie aufgerichtet hat, davon abgehalten, im Handeln oder im bewußten Denken und Phantasieren offenen Ausdruck zu finden. Diese verdrängten ödipalen Wünsche mit ihren Besetzungen tragen jedoch nicht zur Bildung des Über-Ichs bei [Freud, 1923]. Aus diesem Grund werden sie trotz ihrer offensichtlichen Wichtigkeit in unsere gegenwärtige Erörterung nicht mit einbezogen.

Es ist eine überraschende, aber leicht zu beobachtende Tatsache, daß die Strenge des Über-Ichs eines Menschen nicht unbedingt, ja nicht einmal in der Regel, der Strenge entspricht, mit der seine Eltern seinen Triebwünschen entgegentraten, als er ein Kind war. Auf Grund unserer bisherigen Erörterungen hätten wir das erwartet. Da das Über-Ich die introjizierten Eltern darstellt, würden wir erwarten, daß ein Kind mit strengen Eltern auch ein strenges Über-Ich haben würde und umgekehrt. Bis zu einem gewissen Grad trifft das auch zweifellos zu. Es ist sehr wahrscheinlich, daß direkte Kastrationsdrohungen gegenüber einem kleinen Jungen in der ödipalen Phase, oder ähnliche Drohungen gegenüber einem gleichaltrigen kleinen Mädchen, häufig zur Bildung eines unerwünscht strengen Über-Ichs führen und infolgedessen auch zu einem unerwünscht strengen Verbot der Sexualität oder der Aggressivität, oder von beidem, im späteren Leben.

Offenbar sind jedoch andere Faktoren für die Bestimmung der Strenge des Über-Ichs wichtiger als die Strenge der Eltern. Der Hauptfaktor ist anscheinend die Intensität der aggressiven Komponente der eigenen ödipalen Wünsche des Kindes. Einfacher, wenn auch weniger exakt, könnten wir sagen, daß die Intensität der eigenen feindseligen Impulse des Kindes gegenüber seinen Eltern während der ödipalen Phase der Hauptfaktor ist, der für die Strenge des Über-Ichs bestimmend ist, nicht der Grad der Feindseligkeit oder Strenge der Eltern gegenüber dem Kind.

Wir glauben, daß wir das auf folgende Weise verstehen oder erklären können. Wenn die ödipalen Objekte aufgegeben oder durch Über-Ich-Identifikationen ersetzt werden, wird die Triebenergie, die vordem diese Objekte besetzte, zumindest teilweise für den neu etablierten Teil des Ichs verfügbar, den wir das Über-Ich nennen. So ist die dem Über-Ich zur Verfügung stehende Aggressionsenergie von der Aggressionsenergie der ödipalen Objektbesetzungen abgeleitet, und beide sind in ihrem Betrag zumindest proportional, wenn nicht gleich. Das heißt: je größer der Betrag an aggressiver Energie der ödipalen Objektbesetzungen, desto größer ist auch der Betrag an solcher Energie, der später dem Über-Ich zur Verfügung steht. Diese aggressive Energie kann dann gegen das eigene Selbst gewendet werden, wann immer das notwendig wird, um Gehorsam gegenüber den Verboten des Über-Ichs zu erzwingen oder deren Übertretungen zu bestrafen. Anders ausgedrückt: die Strenge des Über-Ichs wird bestimmt durch den Betrag der ihm zur Verfügung stehenden

Aggressionsenergie, und diese wiederum steht in engerem Zusammenhang mit den aggressiven Besetzungen der ödipalen Impulse des Kindes gegenüber einen Eltern als mit der Strenge der elterlichen Verbote während der ödipalen Phase des Kindes. Ein kleines Kind, dessen ödipale Phantasien besonders heftig und destruktiv waren, wird im allgemeinen ein stärkeres Schuldgefühl haben als ein Kind, dessen Phantasien weniger destruktiv waren.

Unser abschließender Kommentar zur Bildung des Über-Ichs vom Es her gesehen ist folgender. Man kann die Konflikte der ödipalen Periode u. a. durch die Aussage formulieren, daß für das Kind der Eindruck entsteht, die Es-Impulse, die mit den Objekten dieser Periode – also mit den Eltern – verknüpft sind, setzten es der Gefahr körperlicher Verletzung aus. Im Falle des Knaben ist es die Furcht, den Penis zu verlieren. Im Falle des Mädchens ist es eine analoge Furcht vor genitaler Verletzung oder ein äußerst unangenehmes Gefühl der Demütigung, weil ihm der Penis fehlt, oder beides. In jedem Fall besteht ein Konflikt zwischen den Forderungen der Objektbesetzungen einerseits und narzißtischen oder Selbst-Besetzungen andererseits. Es ist lehrreich, daß der Streit zugunsten der narzißtischen Besetzungen entschieden wird. Die gefährlichen Objektbesetzungen werden verdrängt oder aufgegeben, oder sie werden auf sonstige Weise niedergehalten oder verworfen, während die narzißtischen Besetzungen im wesentlichen intakt bleiben. Wir werden damit ein weiteres Mal daran erinnert, daß die narzißtische Komponente des kindlichen Trieblebens normalerweise stärker ist als der auf Objekte gerichtete Teil. Da die Objektbeziehungen viel leichter zu beobachten sind, nehmen sie in der Regel unsere Aufmerksamkeit stärker in Anspruch.

Wir können das Thema der Bildung des Über-Ichs nicht verlassen, ohne kurz auf die Modifizierungen und Ergänzungen einzugehen, die das Über-Ich in der späteren Kindheit, in der Adoleszenz und in gewissem Umfang sogar noch im Erwachsenenleben erfährt. Jede dieser Ergänzungen und Änderungen resultiert aus der Identifizierung mit einem Objekt der Umwelt des Kindes oder des Erwachsenen oder vielmehr mit dem moralischen Aspekt eines solchen Objektes. Zuerst sind diese Objekte ausschließlich Personen, deren Rolle im Leben des Kindes der seiner Eltern ähnlich ist. Beispiele solcher Personen sind Lehrer, Pfarrer oder andere Personen, die das Kind religiös unterweisen, auch Hausbedienstete. Später introjiziert das Kind möglicherweise Personen, mit denen es keinen persönlichen Kontakt hat, und sogar Gestalten aus der Geschichte oder aus der Literatur. Solche Identifikationen kommen in der Präpubertät und in der Adoleszenz häufig vor. Sie formen das Über-Ich des einzelnen in Richtung der Konformität mit den moralischen Maßstäben und Idealen der sozialen Gruppen, denen er angehört.

Wenn wir an die sehr beträchtlichen Unterschiede zwischen den Moralkodizes der verschiedenen sozialen Gruppen denken, wird uns klar, ein wie großer Teil des Über-Ichs des Erwachsenen das Ergebnis dieser späteren Identifikationen ist. Sogar im Erwachsenenleben können noch Veränderungen des Über-Ichs erfolgen, wie das zum Beispiel als Folge einer religiösen Bekehrung geschieht. Der ursprüngliche Kern des Über-Ichs jedoch, der während der ödipalen Phase gebildet wurde, bleibt immer dessen stabilster und wirksamster Teil. Infolgedessen bilden die Verbote des Inzests und der Elterntötung bei den meisten Menschen die am gründlichsten internalisierten Teile ihrer Moral, gegen die folglich am wenigsten leicht verstoßen wird. Bei anderen Verboten des Über-Ichs ist eine Übertretung wahrscheinlicher, wenn eine besonders günstige Gelegenheit oder eine besonders starke Versuchung vorliegt.

Es sind nun gewisse Aspekte der Rolle zu erörtern, die das Über-Ich bei den Leistungen des psychischen Apparates spielt, wenn dieser einmal gebildet ist. Allgemein können wir sagen, daß nach Abschluß der ödipalen Phase das Über-Ich es ist, das die Abwehrtätigkeiten des Ichs gegen die Impulse des Es in Gang bringt und durchsetzt. Wie der Knabe in der ödipalen Periode fürchtet, vom Vater kastriert zu werden, und seine ödipalen Wünsche verdrängt oder verwirft, um dieser Gefahr zu entgehen, so fürchtet das Kind oder der Erwachsene in der nachödipalen Periode die introjizierten Elternbilder, d. h. sein Über-Ich, und hält seine Es-Impulse nieder, um die Gefahr eines Mißfallens des Über-Ichs zu vermeiden. Die Mißbilligung durch das Über-Ich ist also die letzte Reihe von Gefahrsituationen, auf die das Ich mit der Angst reagiert, die wir im vierten Kapitel erörtert haben [Freud, 1926]. Um die in diesem Kapitel gegebene Liste zu wiederholen und zu vervollständigen: chronologisch die erste derartige Gefahrsituation ist der Verlust des Objekts, die nächste der Verlust der Liebe des Objekts, die dritte die Furcht vor Kastration oder einer analogen genitalen Verletzung, die vierte und letzte die Mißbilligung durch das Über-Ich. Wie der Leser sich erinnern wird, ist es nicht so, daß diese verschiedenen Gefahrsituationen nacheinander *verschwinden*, wenn die nächste auftaucht. Vielmehr spielte jede abwechselnd die Hauptrolle als Quelle der Angst und als Gelegenheit für das Ich, Abwehrmaßnahmen gegen die jeweiligen Es-Impulse zu ergreifen, die die Gefahrsituation auslösen oder auszulösen drohen.

Die Mißbilligung durch das Über-Ich hat einige Folgen, die bewußt und uns deshalb wohlbekannt sind, und andere, die unbewußt sind und deshalb erst durch die psychoanalytische Untersuchung erkennbar wurden. So sind wir zum Beispiel alle mit dem quälenden Spannungsgefühl vertraut, das wir Schuldgefühl oder Reue nennen, und bringen es deshalb ohne weiteres mit dem Wirken des Über-Ichs in Verbindung. Es gibt jedoch andere, ebenso wohlbekannte psychische Phänomene, deren Beziehung zum Über-Ich weniger offensichtlich, wenngleich ebenso eng ist. So ist, wie Freud [1933] dargelegt hat, die häufigste Ursache quälender und scheinbar unbegründeter Minderwertigkeitsgefühle die Mißbilligung durch das Über-Ich. Praktisch sind solche Minderwertigkeitsgefühle das gleiche wie Schuldgefühle. Das ist offensichtlich ein Punkt von beträchtlicher klinischer Bedeutung, denn wir können daraus folgern, daß ein Patient mit ausgeprägten Minderwertigkeitsgefühlen oder verminderter Selbstachtung wahrscheinlich sich unbewußt selbst einer Missetat beschuldigt, ganz gleich, welchen Grund er bewußt als Erklärung für seine Minderwertigkeitsgefühle angibt.

Wie die Mißbilligung des Ichs durch das Über-Ich Schuldgefühle und Minderwertigkeitsgefühle entstehen läßt, so können Gefühle der Freude oder des Glücklichseins und der Zufriedenheit mit sich selbst daher kommen, daß das Über-Ich dem Ich Anerkennung zollt, und zwar wegen eines äußeren Verhaltens oder einer inneren Haltung des Ichs, die das Über-Ich besonders anerkennt. Ein solches ›tugendhaftes‹ Gehobenheitsgefühl ist wie sein Gegenteil, das Schuldgefühl, natürlich ein wohlbekanntes Phänomen. Diese beiden gegensätzlichen Gefühle oder Seelenzustände lassen sich ohne weiteres mit den Seelenzuständen des kleinen Kindes vergleichen, das wegen seines Verhaltens von seinen Eltern gelobt und liebgehabt oder gescholten und bestraft wird. Mit andern Worten: Die bewußten Gefühle, die im späteren Leben aus der billigenden oder mißbilligenden Haltung des Über-Ichs resultieren, lassen sich leicht verstehen, wenn wir uns klarmachen, daß das Über-Ich im Kern durch die introjizierten Elternbilder gebildet wird und daß während des ganzen Lebens die Beziehung zwischen Ich und Über-Ich der Beziehung zwischen einem kleinen Kind und seinen Eltern sehr ähnlich bleibt.

Das Wirken des Über-Ichs weist zwei Hauptzüge auf, die im Leben des Erwachsenen gewöhnlich unbewußt sind und die sehr deutlich den Zusammenhang mit den psychischen Prozessen jener frühen Perioden der Kindheit zeigen, in denen das Über-Ich seinen Ursprung hat. Der erste dieser Züge ist das Taliongesetz, das Gesetz der Wiedervergeltung, der zweite ist das Fehlen der Unterscheidung zwischen Wunsch und Tat.

Lex talionis bedeutet sehr einfach, daß als Strafe für eine Missetat oder ein Verbrechen der Übeltäter den gleichen Schaden erleiden muß, den er selber zugefügt hat. Die bekannteste Formulierung dieses Gesetzes ist das ›Aug' um Auge, Zahn um Zahn‹ der Bibel. Es ist eine Konzeption der Gerechtigkeit, die in zweierlei Hinsicht primitiv ist. Einmal, insofern diese Gerechtigkeitsvorstellung für historisch alte oder primitive Sozialstrukturen charakteristisch ist. Das ist zweifellos ein sehr bedeutsames Faktum, das uns im Augenblick aber nicht beschäftigt. Das Gesetz der Wiedervergeltung ist jedoch zum zweiten deshalb primitiv, weil es wesensmäßig die Gerechtigkeitsvorstellung des kleinen Kindes ist. Das Interessante und Unerwartete daran ist das Ausmaß, in dem diese Vorstellung unbewußt im Leben des Erwachsenen weiterbesteht und die Funktion des Über-Ichs bestimmt. Bei der Analyse stellt sich heraus, daß die unbewußten Bußen und Strafen, die das Über-Ich auferlegt, häufig dem Gesetz der Wiedervergeltung entsprechen, obwohl der einzelne seit langem dieser kindlichen Haltung entwachsen ist, soweit es sich um sein bewußtes psychisches Leben handelt.

Was das Fehlen der Unterscheidung zwischen Wunsch und Tat angeht, so ist es ein Gemeinplatz der psychoanalytischen Forschung, daß das Über-Ich das eine fast ebenso streng mit Strafe bedroht wie das andere. Es ist eindeutig, daß nicht nur bestimmte Handlungen vom Über-Ich verboten werden, sondern der Wunsch oder der Impuls selber wird untersagt oder bestraft — je nach Lage des Falles. Wir glauben, daß diese Haltung des Über-Ichs eine Folge der Tatsache ist, daß ein Kind von vier oder fünf, oder noch jünger, zwischen seinen Phantasien und Handlungen wesentlich weniger klar unterscheidet als in seinem späteren Leben. Das Kind wird weitgehend von dem Glauben beherrscht, daß das Wünschen selber das Gewünschte bewirkt, und diese magische Haltung wird durch die unbewußten Operationen des Über-Ichs im späteren Leben fortgesetzt.

Eine weitere Seite des unbewußten Wirkens des Über-Ichs ist, daß es ein unbewußtes Verlangen nach Sühne oder Selbstbestrafung hervorrufen kann. Ein derartiges Verlangen nach Strafe, das als solches unbewußt ist, kann gewöhnlich nur durch Pychoanalyse aufgedeckt werden. Sobald man jedoch weiß, daß so etwas existiert und danach Ausschau hält, sieht man sehr viel häufiger Beweise für sein Vorhandensein, als man denken würde. Es ist in dieser Hinsicht beispielsweise außerordentlich instruktiv, wenn man als Gefängnispsychiater Gelegenheit hat, die offiziellen Berichte darüber zu lesen, auf welche Weise Verbrecher erwischt werden. Der eigene unbewußte Wunsch des Verbrechers nach Bestrafung ist häufig eine außerordentlich wichtige Hilfe für die Polizei. Der Verbrecher liefert oft unbewußt die Hinweise, von denen er selber weiß, daß sie zu seiner Entdeckung und Verhaftung führen. Es ist natürlich normalerweise nicht möglich, einen Verbrecher zu analysieren, aber in manchen Fällen reichen die aktenkundigen Fakten allein schon aus, um die Dinge zu klären.

So arbeitete zum Beispiel ein Einschleichdieb auf folgende Art und Weise über ein Jahr lang mit Erfolg. Er hielt sich an Wohnviertel mit Mietshäusern, in denen Leute des unteren Mittelstandes wohnten und wo er von einer Veranda auf der Rückseite oder vom Treppenhaus aus sich leicht Zugang zu jeder Wohnung verschaffen konnte. Er legte sich vormittags auf die Lauer und wartete ab, bis aus einer bestimmten Wohnung die Hausfrau zum Einkaufen wegging; dann brach er in die leere Wohnung ein. Er hinterließ keine Fingerabdrücke und nahm nur Bargeld, dessen Verbleib die Polizei nicht aufspüren konnte. Es war offensichtlich, daß dieser Verbrecher sehr überlegt vorging, und monatelang war die Polizei außerstande, etwas Nennenswertes gegen ihn zu unternehmen. Es sah so aus, als ob nur Pech seiner Tätigkeit ein Ende bereiten könnte. Dann änderte er plötzlich seine Gewohnheiten. Anstatt nur Bargeld zu nehmen, stahl er auch Schmuck, versetzte ihn für eine relativ kleine Summe bei einem Pfandleiher in der Nähe, und binnen weniger Tage hatte ihn die Polizei geschnappt. Bei vielen früheren Gelegenheiten hatte er Schmuck nicht angerührt, der genauso wertvoll war wie der, den er schließlich stahl, eben weil er genau wußte, daß er keinerlei Möglichkeit hatte, das Diebesgut zu verwerten, ohne daß ihm dadurch die Polizei früher oder später auf die Spur kam. Die Folgerung scheint unausweichlich, daß dieser Verbrecher unbewußt seine eigene Verhaftung vorbereitete. Nach allem, was wir gegenwärtig über die unbewußten Vorgänge in der Psyche wissen, war sein Motiv dafür ein unbewußtes Verlangen nach Bestrafung.

Natürlich muß das Verlangen nach Strafe nicht mit wirklichen Missetaten verknüpft sein wie in dem eben geschilderten Beispiel. Es kann auch die Folge bewußter oder unbewußter Phantasien oder Wünsche sein. Ja, wie Freud [1915c] dargelegt hat, kann die Verbrecherlaufbahn eines Menschen sogar als Folge eines Verlangens nach Strafe ihren Anfang nehmen. Das heißt, ein unbewußtes Verlangen nach Strafe, das aus verdrängten ödipalen Wünschen herrührt, kann zur Begehung eines Verbrechens führen, dessen Bestrafung sicher ist. Ein solcher Mensch wird oft als Verbrecher aus Schuldgefühl bezeichnet.

Wir müssen jedoch hinzufügen, daß ein unbewußtes Verlangen nach Strafe nicht notwendigerweise zu kriminellen Handlungen führen muß, die durch irgendeine amtliche Autorität bestraft werden. Andere Formen des Leidens oder der Selbstschädigung können statt dessen unbewußt eingeleitet werden, wie zum Beispiel beruflicher Mißerfolg (die sogenannte ›Schicksalsneurose‹), ›zufällige‹ physische Verletzungen und ähnliches.

Es ist einleuchtend, daß ein Über-Ich, das auf Selbstbestrafung oder Selbstschädigung besteht, vom Gesichtspunkt des Ichs aus selber zu einer Gefahr wird. Es überrascht uns deshalb nicht, zu erfahren, daß das Ich gegen das Über-Ich unter Umständen Abwehrmechanismen und andere Abwehroperationen einsetzt, die denen völlig analog sind, die es regelmäßig gegen das Es anwendet. Das folgende Beispiel macht vielleicht deutlich, was wir damit meinen.

Ein Mann, der in der Kindheit starke voyeuristische Neigungen gehabt hatte, wurde als Erwachsener zu einem entschiedenen, aktiven Anhänger eines Vereins zur Bekämpfung des Lasters. Da es dabei zu seinen Aufgaben gehörte, ständig nach Aktbildern Ausschau zu halten, erkennt man ohne Schwierigkeit, daß er darin eine günstige Gelegenheit zur unbewußten Befriedigung seines Voyeurtums fand. Das ist jedoch eine Beurteilung unter dem Gesichtspunkt des Abwehrkampfes, des Konfliktes zwischen dem Es und dem Ich, nicht unter dem des Konfliktes zwischen Ich und Über-Ich. Von letzterem Blickpunkt her wären zwei Dinge zu sagen. In erster Linie trat bei dem erwähnten Mann das Schuldgefühl, das in der Kindheit als Folge des Anschauens nackter Körper bewußt war, nicht offen in Erscheinung, wenn er als Erwachsener Aktbilder anschaute. Sein Ich hatte erfolgreich jedes Schuldgefühl aus dem Bewußtsein ausgesperrt und es statt dessen auf andere projiziert. Es waren mithin *andere* Menschen, die des Voyeurtums schuldig waren, oder die, genauer gesagt, böse waren und wegen ihrer voyeuristischen Wünsche und Handlungen bestraft werden mußten. Weiter hatte das Ich des Betreffenden eine Reaktionsbildung gegen sein Schuldgefühl aufgerichtet, so daß er anstelle eines bewußten Schuldgefühls ein Gefühl der Überlegenheit empfand und sich bei seinem intensiven Interesse für das Ausschnüffeln und Aufstöbern von Aktbildern besonders tugendhaft vorkam.

Abwehrmechanismen des Ichs gegen das Über-Ich sind ein regulärer und wichtiger Teil normalen psychischen Geschehens. Sie können auch in vielen Fällen psychischer Erkrankung eine bedeutsame Rolle spielen, so daß sie oft in der klinischen Arbeit eine erhebliche praktische Bedeutung haben [Freud, 1923; Fenichel, 1939].

Zwischen dem Über-Ich und der Gruppenpsychologie besteht ein wichtiger Zusammenhang, wie Freud [1921] in einer Monographie über dieses Thema dargelegt hat. Gewisse Gruppen wenigstens werden dadurch zusammengehalten, daß jeder Gruppenangehörige die gleiche Person introjiziert oder sich mit ihr identifiziert hat, nämlich mit dem Führer der Gruppe. Als Folge dieser Identifikation wird das Bild des Führers zu einem Teil des Über-Ichs jedes einzelnen Gruppenangehörigen. Mit andern Worten, bei den verschiedenen Mitgliedern der Gruppe sind gewisse Elemente des Über-Ichs die gleichen. Der Wille des Führers, seine Befehle und Vorschriften werden so zu moralischen Gesetzen seiner Anhänger. Obwohl Freud seine Monographie lange vor Hitlers Aufstieg schrieb, liefert seine Analyse dieses Aspektes der Gruppenpsychologie eine sehr gute Erklärung für die außerordentlichen Veränderungen, die der Einfluß Hitlers bei den moralischen Maßstäben der Millionen von Deutschen hervorgerufen hat, die seine Anhänger waren.

Ein ähnlicher Mechanismus ist vermutlich bei religiösen Gruppen oder Sekten im Spiel. Auch hier haben die verschiedenen Gruppenangehörigen eine gemeinsame Moral, d. h. gemeinsame Elemente des Über-Ichs, die sich aus der Identifikation mit dem gleichen Gott oder geistlichen Führer herleiten. Hier spielt, psychologisch gesehen, der Gott die gleiche Rolle wie der Führer oder Held in der nichtreligiösen Gruppe. Dies überrascht uns natürlich nicht, wenn wir an die enge Beziehung denken, die, wie wir wissen, zwischen Göttern und Heroen bewußt im Geist der Menschen selbst bei so hochzivilisierten Völkern bestand wie bei den Römern des Kaiserreichs, die ihre Kaiser ganz selbstverständlich als Götter ansahen.

Vielleicht dürfen wir unsere Erörterung des Über-Ichs damit abschließen, daß wir die Hauptzüge seines Ursprungs und seines Wesens rekapitulieren. Das Über-Ich entsteht als Folge der Introjektion elterlicher Verbote und Ermahnungen in der ödipalen Phase, und das ganze Leben hindurch bleibt sein unbewußter Hauptgehalt das Verbot sexueller und aggressiver Wünsche des Ödipuskomplexes, trotz der vielen Veränderungen und Hinzufügungen, die es in der späteren Kindheit, in der Adoleszenz und sogar noch im Erwachsenenleben erfährt.

Empfohlene Lektüre:

Freud, S. (1923), *Das Ich und das Es*, und (1924a), ›Der Untergang des Ödipuskomplexes‹.

Sechstes Kapitel: Fehlleistungen und Witz

In diesem und den beiden folgenden Kapiteln wollen wir gewisse Erscheinungen des psychischen Geschehens beim Menschen mit Hilfe des Wissens über die Funktionsweise der Psyche untersuchen, das wir aus unseren bisherigen Erörterungen gewonnen haben. Wir haben dafür die folgenden Phänomene ausgewählt; einmal die Lapsus, Irrtümer, Auslassungen und Gedächtnisfehler, die uns allen wohlbekannt sind und die Freud [1904] als Psychopathologie des Alltagslebens zusammengefaßt hat; zweitens den Witz; drittens die Träume; viertens schließlich die Psychoneurosen. Wir haben diese Themen ausgewählt, weil sie gewissermaßen zu den klassischen Gegenständen der psychoanalytischen Theorie gehören. Sie waren durch lange Jahre hindurch Objekte der Forschung, zuerst von seiten Freuds und später von seiten anderer Psychoanalytiker, so daß unser Wissen über sie ziemlich umfangreich ist. Darüber hinaus ist das Thema der Psychoneurosen von sehr großer praktischer Bedeutung, da diese psychischen Erkrankungen das Hauptobjekt der psychoanalytischen Therapie darstellen.

Wir wollen mit der *Psychopathologie des Alltagslebens* beginnen. Dazu gehören: Versprechen, Verschreiben, Gedächtnisversagen und viele der kleinen Pannen und Unfälle im Leben, die wir gewöhnlich dem Zufall zuschreiben. Schon vor Freuds systematischen Untersuchungen dieser Erscheinungen waren die Menschen unbestimmt dessen gewahr, daß hinter diesen Phänomenen eine Absicht verborgen ist — daß sie nicht bloß zufällig sind. So sagt beispielsweise ein altes Sprichwort »Das Versprechen verrät die wahre Meinung«. Weiter wurden nicht alle solche ›Ausrutscher‹ als Zufälle *behandelt*. Schon vor der Zeit Freuds war es so, daß, wenn Herr Maier Fräulein Müllers Namen vergaß oder sie ›versehentlich‹ Fräulein Schmidt nannte, Fräulein Müller darauf als auf eine *absichtliche Kränkung* oder ein Zeichen der Interesselosigkeit reagierte und Herrn Maier nicht gerade mit Wohlwollen betrachtete. Um einen Schritt weiterzugehen: wenn ein Untertan bei der Anrede seines Souveräns eine Vorschrift der Etikette ›vergaß‹, so wurde er dafür bestraft, auch wenn er geltend machte, das Vergessen sei rein zufällig gewesen. Die in Frage stehende Autorität sprach seinen Handlungen Absicht zu, auch wenn er sich selber keinerlei Absicht bewußt war. Geradeso ging es vor etwa dreihundert Jahren einem Drucker, als in einer Bibel bei einem der Zehn Gebote versehentlich ›Du sollst . . .‹ anstatt ›Du sollst nicht . . .‹ gedruckt wurde; der Drucker wurde ebenso streng bestraft, wie wenn er absichtlich eine Gotteslästerung begangen hätte. Im großen ganzen wurden jedoch derartige Phänomene entweder dem Zufall zugeschrieben oder — von seiten der Abergläubischen — dem Einfluß böser, übelwollender Geister, wie dem Druckfehlerteufel, der den armen Drucker damit plagt, daß er richtig gesetzte Typen durcheinanderbringt und allerlei Fehler hineinpraktiziert. Freud war der erste, der ernsthaft und konsequent die Meinung vertrat, Versehen und ähnliche Phänomene seien das Ergebnis zielstrebigen, absichtlichen Handelns des Betreffenden, auch wenn die Absicht dem Handelnden selbst unbekannt, also anders ausgedrückt unbewußt ist.

Das Vergessen ist das am leichtesten zu verstehende dieser Versehen oder Fehlleistungen, wie sie auch genannt werden. Derartige Versehen sind am häufigsten die direkte Folge einer Verdrängung. In ihrer einfachsten und offensichtlichsten Form läßt sie sich gelegentlich im Verlauf einer Psychoanalyse beobachten, wo es manchmal vorkommt, daß ein Patient von einem Moment zum andern etwas vergißt, was er für wichtig hält und woran er sich bewußt erinnern will. In solchen Fällen ist manchmal auch das Motiv des Vergessens offenkundig. Wenn auch die spezifischen Details der Motivierung von Fall zu Fall verschieden sein mögen, ist diese doch im Grunde in allen solchen Fällen die gleiche, nämlich die Möglichkeit der Entstehung von Angst oder Schuldgefühl, oder von beidem, zu verhindern.

Ein Beispiel: einem Patienten war in der Analyse gerade klargemacht worden, daß er sich seit Jahren mit Hilfe eines komplizierten Systems von Rationalisierungen davor bewahrte, sich wegen gewisser Aspekte seines Sexualverhaltens zu fürchten und zu schämen. Zugleich wurde der Patient gewahr, eine wie heftige Furcht und Scham in seinem Innern tatsächlich mit seinem Sexualverhalten verbunden war, obwohl er diese Emotionen zu diesem Zeitpunkt keineswegs vollständig oder auch nur sehr intensiv erlebte. Er war von dieser neuen Erkenntnis sehr stark beeindruckt und hatte das Gefühl, daß sie für das Verständnis seiner neurotischen Symptome von großer Bedeutung sei, was in der Tat auch zutraf. Ein oder zwei Minuten später, während er noch darüber sprach, wie wertvoll diese Erkenntnis sei, wurde ihm plötzlich klar, daß er sich nicht mehr daran erinnern konnte, um was für eine Erkenntnis es sich handelte, und daß er alles vergessen hatte, was während der letzten fünf Minuten gesagt worden war!

Dieses Beispiel illustriert in recht drastischer Weise die gemeinhin nicht vermutete Fähigkeit des menschlichen Geistes, zu vergessen oder, präziser gesagt, zu verdrängen. Es ist klar, daß die gleichen Mächte in der Psyche des Patienten, die während vieler Jahre das

Auftauchen von Scham und Furcht wegen seines sexuellen Verhaltens verhindert hatten, auch für die prompte Verdrängung seiner neu gewonnenen Einsicht verantwortlich waren, daß sein Verhalten ihn in Wirklichkeit doch erschreckte und er sich dessen schämte. Wir können hinzufügen, daß in diesem Fall die Gegenbesetzungen des Ichs, welche die Verdrängung bewirkten, sich gegen das Über-Ich, nicht gegen das Es richteten. Das heißt, das Ich des Patienten verdrängte die rezenten auditiven Erinnerungen und Gedanken, von denen es befürchtete, sie würden zum weiteren Auftauchen von Schamgefühlen und der Furcht davor, sexuell unnormal zu sein, führen. In anderen Fällen sind natürlich die Gegenbesetzungen in erster Linie gegen das Es gerichtet.

Der Leser mag vielleicht den Eindruck haben, daß das von uns angeführte Beispiel einen Ausnahmefall darstellt und nicht typisch ist und daß ›gewöhnliche‹ Fälle, wo man vergißt, etwas zu tun, was man vorhatte, oder einen wohlbekannten Namen oder ein wohlbekanntes Gesicht vergißt, vielleicht ganz anders liegen. Es ist nicht schwer, zu erkennen, warum der Patient in unserem Beispiel vergaß, aber warum sollte man etwas vergessen, für dessen Vergessen ›kein Grund‹ vorliegt?

Die Antwort darauf lautet, daß der Grund in den meisten Fällen ein unbewußter ist. Er kann gewöhnlich nur mit Hilfe der psychoanalytischen Technik aufgedeckt werden, d. h. unter uneingeschränkter Mitarbeit des Menschen, um dessen Vergessen es geht. Kann seine Mitarbeit gewonnen werden und ist er imstande, frei und ohne bewußte Auswahl oder Veränderung sämtliche Gedanken mitzuteilen, die ihm im Zusammenhang mit dem Versehen einfallen, dann sind wir in der Lage, Absicht und Motivierung der Fehlleistung zu rekonstruieren. Sonst sind wir davon abhängig, daß uns zufällige Umstände genügend Fakten liefern, die uns gestatten, mehr oder weniger genau den ›Sinn‹ der Fehlleistungen zu erraten, d. h. die unbewußten Motive, die sie hervorgerufen haben.

Ein Patient konnte sich beispielsweise nicht an den Namen eines Bekannten erinnern, den er bei einer gesellschaftlichen Veranstaltung traf und den er sehr gut kannte. Diese Episode des Vergessens wäre ohne die auf den Vorfall bezüglichen eigenen Assoziationen des Patienten unmöglich zu verstehen gewesen. Als er darüber sprach, stellte sich heraus, daß der Name seines Bekannten der gleiche war wie der eines anderen Mannes, den er kannte und demgegenüber er starke Haßgefühle hegte, die ein Schuldgefühl in ihm erzeugten, als er darüber sprach. Er erwähnte weiter, daß der Bekannte verkrüppelt sei, was ihn an einige seiner Wünsche erinnerte, den Mann gleichen Namens, den er haßte, zu verletzen und ihm einen körperlichen Schaden zuzufügen. Auf Grund dieser Information, die sich aus den Assoziationen des Patienten ergab, war es möglich zu rekonstruieren, was vorgegangen war, als sein Erinnerungsvermögen ihn im Stich ließ. Der Anblick seines verkrüppelten Bekannten hatte ihn unbewußt an den andern Mann erinnert, der den gleichen Namen trug und den er haßte und verstümmeln oder verletzen wollte. Um zu vermeiden, daß seine destruktiven Phantasien, die Schuldgefühle in ihm hervorgerufen hätten, bewußt wurden, verdrängte er den Namen, der die Verbindung zwischen den beiden hergestellt hätte. In diesem Fall erfolgte also die Verdrängung, um den Eintritt destruktiver Phantasien ins Bewußtsein zu verhindern, die einen Teil des Es bildeten und die zu einem Schuldgefühl geführt hätten, wenn sie bewußt geworden wären.

In den beiden eben angeführten Beispielen war die Störung oder das ›Versehen‹ des Gedächtnisses die Folge des Wirkens eines Abwehrmechanismus, nämlich der Verdrängung. Da sowohl die Motivation der Verdrängung wie ihr Wirken unbewußt waren, wußte der Betreffende nicht, wie er sein Gedächtnisversagen erklären sollte und konnte es deshalb auf Pech, Ermüdung oder sonst einen beliebigen Entschuldigungsgrund schieben. Andere Fehlleistungen mögen die Folge etwas anderer psychischer Mechanismen sein. Ihre Entstehung ist jedoch insofern in allen Fällen ähnlich, als sie *unbewußt* ist.

So hat zum Beispiel ein Versprechen oder Verschreiben oft seine Ursache darin, daß es *nicht gelingt*, einen unbewußten Gedanken oder Wunsch vollständig zu verdrängen. In solchen Fällen drückt der Sprecher oder Schreiber das aus, was er unbewußt gern sagen oder schreiben wollte, trotz seinem Bemühen, es verborgen zu halten. Manchmal wird der verborgene Sinn durch das Versehen offen ausgedrückt, d. h. er ist für den Hörer oder Leser deutlich erkennbar. Bei anderen Gelegenheiten ist das Resultat der Fehlleistung nicht verständlich, und der verborgene Sinn kann nur aus den Assoziationen der Person, der das Versehen unterlief, erschlossen werden.

Zur Illustration einer Fehlleistung, deren Bedeutung klar ist, können wir folgendes Beispiel anführen. Ein Industrieanwalt prahlte mit den vertraulichen Mitteilungen, die ihm seine Klienten machten, und wollte sagen, sie kämen mit »ihren schwierigsten Problemen« zu ihm. Statt dessen sagte er jedoch tatsächlich, »mit ihren schmierigsten Problemen«. Durch das Versprechen enthüllte er dem Zuhörer, was er gerade verbergen wollte, nämlich, daß seine Klienten ihn oft wegen recht zweifelhafter Geschäfte konsultierten, bei denen ihm selber nicht wohl war[1].

Der Leser mag vielleicht aus diesem Beispiel den Schluß ziehen,

---

[1] In dem nicht übersetzbaren Beispiel des amerikanischen Originaltextes brüstet sich der Anwalt damit, die Klienten kämen mit ihren »most *interminable* troubles« zu ihm, also mit ihren »nicht enden wollenden Schwierigkeiten«, während er sagen wollte »their most intimate troubles«, also

wenn die Bedeutung einer Fehlleistung klar ist, sei der unbewußte Gedanke oder Wunsch, den sie enthüllt, nicht sehr nachhaltig verdrängt, sondern sei vielmehr in der Psyche des Sprechers nur vorübergehend unbewußt und könne von ihm mit einer relativ geringfügigen Störung in Gestalt von Furcht oder Schuldgefühl zum Bewußtsein zugelassen werden. Tatsächlich ist das aber keineswegs der Fall. So kann es zum Beispiel vorkommen, daß ein Patient bei der ersten Sitzung mit dem Therapeuten seine Frau versehentlich seine Mutter nennt. Wenn ihm dieses Versehen vorgehalten wird, kann er nichts damit anfangen. Ja, er legt recht ausführlich und detailliert dar, wie anders als seine Mutter seine Frau tatsächlich ist. Erst nach vielen Monaten der Analyse ist der Patient imstande, sein Bewußtsein der Tatsache zu öffnen, daß in der Phantasie seine Frau die Mutter darstellt, die er vor vielen Jahren auf der Höhe des Ödipuskomplexes zu heiraten begehrte. In einem solchen Fall enthüllt die Fehlleistung deutlich einen Es-Inhalt, gegen den das Ich viele Jahre lang eine äußerst starke Gegenbesetzung aufrechterhielt.

Wir müssen hinzufügen, daß, wenn eine Fehlleistung auch noch so eindeutig zu sein *scheint*, die Deutung ihres unbewußten Sinns durch den Hörer oder Leser nicht mehr als eine Vermutung sein kann, solange sie nicht durch die Assoziationen der Person bestätigt wird, der die Fehlleistung selbst unterlaufen ist. Natürlich kann die Vermutung durch Beweismaterial, wie zum Beispiel durch die Kenntnis der Umstände, unter denen die Fehlleistung erfolgte, und durch die Kenntnis der Persönlichkeit und der Lebenssituation der betreffenden Person so nachhaltig bekräftigt werden, daß sie unwiderlegbar erscheint. Trotzdem kann prinzipiell die Bedeutung jeder Fehlleistung nur durch die Assoziationen der betreffenden Person sicher festgestellt werden.

Diese Abhängigkeit von den Assoziationen des Betreffenden ist im Falle jener Fehlleistungen des Schreibens oder Sprechens auf der Hand liegend und absolut, die *nicht* ohne weiteres verstehbar sind. Bei ihnen greift ein unbewußter psychischer Prozeß in das ein, was der Betreffende sagen oder schreiben wollte — mit dem Ergebnis, daß eine oder mehrere Silben oder Wörter ausgelassen, eingefügt oder verzerrt werden, so daß ein scheinbar sinnloses Resultat zustande kommt. Leute, die Freuds Erklärung dieser Phänomena zwar kennen, sie aber nicht vollständig erfaßt haben, betrachten solche Fehlleistungen oft als Ausnahmen seiner Feststellung, daß Fehlleistungen einen Sinn haben. Solche Leute sprechen von erklärbaren Fehlleistungen als ›Freudschen Fehlleistungen‹ und bezeichnen nicht

mit ihren »intimsten Schwierigkeiten« — womit er enthüllte, daß seine Klienten ihm manchmal mit den endlosen Erzählungen ihrer Schwierigkeiten auf die Nerven gingen und daß er wünschte, sie würden weniger von sich selbst reden und ihm nicht so viel Zeit rauben. — Anm. d. Übers.

erklärbare als ›Nicht-Freudsche Fehlleistungen‹. In Wirklichkeit bringt die Anwendung der richtigen Untersuchungstechnik, d. h. der psychoanalytischen Methode, die Natur und Bedeutung der unbewußten psychischen Prozesse, die einer unverständlichen Fehlleistung zugrunde liegen, genauso ans Tageslicht wie die, die einer verständlichen Fehlleistung zugrunde liegen.

Das Vorkommen von Versprechen und Verschreiben wird oft auf Ermüdung, Unaufmerksamkeit, Hast, Erregung und ähnliches zurückgeführt. Der Leser stellt vielleicht die Frage, ob Freud der Ansicht war, daß derartige Faktoren bei der Entstehung von Fehlleistungen eine Rolle spielen? Darauf lautet die Antwort, daß er diesen Faktoren einen lediglich hilfsweisen, unterstützenden Anteil an dem Prozeß beimaß. Er war der Meinung, daß derartige Faktoren unter gewissen Umständen die Einwirkung unbewußter Prozesse auf die bewußte Absicht, ein bestimmtes Wort oder einen bestimmten Satz zu sagen oder zu schreiben, erleichtern — mit dem Ergebnis, daß eine Fehlleistung eintritt, die nicht eingetreten wäre, wenn der Betreffende nicht ermüdet, unaufmerksam, in Eile etc. gewesen wäre. Er glaubte jedoch, daß die unbewußten psychischen Prozesse des Betreffenden bei der Entstehung einer Fehlleistung die Hauptrolle spielen. Um diesen Punkt zu erläutern, bediente er sich der folgenden Analogie. Wenn ein Mann in einer dunklen und einsamen Straße angehalten und ausgeraubt wird, würden wir nicht sagen, daß er durch die Dunkelheit und Einsamkeit beraubt wurde. Er wurde durch einen Räuber beraubt, der jedoch durch Dunkelheit und Einsamkeit unterstützt wurde. Bei diesem Gleichnis entspricht der Räuber den unbewußten psychischen Prozessen, die für die Fehlleistung verantwortlich sind, während die Dunkelheit und Einsamkeit Faktoren wie Ermüdung, Unaufmerksamkeit etc. entsprechen. Wenn wir uns einer förmlicheren Sprache bedienen wollen, können wir sagen, daß die in Frage stehenden unbewußten psychischen Prozesse in allen Fällen eine notwendige Vorbedingung für die Fehlleistung darstellen. In manchen Fällen sind sie vielleicht auch eine ausreichende Vorbedingung, während sie in anderen Fällen für sich allein nicht ausreichen und vielleicht der Unterstützung solcher unspezifischer Hilfsfaktoren bedürfen, um die bewußte Absicht des Betreffenden hinlänglich stark zu beeinflussen, so daß eine Fehlleistung entsteht.

Eine Erörterung des Versprechens und Verschreibens wäre unvollständig, wenn sie nicht wenigstens kurz auch die Rolle erwähnte, die der Primärprozeß bei ihrem Zustandekommen spielt. So erzählte zum Beispiel ein Patient davon, daß er sich als junger Mann für Körperkultur (›physical culture‹) interessiert hatte; dabei versprach er sich und sagte ›physible culture‹ statt ›physical culture‹. Als er darauf aufmerksam gemacht wurde, fiel ihm ein, daß ›physible‹ wie

›visible‹ (sichtbar) klingt. Von da aus führten seine Assoziationen zu dem unbewußten Wunsch, anderen seinen nackten Körper zu zeigen, sowie zu seinem Wunsch, seinerseits die andern nackt zu sehen. Diese Wünsche waren ein wichtiger, wenngleich unbewußter Faktor bei seinem Interesse an Körperkultur gewesen. Der Punkt jedoch, auf den wir im Augenblick die Aufmerksamkeit lenken wollen, ist die *Form* der Fehlleistung, die dadurch zustande kam, daß die unbewußten exhibitionistischen und voyeuristischen Wünsche des Patienten für einen Augenblick seiner bewußten Absicht, das Wort ›physical‹ zu sagen, in die Quere kamen. Das Ergebnis war eine Art Zwitterwort aus ›physical‹ und ›visible‹. Die beiden Wörter wurden zu einem Wort verdichtet, gegen alle sprachlichen Regeln, die das sekundärprozeßhafte Denken charakterisieren.

Aus unseren Erörterungen im dritten Kapitel über die Denkformen des Primär- und des Sekundärprozesses wird der Leser sich erinnern, daß einer der charakteristischen Züge des primärprozeßhaften Denkens die Neigung zur Verdichtung ist. Eben dieses Charakteristikum halten wir für verantwortlich für die Kombination von ›physical‹ und ›visible‹ zu ›physible‹.

Bei anderen Fehlleistungen findet man Zeichen der übrigen Merkmale des primärprozeßhaften Denkens: Verschiebung, Darstellung des Ganzen durch einen Teil und umgekehrt, Darstellung durch Analogie, Darstellung durch das Gegenteil und Symbolismus im psychoanalytischen Sinn. Jedes dieser Merkmale oder mehrere zugleich können die Form der Fehlleistung bestimmen.

Hier ist zu ergänzen, daß die Beteiligung oder das Wirken des primärprozeßhaften Denkens sich keineswegs auf Versprechen und Verschreiben beschränkt. Obwohl es hierbei in der Regel am offensichtlichsten ist, kommt es ebenso häufig auch bei den anderen Fehlleistungen vor und ist bei ihnen genauso wichtig. Der Leser wird sich erinnern, daß in dem oben angeführten Fall des Mannes, der den Namen seines Bekannten vergaß, einer der Gründe für das Gedächtnisversagen war, daß der Bekannte verkrüppelt war, was den Patienten an den unbewußten und mit Schuldgefühl verknüpften Wunsch erinnerte, einen andern Mann gleichen Namens zu verstümmeln. Tatsächlich war bei dem Bekannten ein Arm infolge einer bei der Geburt erlittenen Verletzung verkürzt und teilweise gelähmt. Was der Patient andererseits unbewußt dem Namensvetter seines Bekannten antun wollte, war, dessen Penis abzuschneiden. In diesem Fall symbolisierte also die Armverbildung des Bekannten die Kastration.

Wir wollen nun jene Gruppe von Fehlleistungen betrachten, die gewöhnlich als zufällige Mißgeschicke angesehen werden, ob das Mißgeschick nun einem selber passiert oder einem andern, jedenfalls trägt die eigene ›Unachtsamkeit‹ Schuld daran. Dabei ist von vornherein klarzustellen, daß wir uns hier nur mit jenen Mißgeschicken befassen, die der Betreffende durch eigene Handlungen verursacht hat, obwohl er natürlich nicht die *bewußte* Absicht dazu hatte. Ein Mißgeschick, das außerhalb der Kontrolle der betreffenden Person liegt, ist für unsere gegenwärtige Erörterung ohne Interesse.

Oft ist es nicht schwierig festzustellen, ob der Betreffende für das fragliche Mißgeschick verantwortlich war, aber diese Feststellung ist keineswegs immer so einfach. Wenn uns zum Beispiel erzählt wird, daß jemand während eines Gewitters vom Blitz getroffen wurde, so werden wir in der Regel ohne weiteres davon überzeugt sein, daß der Unfall wirklich zufällig war und unmöglich von dem Opfer unbewußt beabsichtigt sein konnte. Wer weiß schließlich, wo der Blitz einschlägt? Wenn wir jedoch erfahren, daß das Opfer unter einem hohen, alleinstehenden Baum neben einer schweren Eisenkette saß, die von einem Ast bis fast auf den Boden hinabhing, dann würden wir uns doch wohl fragen, ob sich das Opfer nicht vor dem Unfall der relativ großen Gefahr bewußt war, daß ein Mensch in einer solchen Lage wirklich vom Blitz getroffen wird. Finden wir dann heraus, daß das dein Opfer wohlbekannt war, und wenn er nach der Genesung von seinem Unfall ehrlich jede bewußte Absicht, sein Leben in Gefahr zu bringen, abstreitet, dann sind wir zu der Folgerung gezwungen, daß dieses spezielle Opfer eines Blitzschlags absichtlich, wenngleich unbewußt, versucht hatte, vom Blitz getroffen zu werden. Genauso kann ein Autounfall ausschließlich auf ein mechanisches Versagen zurückzuführen sein und braucht in keiner Weise mit einer unbewußten Absicht des Fahrers zusammenzuhängen; er kann aber auch durch unbewußt gesteuertes Handeln oder Unterlassen des Fahrers direkt verursacht oder möglich gemacht worden sein.

Der Leser mag die Frage stellen, ob wir die Auffassung vertreten, jedes Mißgeschick, das durch unbewußte Absicht des Betreffenden verursacht oder erleichtert sein *könnte*, sei auch tatsächlich auf diese Weise verursacht worden. Soll für die menschliche Unvollkommenheit *kein* Raum bleiben? Sollen wir etwa annehmen, daß niemand je einen Autounfall hätte, wenn er es nicht unbewußt wollte?

Die Antwort auf diese Frage ist im Prinzip unzweideutig. Soweit ein vorhersehbares Mißgeschick durch eine ›menschliche Unvollkommenheit‹ verursacht wird, nehmen wir an, daß es durch den Ausführenden der fraglichen Handlung unbewußt beabsichtigt war. Es ist natürlich richtig, daß Ermüdung, durch Monotonie verursachte Langeweile und andere, ähnliche Faktoren in mehr oder weniger großem Umfang dazu beitragen können, daß solche Mißgeschicke häufiger vorkommen, aber wir sind hier in der gleichen Position wie gegenüber dem Versprechen und Verschreiben. Die notwendige Vorbedingung eines derartigen Mißgeschicks — die oft auch eine ausreichende ist — ist eine unbewußte Absicht, es hervorzurufen. Ermüdung, Langeweile etc. sind nur Neben- oder Hilfsfaktoren.

Auf den Einwand, wieso wir dessen *sicher* sind, daß Fehlleistungen innerhalb der Kontrolle des vom Unfall Betroffenen tatsächlich von ihm unbewußt verursacht wurden, läßt sich entgegnen, daß es sich hier um eine Verallgemeinerung auf der Basis jener Fälle handelt, die direkter Untersuchung zugänglich sind. Auch hier wiederum, wie bei anderen Fehlleistungen, bedeutet direkte Untersuchung die Anwendung der psychoanalytischen Technik. Wenn die Mitarbeit des Betreffenden gewonnen werden kann, so führen seine Assoziationen zur Aufdeckung seiner unbewußten Motive für die Verursachung der Fehlleistung, die auf den ersten Blick ganz zufällig erschien. Es kommt nicht selten vor, daß im Verlauf der Analyse eines solchen Mißgeschicks der Betreffende sich daran erinnert, daß er einen Moment lang wußte, daß dieses ›zufällige Mißgeschick‹ eintreten werde, kurz *bevor* er die Handlung vollzog, die es herbeiführte. Dieses partielle Gewahrsein der Absicht wird gewöhnlich während der Fehlleistung oder kurz danach verdrängt, d. h. vergessen, und tritt erst wieder in die bewußte Erinnerung, wenn die Fehlleistung analysiert wird. So ist der Betreffende selbst, wenn keine Analyse erfolgt, gewöhnlich von der rein zufälligen Natur des Geschehens völlig überzeugt, das er in Wirklichkeit selbst absichtlich herbeigeführt hat.

Natürlich ergibt sich bei der psychoanalytischen Behandlung am häufigsten die Gelegenheit, solche Mißgeschicke direkt zu untersuchen, anstatt in mehr oder weniger überzeugender Weise auf Grund äußerer Indizienbeweise darüber Spekulationen anzustellen. Die meisten unserer Beispiele stammen infolgedessen aus dieser Quelle, obgleich solche Mißgeschicke im Leben psychoanalytischer Patienten keineswegs häufiger vorkommen als im Leben anderer Menschen.

In einem Fall bog ein Patient, der im Auto zur Arbeit fuhr, auf einer ziemlich belebten Kreuzung links ab. Wegen der zahlreichen, die Straße überquerenden Fußgänger war er im Tempo bis auf etwa zehn Stundenkilometer heruntergegangen, als er plötzlich mit dem linken vorderen Kotflügel einen älteren Mann anfuhr und zu Boden warf. Soweit der Patient wußte, als er zuerst von dem Unfall berichtete, hatte er den Mann überhaupt nicht gesehen. Später erinnerte er sich jedoch, daß er nicht überrascht war, als er merkte, daß sein Wagen etwas anfuhr. Mit andern Worten, er war im Augenblick des zufälligen Unfalls dunkel seiner unbewußten Absicht gewahr, den Mann mit dem Kotflügel zu treffen. Auf Grund seiner Assoziationen zu den verschiedenen Umständen des Geschehenen war es möglich, aufzudecken, daß das unbewußte Hauptmotiv für die Fehlleistung der Wunsch des Patienten war, seinen Vater zu vernichten. Tatsächlich war sein Vater schon vor einer Reihe von Jahren gestorben, aber der Wunsch war während der ödipalen Phase des Patienten äußerst aktiv gewesen, war damals energisch verdrängt worden und hatte von da an in seinem Es weitergelebt. Wir begreifen, daß dieser Wunsch in der für den Primärprozeß charakteristischen Weise auf einen unbekannten, älteren Mann verschoben worden war, der sich vor dem Auto des Patienten befand und deshalb zum Opfer eines scheinbar zufälligen Unfalls wurde. Es ist auch verständlich, daß trotz der Tatsache, daß das Opfer keine Verletzungen erlitt und der Patient voll versichert war, der Patient doch Furcht- und Schuldgefühle empfand, deren Intensität in keinem richtigen Verhältnis zu dem tatsächlich geringfügigen Charakter des Unfalls stand. In Kenntnis der unbewußten Motive, die zum Anfahren eines Mannes führten, können wir erfassen, daß diese Motive die Hauptquelle der anschließenden Schuldgefühle und Ängste des Patienten waren. Mit andern Worten, die Reaktion auf den Unfall war nun scheinbar übertrieben. Dem verdrängten Wunsch, seinen Vater zu vernichten, war sie durchaus angemessen.

Einen anderen Beispielfall, der so geringfügig ist, daß er kaum als Mißgeschick bezeichnet werden kann, haben wir im ersten Kapitel erwähnt. In diesem Fall hielt ein junger Mann am Hochzeitsmorgen auf der Fahrt zum Haus seiner Braut vor einer Verkehrsampel an, die Grün zeigte, und merkte seinen Fehler erst, als die Ampel auf Rot wechselte. In diesem Fall führten die Assoziationen des Fahrers zur Aufdeckung unbewußter Hemmungen vor der Eheschließung, deren Ursache hauptsächlich in Schuld- und Furchtgefühlen lag, die mit gewissen unbewußten sexuellen Phantasien sadistischer und inzestuöser, also ödipaler Natur zusammenhingen.

Beim ersten der beiden eben angeführten Beispiele ging die Fehlleistung auf die inadäquate oder unvollständige Verdrängung eines feindseligen Es-Impulses zurück. Der in Frage stehende Es-Impuls entging teilweise der Verdrängung, wie es oft in psychoanalytischen Schriften ausgedrückt wird. Im zweiten Beispiel resultierte die Fehlleistung entweder aus einer Abwehr gegen gewisse Es-Impulse oder aus einem gegen sie gerichteten Verbot des Über-Ichs, oder vielleicht auch aus beidem, denn es ist in diesem Fall nicht leicht, beides mit Sicherheit auseinanderzuhalten.

Die unbewußte Tätigkeit des Über-Ichs spielt beim Zustandekommen von Fehlleistungen dieser Art häufig eine wichtige Rolle. Hinter vielen Mißgeschicken steckt die unbewußte Absicht, einen Verlust oder eine Selbstverletzung herbeizuführen. Bei der Motivation solcher Fälle spielt das unbewußte Verlangen nach Strafe, nach einem Opfer oder nach der Wiedergutmachung einer vorangegangenen Handlung oder eines früheren Wunsches eine große Rolle. Alle diese Motive gehören zum Über-Ich, wie der Leser sich erinnern wird.

Als Beispiel für eine solche Motivierung können wir den folgenden Fall anführen. Der Patient unseres ersten Beispiels fuhr eines Tages beim Parken mit dem rechten Vorderrad seines Wagens mit solcher Wucht auf die Kante eines Bordsteins, daß die Seitenwand des Reifens total zerrissen wurde. Es ist ungewöhnlich, daß ein geübter Autofahrer einen solchen Unfall hat, und in diesem Fall war das Mißgeschick noch verwunderlicher, weil es an der Bordkante vor dem eigenen Haus des Patienten passierte, wo er viele Male ohne Zwischenfall geparkt hatte. Seine Assoziation lieferte jedoch die Erklärung. Im Zeitpunkt des Mißgeschicks kam er morgens gerade von einem Besuch im Haus seines Großvaters zurück, der in der Nacht nach einer mehrmonatigen Krankheit gestorben war. Unbewußt hatte der Patient Schuldgefühle wegen des Todes seines Großvaters, und zwar wegen seiner eigenen feindseligen Wünsche gegenüber dem alten Mann, die weitgehend das Gegenstück ähnlicher unbewußter Wünsche gegenüber seinem eigenen Vater waren. Er ruinierte den Reifen an seinem Wagen, um die unbewußte Forderung seines Über-Ichs nach einer Strafe dafür, daß er in seiner unbewußten Phantasie den Tod des Großvaters gewollt hatte, zu befriedigen.

Manchmal kombiniert eine solche Fehlhandlung beides, das Vergehen und die Strafe. Wir können vermuten, daß bei dem eben angeführten Beispiel eine verdrängte Phantasie, seinen Vater zu zerschmettern, in der Handlung des Patienten, seinen Wagen gegen die Bordkante zu knallen, durch Verschiebung eine symbolische Befriedigung erfuhr. In dem speziellen Beispiel allerdings wiesen die Assoziationen des Patienten nicht in diese Richtung, so daß wir lediglich auf einen Verdacht oder eine Vermutung angewiesen sind. In anderen Fällen ist es jedoch nicht zweifelhaft, daß Vergehen und Strafe in einer einzigen Handlung enthalten sind.

So hielt zum Beispiel eine Patientin, die den Wagen ihres Mannes fuhr, im Verkehrsstrom so plötzlich an, daß das hinter ihr fahrende Auto einen der hinteren Kotflügel ihres Wagens zusammendrückte. Die Analyse dieses Mißgeschicks enthüllte einen komplizierten Komplex unbewußter Motive. Offenbar waren dabei drei unterschiedliche, wenn auch untereinander zusammenhängende Motive im Spiel. Zum einen war die Patientin unbewußt auf ihren Mann sehr böse, weil er sie schlecht behandelte. Er schubste sie dauernd herum, wie sie es ausdrückte. Seinen Wagen zu demolieren, war ein unbewußter Ausdruck dieses Zorns, den sie ihm gegenüber nicht offen und direkt zeigen konnte. Zum andern empfand sie ein starkes Schuldgefühl dessentwegen, was sie ihrem Mann in ihrem Zorn antun wollte; und seinen Wagen zu beschädigen, war ein ausgezeichnetes Mittel, ihn dazu zu bringen, daß er sie bestrafte. Sobald der Unfall passierte, wußte sie, daß sie ›dran war‹. Zum dritten hatte die Patientin starke sexuelle Wünsche, die ihr Mann nicht befriedigen konnte und die sie selbst nachhaltig verdrängt hatte. Diese unbewußten sexuellen Wünsche wurden symbolisch dadurch befriedigt, daß ihr ein Mann ›hinten rein bumste‹, wie sie es ausdrückte.

Wir wollen nicht den Versuch unternehmen, sämtliche verschiedenen Arten von Fehlleistungen, die man unterscheiden könnte, aufzuzählen und zu erläutern, da die Ursachen und die zugrunde liegenden Mechanismen die gleichen oder zumindest sehr ähnlich sind. Es ist interessant, festzustellen, daß es nicht leicht ist, zwischen den Fehlleistungen und den sogenannten normalen psychischen Geschehnissen eine scharfe Abgrenzung zu treffen. So ist zum Beispiel ein Versprechen sicherlich etwas ganz anderes als eine Metapher, die bewußt und überlegt erdacht wurde. Aber es gibt andererseits auch Metaphern oder andere Sprachwendungen, die in der Unterhaltung auftauchen, ohne daß sie bewußt ausgedacht würden. Sie kommen sozusagen spontan an die Oberfläche, manchmal zur Freude, manchmal zum Entsetzen des Sprechers, manchmal auch ohne eine andere Reaktion bei ihm auszulösen, als daß er sie selbstverständlich als Teil dessen, ›was er sagen wollte‹, akzeptiert. Wir sehen also, daß zwar die bewußt gewählte Metapher und das Versprechen leicht auseinanderzuhalten sind, daß es aber auch Fälle gibt, die dazwischen liegen. Wie soll man die unwillkommene Metapher, die der Sprecher gleich mit einem ›O nein, das wollte ich nicht sagen‹ zurücknimmt, von einem Versprechen unterscheiden? Ebenso würden wir es gewiß als eine Fehlleistung ansehen, wenn jemand bei einem Spaziergang, den er häufig macht, einen falschen Weg einschlägt und feststellt, daß er sich von seinem bewußten Ziel entfernt. Manchmal variiert man aber auch einen wohlbekannten Spaziergang, ohne das bewußt zu planen, indem man einen weniger bekannten Weg zum gleichen Ziel einschlägt. Sollen wir das eine Fehlleistung nennen? Oder es kann auch vorkommen, daß jemand seinen bevorzugten Spazierweg ohne bewußte spezielle Überlegung geändert hat, so daß der vormals gewohnte Weg jetzt der unübliche Weg ist. Wo ziehen wir hier die Grenze zwischen dem Normalen und dem, was eine Fehlleistung darstellt?

Tatsächlich gibt es keine scharfe Trennungslinie. Es handelt sich um Gradunterschiede, nicht um Unterschiede der Art. Unbewußte Motive und Impulse, die aus dem Es und aus den unbewußten Teilen des Ichs und des Über-Ichs kommen, spielen bei der Herbeiführung und Gestaltung der sogenannten normalen psychischen Geschehnisse genauso eine Rolle wie bei der Entstehung der Fehlleistungen. Im ersteren Fall jedoch ist das Ich in der Lage, zwischen den verschiedenen unbewußten Einflüssen zu vermitteln, sie zu lenken und sie in harmonischer Weise sowohl miteinander als auch mit den aus der äußeren Umwelt kommenden Faktoren zu kombinieren: — mit dem Ergebnis, daß das, was dann ins Bewußtsein tritt, als ein einziges, integriertes Ganzes erscheint, nicht als das, was es wirklich ist, nämlich ein Kompositum vieler unterschiedlicher Tendenzen aus mehreren verschiedenen Quellen. Bei den Fehlleistungen andererseits ist es dem Ich nicht gelungen, die verschiedenen psychischen Kräfte durchgreifend zu integrieren, die in dem Augenblick, in dem die Fehlleistung geschieht, unbewußt wirksam sind: — mit dem Ergebnis, daß eine oder mehrere dieser Kräfte selbständig ein gewisses Maß an motorischem Ausdruck erlangen. Je erfolgreicher die Integrationsbemühungen des Ichs sind, desto ›normaler‹ ist das psychische Resultat. Und umgekehrt: je weniger erfolgreich die Integrationsbemühungen sind, desto offensichtlicher ist das Resultat eine Fehlleistung.

Versuchen wir, die Erkenntnisse zusammenzufassen, die wir über die Fehlleistungen des Alltagslebens gewonnen haben. Sie entstehen durch ein teilweises Versagen des Ichs bei seiner Bemühung, die verschiedenen Kräfte, die in einem bestimmten Zeitpunkt in der Psyche wirksam sind, zu einem harmonischen Ganzen zu integrieren. Die unbewußten psychischen Kräfte, die der Integrierung mit mehr oder weniger Erfolg widerstehen und bei einer Fehlleistung ein gewisses Maß an direktem, selbständigem Einfluß auf das Denken oder Verhalten erlangen, stammen manchmal aus dem Es, manchmal aus dem Ich, manchmal aus dem Über-Ich, und manchmal aus zwei dieser Quellen oder auch aus allen drei zusammen. Ein scharfsinniger Beobachter kann gelegentlich allein auf Grund äußerer Fakten die spezifische Natur dieser unbewußten Kräfte richtig erraten. In den meisten Fällen bedarf es jedoch der aktiven Mitarbeit der betreffenden Person bei der Anwendung der psychoanalytischen Methode, um zu entdecken, welche unbewußten Kräfte am Werk waren. Darüber hinaus kann auch in jenen Fällen, in denen eine überzeugende Vermutung möglich war, nur die Anwendung der psychoanalytischen Methode Gewißheit darüber verschaffen, ob die Vermutung richtig und vollständig war oder nicht.

Wir wollen uns nun der Erörterung des *Witzes* zuwenden. Der Witz ist wie die Fehlleistungen eine wohlbekannte Erscheinung des täglichen Lebens, der Freud schon früh im Verlauf seiner psychoanalytischen Untersuchungen seine Aufmerksamkeit zuwandte [Freud, 1905a]. Es gelang ihm, Wesen und Bedeutung der unbewußten psychischen Prozesse darzulegen, die an der Bildung von Witzen und an der Freude an Witzen beteiligt sind; und er entwickelte eine Theorie, die den Ursprung der psychischen Energie erklärte, die im Lachen entladen wird, wenn der Witz ›gut‹ ist.

Freud legte dar, daß bei jedem Witz das primärprozeßhafte Denken eine wesentliche Rolle spielt. Er benützte dazu eine äußerst geistreiche Technik. Er wiederholte die witzige Äußerung in der *Sprache* des Sekundärprozesses, worauf der Witz völlig verschwunden war. Was nach der Neuformulierung übrigblieb, war vielleicht interessant, weise, bitter, zynisch oder nach konventionellen Begriffen unschicklich, aber es war nicht mehr witzig.

Nehmen wir als Beispiel das wohlbekannte, witzige politische Epigramm: »Ein Liberaler ist ein Mann, der mit beiden Füßen fest in der Luft steht.« Es mag auf den ersten Blick nicht erkennbar sein, daß diese Äußerung in hohem Maße primärprozeßhaftes Denken verwendet; aber sehen wir, was geschieht, wenn wir den Inhalt unter strikter Verwendung der Sprache des Sekundärprozesses wiederholen. Dann lautet unser Epigramm ungefähr folgendermaßen: »Der Liberale versucht, entschlossen und praktisch zu sein, ist aber in Wirklichkeit weder das eine noch das andere.« Das ist eine Bemerkung, die kritisch, aber nicht mehr witzig ist.

Nachdem wir unser Epigramm in der Sprache ausgedrückt haben, die ausschließlich zum Modus des Sekundärprozesses gehört, sehen wir sofort, daß in der ursprünglichen Fassung des Epigramms dessen ernsthafter Sinn in einer Weise ausgedrückt ist, die für den Primärprozeß charakteristisch ist. Das heißt, die ursprüngliche Form vermittelt dem Leser über das sekundärprozeßhafte Denken explizit lediglich das Bild oder die Vorstellung eines Mannes mit dem Etikett ›Liberaler‹, der fest in der Luft steht. Durch Analogie begreift der Leser oder Hörer, daß »ein Mann, der fest steht« bedeutet »ein entschlossener, entschiedener Mann«, und daß »ein Mann, der in der Luft steht« bedeutet, »ein unpraktischer und unentschlossener Mann«. Dazuhin fehlen in der ursprünglichen Fassung des Epigramms die erklärenden und verbindenden Worte, die in der Neuformulierung erscheinen, nämlich »versucht« und »ist aber in Wirklichkeit«. Wie der Leser aus dem dritten Kapitel weiß, sind die Darstellung durch Analogie und die Tendenz zu extremer Vereinfachung der Syntax, unter Weglassen verbindender und erklärender Wörter, Merkmale des primärprozeßhaften Denkens.

Andere Witze exemplifizieren natürlich verschiedene andere Charakteristika des primärprozeßhaften Denkens, wie Verschiebung, Verdichtung, Darstellung des Ganzen durch einen Teil und umgekehrt, Gleichsetzung von Gegensätzen und die Symbolik im spezifisch psychoanalytischen Sinn des Wortes. Da der Witz primär ein verbales Phänomen ist, kann man dazuhin bei der Analyse witziger Äußerungen besonders häufig die Art und Weise erkennen, wie Worte im Denken des Primärprozesses verwendet werden. So werden zum Beispiel Teile verschiedener Wörter zu einem neuen Wort zusammengefügt, das dann die Bedeutung beider ursprünglicher Wörter hat. Das können wir als Anwendung des Verdichtungsprozesses auf Worte ansehen. Oder es wird ein Teil eines Wortes so verwendet, daß es für das Ganze steht, oder die Bedeutung eines Wortes wird auf ein anderes Wort verschoben, das gewöhnlich etwas ganz anderes als das erste Wort bedeutet, ihm aber in Klang oder

Aussehen ähnlich ist. Alle diese Charakteristika des Primärprozesses gehören zu dem, was wir ›Wortspiele‹ nennen. Die bekannteste Form dieses Spielens mit Worten ist das Wortspiel im engeren Sinn, das sprichwörtlich als die niederste Form des Witzes gilt. Trotz dieser Geringschätzung finden sich Wortspiele in vielen ausgezeichneten Witzen.

Wir erinnern daran, daß entwicklungsgeschichtlich gesehen der Primärprozeß der für die Kindheit charakteristische Denkmodus ist, der erst allmählich beim Älterwerden durch den sekundären Modus abgelöst wird. Von diesem Gesichtspunkt aus können wir sagen, daß beim Witz sowohl für den Autor wie für die Zuhörer eine teilweise, zeitweilige Wiedereinsetzung des Primärprozesses als dominanter Denkmodus erfolgt — mit andern Worten, eine teilweise, zeitweilige Ich-Regression. Im Falle des Witzes leitet das Ich selbst die Regression ein oder fördert sie zumindest. Kris [1952] hat derartige Prozesse als Regressionen im Dienst des Ichs und als kontrollierte Regressionen bezeichnet, um sie von den verschiedenen Typen pathologischer Regressionen zu unterscheiden, die in unkontrollierter Weise und sehr zum Schaden der funktionellen Leistungskraft des Ichs oder sogar seiner Integrität erfolgen.

Wir können unsere bisherige Darlegung dahin zusammenfassen, daß der Autor eines Witzes vermittels partieller Regression eine Idee gemäß dem Primärprozeß ausdrückt. Das resultierende Bild oder die so entstandene Vorstellung wird dann in die Sprache des Sekundärprozesses übertragen, d. h. in Worten ausgedrückt. Der Hörer wiederum versteht den Witz durch zeitweilige Regression zu primärprozeßhaftem Denken. Der Leser muß sich klarmachen, daß diese Regressionen ganz automatisch erfolgen und weder vom Autor noch vom Hörer bemerkt werden.

So wollte zum Beispiel in dem oben angeführten Fall der Autor des Epigramms — wer es auch gewesen sein mag — auf witzige Art die Idee vermitteln, daß der Liberale entschlossen und praktisch sein möchte, beides aber nicht ist. Vermittels partieller Regression zu primärprozeßhaftem Denken wurde dieser Gedanke durch das Bild eines Mannes ausgedrückt, der mit beiden Füßen fest in der Luft steht. Dieses Bild bildet, in Worte gefaßt, den Witz. Umgekehrt versteht der Hörer oder Leser das, was der Autor sagen wollte, vermittels des Primärprozesses, als Folge einer eigenen partiellen Regression.

Soviel zu den formalen Charakteristika des Witzes. Sie bilden, wie Freud durch zahlreiche Beispiele gezeigt hat, die notwendige Vorbedingung für eine witzige Äußerung; denn wenn sie wegfallen, ist der Witz kein Witz mehr. Diese formalen Merkmale genügen jedoch, wie Freud gleichfalls dargetan hat, selten für sich allein, um den Eindruck von etwas wirklich Witzigem hervorzurufen, wenn es auch Ausnahmen von dieser Feststellung gibt. So werden zum Beispiel viele Leute komplizierte, vielfache Wortspiele einfach wegen ihrer technischen, formalen Brillanz für witzig halten. Es sind nicht ›bloße Wortspielereien‹, sondern allein aus formalen Gründen äußerst raffinierte Wortspiele, die deshalb verdienen, ›witzig‹ genannt zu werden.[2]

Ferner kann eine Bemerkung den Eindruck hervorrufen, sie sei witzig, weil die Zuhörer gerade besonders bereit sind, sich zu amüsieren. Wie jeder Witzbold, Komiker und Conférencier weiß, genügt bei einem Publikum, das einmal im Lachen ist, jede Kleinigkeit, um weiteres Gelächter hervorzurufen — selbst etwas, was das gleiche Publikum in nüchterner Stimmung ohne den Anflug eines Lächelns aufgenommen hätte. Ebenso läßt auch der Alkoholkonsum der Zuhörer die Witzigkeit des Sprechers häufig größer erscheinen, als sie ist. Umgekehrt kommt einem Menschen, der ›nicht in Stimmung‹ ist, überhaupt nichts witzig vor.

Diese Ausnahmen — falls der Leser sie als Ausnahmen gelten läßt — haben jedoch nur nebensächliche Bedeutung. Im großen ganzen sind die von uns beschriebenen formalen Charakteristika eine notwendige, allein aber nicht ausreichende Vorbedingung für den Witz. Der Inhalt ist gleichfalls wichtig, wie Freud dargelegt hat. Charakteristischerweise besteht der Inhalt aus feindseligen oder sexuellen Gedanken, die in dem Zeitpunkt, in dem der Witz gemacht oder gehört wird, vom Ich mehr oder weniger entschlossen abgewehrt werden. Das Wort ›sexuell‹ wird in diesem Zusammenhang im psychoanalytischen Sinne benützt. Das heißt, es soll sowohl die oralen und analen wie die phallischen und genitalen Komponenten der Sexualität einschließen. Die *Technik* des Witzes dient generell dazu, die Entspannung oder Entladung unbewußter Neigungen zu bewirken, denen sonst der Ausdruck oder zumindest ein so vollständiger Ausdruck nicht gestattet würde.

Zur Illustration führen wir folgende, sehr witzige Bemerkung an, die in den dreißiger Jahren allgemein bekannt war und damals einem Mann zugeschrieben wurde, der für seine geistreichen Bemerkungen berühmt war: »Wenn beim Jahresfest der Universität Yale

---

[2] Der amerikanische Originaltext führt hier als Beispiel folgendes, nicht übersetzbare Verschen an:
»There was a young man named Hall
Who died in the spring in the fall.
'Twould have been as sad thing
If he'd died in the spring,
But he didn't, he died in the fall.«
Das Witzige dieses ›Limericks‹ beruht darauf, daß einerseits ›spring‹ sowohl ›Frühling‹ wie ›Quelle‹ und ›Sprung, Satz‹ bedeutet — und ›fall‹ andererseits sowohl ›Fall, Sturz‹ wie auch ›Wasserfall‹ und (im Amerikanischen) ›Herbst‹.

sämtliche Mädchen hintereinander hingelegt würden, würde mich das nicht im geringsten wundern.«[3] Der *Sinn* dieser witzigen Bedeutung ist offensichtlich »Ich würde mich nicht im geringsten wundern, wenn sämtliche Mädchen, die am Jahresfest der Yale-Universität teilnehmen, bei dieser Gelegenheit sexuellen Verkehr haben.« Diesen Sinn bei einer gesellschaftlichen Veranstaltung so direkt auszudrücken, hätte wahrscheinlich ein gewisses Maß an Verurteilung seitens der Über-Ichs der Zuhörer zur Folge gehabt. Wahrscheinlich hätten diese den Autor wie die Bemerkung vulgär gefunden und kein Vergnügen im Zusammenhang mit den sexuellen Phantasien oder Wünschen empfunden, die das Gehörte vielleicht in ihnen erregt hätte. Wenn andererseits der gleiche Sinngehalt auf witzige Weise vermittelt wird, ist es wahrscheinlicher, daß die Verurteilung seitens des Über-Ichs vermieden und die sexuelle Erregung eher von Lust als von Unbehagen begleitet wird. Mit anderen Worten, die *Technik* des Witzes erlaubt ein gewisses Maß sexueller Befriedigung, das sonst unter gleichen Bedingungen nicht erreichbar wäre.

Gleichermaßen sehen wir, wenn wir zu unserem Epigramm über den Liberalen zurückkehren, daß der Autor durch die Verwendung der Technik des Witzes den von ihm verachteten Liberalen mehr Geringschätzung an den Kopf werfen konnte, als er das unmittelbar hätte tun können, ohne das Risiko einzugehen, daß die Zuhörer nicht ›mitgehen‹. Ja, mit Hilfe des Primärprozesses kann er den Anschein erwecken, als ob er den Liberalen ein Kompliment machte, anstatt sie herabzusetzen — bis zum vorletzten Wort seines Satzes. Auch hier wieder können, vom Blickpunkt des Zuhörers aus, Impulse, die sonst verboten wären, ein gewisses Maß an Befriedigung oder lustvoller Entladung finden. In diesem Fall sind die in Frage stehenden Impulse natürlich solche feindseliger Art.

Die aus diesen sonst verbotenen Impulsen — seien sie feindseliger oder sexueller Art oder beides — abgeleitete Lust ist es, die den Hauptteil des Genusses bei einem Witz ausmacht. Um wirklich gut zu sein, muß ein Witz mehr sein als nur gescheit, er muß eine ›Pointe‹ haben. Außer vielleicht für den Kenner ist die formale Brillanz eines Witzes nur selten ein befriedigender Ersatz für Inhalt und Sinn. Mit andern Worten, das durch die technische Seite des Witzes bewirkte Vergnügen ist selten so groß wie das Vergnügen, das daraus resultiert, daß ein verbotener Impuls dem gegen ihn gerichteten Druck der Abwehren des Ichs entschlüpft.

Wir müssen jedoch trotz der Ungleichheit der Beträge anerkennen, daß die Lust am Witz aus zwei verschiedenen Quellen stammt.

[3] Der Satz lautet im Amerikanischen: »If all the girls at the Yale prom were laid end to end, I wouldn't be a bit surprised.« Die Wendung ›laid end to end‹ kann sowohl bedeuten ›hintereinander aufgereiht, aneinandergelegt‹, wie ›eine nach der andern verführt‹.

Die erste dieser Ursachen ist die regressive Ersetzung des sekundärprozeßhaften Denkens durch das primärprozeßhafte, die, wie wir sehen, die notwendige Vorbedingung für den Witz ist. Wir können vernünftigerweise annehmen, daß die aus dieser Regression abgeleitete Lust ein spezieller Fall der Lust ist, die generell aus der Rückkehr zum Kindheitsverhalten und aus dem Abwerfen der Beschränkungen des Erwachsenenlebens gewonnen wird. Die zweite Lustquelle ist, wie wir sagten, die Folge der Entbindung oder des Entschlüpfens von Impulsen, die sonst niedergehalten oder untersagt wären. Die letztere Lustquelle verursacht die größere Lust, während die erstere unerläßlich ist für die Erzielung des Effektes, den wir Witz nennen.

Der Leser wird erkennen, daß die theoretische Erörterung der beiden letzten Absätze in bezug auf die subjektive Seite formuliert wurde, d. h. im Hinblick auf die Erfahrung von Lust. In seiner Monographie über den Witz hat Freud versucht, einen Schritt weiterzugehen und das Lachen und die den Witz begleitende Lust auf der Basis der Entladung psychischer Energie zu erklären.

Er gab folgende Formulierung. Die Substitution des Sekundärprozesses durch den Primärprozeß ergibt als solche eine gewisse Ersparnis psychischer Energie, die dann für die unmittelbare Entladung in Gestalt von Lachen verfügbar ist. Ein sehr viel größerer Betrag an psychischer Energie wird jedoch durch das zeitweilige Aussetzen der Ich-Abwehren als Folge der sonst verbotenen Impulse verfügbar, die wir als zeitweilig entbunden bezeichnet haben. Freud war der Meinung, es sei spezifisch die vom Ich gewöhnlich als Gegenbesetzung gegen diese Impulse aufgewendete Energie, die im Witz plötzlich und zeitweilig freigesetzt wird und deshalb für die Entladung im Lachen verfügbar ist.

Wir können dieses Kapitel damit abschließen, daß wir das über den Witz Erfahrene mit dem vergleichen, was wir über die Fehlleistungen gelernt haben. Es ist klar, daß es Ähnlichkeiten zwischen diesen beiden Arten von Phänomenen gibt. Bei beiden treten sonst unbewußte Tendenzen für einen Augenblick an die Oberfläche und für beide Phänomene ist charakteristisch, daß primärprozeßhaftes Denken eine bedeutsame oder wesentliche Rolle spielt. Im Falle der Fehlleistungen jedoch ist das Auftauchen einer sonst unbewußten Tendenz auf die zeitweilige Unfähigkeit des Ichs zurückzuführen, sie unter Kontrolle zu halten oder sie auf normale Weise mit den anderen psychischen Tendenzen zu integrieren, die zur gleichen Zeit in der Psyche wirksam sind. Eine Fehlleistung ereignet sich *trotz* dem Ich. Im Falle des Witzes andererseits ruft das Ich eine zeitweilige, partielle Regression zu primärprozeßhaftem Denken hervor oder gestattet sie bereitwillig und fördert damit die vorübergehende Ausschaltung seiner Abwehrtätigkeit, wodurch sonst unbewußte Impulse zutage treten können. Das Ich *erzeugt* oder *begrüßt* Witz. Ein weiterer Unterschied ist offenbar der, daß die unbewußte Tendenz, die bei einer Fehlleistung vorübergehend auftaucht, aus dem Es, dem Ich oder dem Über-Ich stammen kann, während beim Witz die zutage tretende, bisher unbewußte Tendenz regelmäßig ein Abkömmling des Es ist.

Empfohlene Lektüre:

Freud, S. (1904), *Zur Psychopathologie des Alltagslebens*, und (1905a), *Der Witz und seine Beziehung zum Unbewußten*.

Siebentes Kapitel: Die Träume

Das Studium der Träume nimmt in der Psychoanalyse einen besonderen Platz ein. *Die Traumdeutung* [Freud, 1900] war für die Psychologie ein ebenso revolutionäres, monumentales Ereignis wie ein halbes Jahrhundert vorher *The Origin of Species* für die Biologie. Noch spät in seinem Leben, im Jahre 1931, schrieb Freud selbst in einem Vorwort zur dritten Auflage von Brills Übersetzung der *Traumdeutung:* »Das Buch enthält auch nach meinem heutigen Urteil die wertvollste der Entdeckungen, die mir geglückt sind. Eine Erkenntnis solcher Art wird einem nur einmal im Leben zuteil.« Sein Erfolg bei dem Versuch, Träume verstehen zu lernen, war außerdem für ihn während der ersten Jahre unseres Jahrhunderts eine ungeheuer wichtige Hilfe — in einer Zeit, wo er seine berufliche Tätigkeit zwangsläufig in völliger Isolierung von seinen Ärztekollegen ausüben mußte. In dieser schwierigen Zeit kämpfte er darum, die Neurosen, an denen seine Patienten litten, zu verstehen und herauszufinden, wie sie mit Erfolg behandelt werden konnten. Wie wir aus seinen Briefen wissen [Freud, 1954], war er oft mutlos und manchmal sogar verzweifelt. Aber wie entmutigt er auch sein mochte: aus seinen Entdeckungen über die Träume konnte er wieder Mut schöpfen. Er wußte, daß er in diesem Bereich festen Boden unter den Füßen hatte, und dieses Wissen gab ihm die Zuversicht, die er brauchte, um voranzuschreiten [Freud, 1923].

Freud hatte sicherlich recht, daß er sein Werk über die Träume so hoch einschätzte. Bei keinem anderen Phänomen des normalen psychischen Lebens treten so viele unbewußte Prozesse des Seelenlebens so deutlich zutage und werden dem Studium so gut zugänglich. Die Träume stellen in der Tat den idealen Zugang zu den unbewußten Bereichen des Psychischen dar. Aber selbst damit sind die Gründe dafür nicht erschöpft, daß die Träume für den Psychoanalytiker so wichtig und wertvoll sind. Das Studium der Träume führt nämlich nicht nur zum Verständnis unbewußter psychischer Prozesse und psychischer Inhalte allgemein. Es öffnet speziell auch den Zugang zu jenen psychischen Inhalten, die verdrängt oder sonstwie durch die Abwehrtätigkeiten des Ichs vom Bewußtsein und von der Entladung abgehalten worden sind. Da gerade der vom Bewußtsein ausgesperrte Teil des Es an den pathogenen Prozessen beteiligt ist, die zur Entstehung von Neurosen und vielleicht auch von Psychosen führen, kann man ohne weiteres verstehen, daß dieses Charakteristikum der Träume ein weiterer, sehr wichtiger Grund dafür ist, daß das Studium der Träume in der Psychoanalyse einen ganz besonderen Platz einnimmt.

Die psychoanalytische Theorie der Träume läßt sich wie folgt formulieren. Das subjektive Erleben, das während des Schlafens im Bewußtsein auftritt und nach dem Aufwachen vom Schläfer als Traum bezeichnet wird, ist nur das Endresultat einer unbewußten psychischen Tätigkeit während des Schlafs, die auf Grund ihrer Art oder ihrer Intensität den Schlaf selbst zu stören droht. Anstatt aufzuwachen, träumt der Schläfer. Wir nennen das bewußte Erleben während des Schlafens, an das sich der Schläfer nach dem Aufwachen erinnert oder auch nicht, den *manifesten Traum*. Seine verschiedenen Bestandteile werden als *manifester Trauminhalt* bezeichnet. Die unbewußten Gedanken und Wünsche, die den Schläger aufzuwecken drohen, nennen wir den *latenten Trauminhalt*. Die unbewußten psychischen Operationen, durch die der latente Trauminhalt in den manifesten Traum umgewandelt wird, nennen wir die *Traumarbeit*.

Es ist äußerst wichtig, diese Unterscheidung ständig und deutlich im Auge zu behalten. Die Unterlassung oder Vernachlässigung dieser Unterscheidungen ist die Hauptursache der häufigen Konfusionen und Mißverständnisse, die bezüglich der psychoanalytischen Traumtheorie auftreten. Genaugenommen sollte das Wort ›Traum‹ (in psychoanalytischer Terminologie) nur als Bezeichnung für das Gesamtphänomen benützt werden, das sich aus den Einzelbestandteilen latenter Trauminhalt, Traumarbeit und manifester Traum zusammensetzt. In der Praxis der psychoanalytischen Literatur wird jedoch ›Traum‹ sehr oft als Bezeichnung für ›manifester Traum‹ verwendet. Das führt gewöhnlich zu keiner Verwirrung, wenn der Leser mit der psychoanalytischen Traumtheorie bereits vertraut ist. So ist es zum Beispiel bei der Äußerung ›Der Patient hatte folgenden Traum‹, wenn anschließend der wörtliche Text des manifesten Traums wiedergegeben wird, für den informierten Leser nicht zweifelhaft, daß mit ›Traum‹ der ›manifeste Traum‹ gemeint ist. Für den Leser, der auf dem Gebiet der Traumtheorie noch nicht völlig zu Hause ist, ist es jedoch entscheidend wichtig, daß er sich fragt, was der Autor mit dem nicht näher präzisierten Wort ›Traum‹ meint, wenn der Leser diesem Wort in der psychoanalytischen Literatur begegnet. In der Praxis der Literatur und der Diskussion taucht noch ein anderer Terminus auf, der an dieser Stelle zweckmäßigerweise erläutert wird. Das ist die Wendung ›der Sinn eines Traums‹ oder ›ein Traum bedeutet‹. Genaugenommen kann der Sinn eines Traumes nur den latenten Trauminhalt bedeuten. Bei der vorliegenden Erörterung bemühen wir uns, in der Terminologie präzis zu sein, um Mißverständnisse auszuschließen.

Nachdem wir die drei Komponenten des Traumes definiert haben, wollen wir nun jenen Teil des Traumes erörtern, der, wie wir glauben, den Prozeß des Träumens einleitet, nämlich den latenten Trauminhalt. Dieser Inhalt läßt sich in drei Hauptkategorien einteilen. Die erste Kategorie umfaßt nächtliche Sinneseindrücke. Derartige Eindrücke wirken fortwährend auf die Sinnesorgane des Schläfers ein, und manche von ihnen sind bei der Einleitung eines Traumes beteiligt, in welchem Fall sie einen Teil des latenten Inhalts dieses Traumes bilden. Beispiele solcher Sinneseindrücke sind uns allen wohlbekannt: das Schrillen eines Weckers, Durst, Hunger, der Drang zu urinieren oder zum Stuhlgang, Schmerzen, die von einer Verletzung oder von einem Krankheitsprozeß herrühren oder von der verkrampften Lage eines Körperteils, unbehagliche Hitze oder Kälte — sie alle können Teil des latenten Trauminhaltes sein. Wir müssen in diesem Zusammenhang zwei Fakten im Auge behalten. Erstens, daß die meisten nächtlichen Sinnesreize den Schlaf nicht stören — nicht einmal so weit, daß sie an der Bildung eines Traumes teilhaben. Im Gegenteil: die meisten Reize, die von unserem Sinnesapparat ausgehen, haben keinen erkennbaren Einfluß auf unsere Psyche während des Schlafes. Das gilt sogar für Sinneswahrnehmungen, die wir im Wachzustand als recht intensiv bewerten würden. Es gibt Menschen, die während eines heftigen Gewitters weiterschlafen, ohne aufzuwachen oder zu träumen, obwohl sie normalerweise ein sehr scharfes Gehör haben. Das zweite Faktum ist, daß ein störender Sinneseindruck die Wirkung haben kann, den Schläfer unmittelbar, ohne einen Traum, aufzuwecken, jedenfalls soviel wir wissen. Das ist in jenen Situationen besonders auffallend, bei denen wir beim Schlafen ›mit einem Ohr wach‹ oder ›mit einem Auge wach‹ sind, wie das zum Beispiel bei Eltern vorkommt, wenn eines der Kinder krank ist. In einem solchen Fall wacht die Mutter oder der Vater oft beim ersten störenden Laut des Kindes sofort auf, auch wenn es sich um einen ganz schwachen Laut handelt.

Die zweite Kategorie des latenten Trauminhaltes umfaßt Gedanken und Vorstellungen, die mit den aktuellen Tätigkeiten und Sorgen zusammenhängen, die den Träumenden im Wachzustand beschäftigen und die in seiner Psyche unbewußt weiterwirken, während er schläft. Wegen ihres Weiterwirkens haben sie die Tendenz, den Schlafenden aufzuwecken, so wie das auch bei störenden Sinnesreizen während des Schlafens der Fall ist. Wenn der Schläfer träumt, anstatt aufzuwachen, werden diese Gedanken und Vorstellungen Teil des latenten Trauminhaltes. Dafür gibt es zahllose Beispiele. Es gehören dazu all die vielfältigen Interessen und Erinnerungen, die für gewöhnlich dem Ich zugänglich sind, einschließlich der Gefühle der Hoffnung oder Furcht, Stolz oder Demütigung, Interesse oder Ablehnung, die je nachdem mit ihnen verbunden sind. Es können

Gedanken über eine Veranstaltung vom Abend zuvor sein, Sorgen über eine nicht zu Ende gebrachte Aufgabe, Vorfreude auf ein künftiges, angenehmes Ereignis oder was immer man sich vorstellen kann, das von *aktuellem* Interesse im Leben des Schläfers ist.

Die dritte Kategorie umfaßt einen oder mehrere Es-Impulse, die – zumindest in ihrer ursprünglichen, infantilen Form – durch die Abwehrreaktionen des Ichs im Wachzustand vom Bewußtsein oder von unmittelbarer Befriedigung ausgeschlossen werden. Das ist der Teil des Es, den Freud in seiner Monographie über die Strukturhypothese des psychischen Apparates ›das Verdrängte‹ genannt hat [Freud, 1923], obwohl er später zu der Meinung neigte, die jetzt von den Psychoanalytikern allgemein akzeptiert wird, daß Verdrängung nicht die einzige Abwehr ist, die das Ich gegen Es-Impulse einsetzt, die für das Bewußtsein unannehmbar sind. Trotzdem wird der ursprüngliche Terminus ›das Verdrängte‹ auch heute noch zur Bezeichnung dieses Teils des Es verwendet. So verstanden, können wir also sagen, daß die dritte Kategorie des latenten Trauminhaltes jedes einzelnen Traumes ein Impuls oder Impulse aus dem verdrängten Teil des Es ist. Da die bedeutendsten und weitestreichenden Abwehren des Ichs gegen das Es jene sind, die während der prädödipalen und ödipalen Phase im Leben des Kindes aufgebaut werden, sind die Es-Impulse aus jenen frühen Jahren der Hauptinhalt des Verdrängten. Dementsprechend ist jener Teil des latenten Trauminhalts, der aus dem Verdrängten herkommt, im allgemeinen kindlich oder infantil, das heißt, er besteht aus einem Wunsch, der der frühen Kindheit gemäß ist und aus ihr herstammt.

Dies steht, wie wir sehen, im Gegensatz zu den ersten beiden Kategorien des latenten Trauminhalts, die die *aktuellen* Empfindungen beziehungsweise die *aktuellen* Angelegenheiten umfassen. Natürlich kann in der Kindheit das Aktuelle und das Kindliche zusammenfallen. Was jedoch die Träume der späteren Kindheit und des Erwachsenenlebens betrifft, so hat der latente Inhalt zwei Ursprünge, einen in der Gegenwart und einen in der Vergangenheit. Wir möchten natürlich gern wissen, wie es um die *relative* Bedeutung der drei Teile des latenten Inhalts bestellt ist und ob alle drei im latenten Inhalt *jedes* Traumes zu finden sind. Was die erste Frage anlangt, so hat Freud [1933] unzweideutig erklärt, daß der *wesentliche* Inhalt des latenten Inhalts der ist, der aus dem Verdrängten kommt. Er war der Überzeugung, daß dieser Teil den Hauptanteil der psychischen Energie beisteuert, die zum Träumen notwendig ist und daß es ohne seine Beteiligung keinen Traum geben kann. Ein nächtlicher Sinnesreiz, wie stark er auch sein mag, muß, wie Freud es ausdrückte, die Hilfe eines oder mehrerer Wünsche aus dem Verdrängten gewinnen, bevor er die Entstehung eines Traums bewirken kann, und das gleiche gilt für die Anliegen des wachen Lebens, wie nachdrücklich sie auch die Aufmerksamkeit und das Interesse des Schlafenden beanspruchen mögen.

Was die zweite Frage angeht, so folgt aus unserer Antwort auf die erste, daß ein oder mehrere Wünsche oder Impulse aus dem Verdrängten ein wesentlicher Teil des latenten Inhalts jedes Traumes sind. Anscheinend verhält es sich ferner so, daß zumindest *einige* Anliegen aus dem aktuellen, wachen Leben ein Teil jedes latenten Trauminhaltes sind. Nächtliche Sinnesempfindungen andererseits sind nicht bei jedem Traum in dessen latentem Inhalt nachzuweisen, obwohl sie bei manchen Träumen eine auffällige Rolle spielen.

Wir wollen nun das Verhältnis zwischen dem latenten Trauminhalt und dem manifesten Traum oder, genauer, den Elementen oder dem Inhalt des manifesten Traums betrachten. Je nach dem Traum kann dieses Verhältnis sehr einfach oder sehr komplex sein, ein Element jedoch bleibt stets konstant. Der latente Inhalt ist unbewußt, während der manifeste Inhalt bewußt ist. Die einfachste Beziehung, die zwischen beiden möglich ist, wäre deshalb die, daß der latente Inhalt bewußt wird.

Es ist möglich, daß das im Falle von Sinnesreizen während des Schlafs gelegentlich vorkommt. So erfährt beispielsweise jemand morgens nach dem Aufwachen, daß in der Nacht, während er schlief, Feuerwehrautos am Haus vorbeifuhren, und erinnert sich dann daran, daß er im Schlaf eine Feuerwehrsirene gehört hat. Wir würden jedoch wahrscheinlich ein solches Erlebnis eher als einen Grenzfall zwischen der gewöhnlichen, wachen Wahrnehmung und einem typischen Traum ansehen, als es zu den wirklichen Träumen zu rechnen. Vielleicht käme uns sogar der Verdacht, daß der Schläfer für einen Augenblick aufgewacht ist, als er die Sirenen hörte, obwohl wir zugeben müssen, daß das nicht mehr als eine Vermutung von uns sein könnte.

Wie dem auch sein mag: Im gegenwärtigen Zusammenhang beschränken wir uns besser auf die Betrachtung der Phänomene, die unzweifelhaft Träume sind. Träume der frühen Kindheit exemplifizieren uns häufig die einfachste Beziehung zwischen latentem und manifestem Inhalt. Zum einen brauchen wir bei diesen Träumen nicht zwischen infantilen und gegenwärtigen Anliegen zu unterscheiden. Sie sind ein und dasselbe. Zum andern ist noch keine klare Unterscheidung zwischen dem Verdrängten und dem übrigen Es zu treffen, da das Ich des ganz kleinen Kindes noch nicht so weit entwickelt ist, daß es dauerhafte Abwehren gegen irgendwelche Impulse des Es aufgerichtet hat.

Nehmen wir zum Beispiel den Traum eines zweijährigen Kindes, dessen Mutter soeben mit einem Neugeborenen aus dem Krankenhaus zurückgekommen ist. Am Morgen nach der Rückkehr der Mutter berichtet es einen Traum mit folgendem manifesten Inhalt: »Hab' gesehen, wie das Baby wegging.« Was war der latente Inhalt dieses Traums? Für gewöhnlich können wir das nur auf Grund der Assoziationen des Träumers feststellen, also mit Hilfe der psychoanalytischen Methode. Natürlich kann ein Kind von zwei Jahren ein solches Vorhaben nicht verstehen und bewußt daran mitarbeiten. In diesem Fall sind wir jedoch berechtigt, das uns bekannte Verhalten des Kindes und seine Einstellung gegenüber dem neuen Baby als Äquivalente von Assoziationen zu dem manifesten Inhalt des Traums zu nehmen. Tun wir das, so können wir den Schluß ziehen, daß der latente Inhalt des Traumes ein feindseliger Impuls gegenüber dem neuen Baby und der Wunsch, es zu vernichten oder loszuwerden, war.

Welches ist nun die Beziehung zwischen dem latenten und dem manifesten Inhalt des Traums in unserem Beispiel? Die Antwort darauf lautet offenbar, daß der manifeste Inhalt sich vom latenten Inhalt in folgenden Dingen unterscheidet. Erstens ist, wie wir schon sagten, der eine bewußt und der andere unbewußt. Zweitens ist der manifeste Inhalt ein visuelles Bild, während der latente Inhalt etwas wie ein Wunsch oder ein Impuls ist. Schließlich ist der manifeste Inhalt eine Phantasie, die den latenten Wunsch oder Impuls als befriedigt darstellt, d. h. es ist eine Phantasie, die wesentlich aus der Befriedigung des latenten Wunsches oder Impulses besteht. Wir können somit sagen, daß in dem von uns als Beispiel gewählten Fall die Beziehung zwischen dem latenten und dem manifesten Trauminhalt folgende ist: der manifeste Traum ist eine bewußte Phantasie, daß der latente Wunsch befriedigt wurde oder gerade befriedigt wird, die in Gestalt eines visuellen Bildes oder Erlebnisses ausgedrückt wird. Die Traumarbeit in diesem Beispiel bestand infolgedessen aus der Bildung oder Auswahl einer wunscherfüllenden Phantasie und ihrer Darstellung in visueller Form.

Soweit wir wissen, ist das die Beziehung, die in allen Träumen der frühen Kindheit zwischen dem latenten und dem manifesten Trauminhalt besteht. Sie ist darüber hinaus das Grundmuster dieser Beziehung, dem auch die Träume der späteren Kindheit und des Erwachsenenlebens folgen, obwohl bei den komplizierteren Träumen dieses Muster durch Faktoren, die wir sogleich erörtern werden, weiter ausgearbeitet und verwickelter wird.

Als erstes wollen wir jedoch festhalten, daß der Prozeß des Träumens seinem Wesen nach ein Prozeß ist, in dem ein Es-Impuls vermittels einer Phantasie befriedigt wird. Wir können jetzt besser verstehen, wie es zustande kommt, daß ein Traum es dem Schlafenden ermöglicht, weiterzuschlafen, anstatt durch ein störendes, unbewußtes psychisches Geschehen aufgeweckt zu werden. Der Grund ist, daß der aus dem Es kommende, störende Wunsch oder Impuls, der regelmäßig einen Teil des latenten Inhalts des Traumes bildet, durch Phantasie befriedigt wird und dadurch zumindest einen Teil seiner Dringlichkeit und damit auch seiner Kraft, den Schläfer aufzuwecken, verliert.

Umgekehrt verstehen wir auch: die Tatsache, daß der manifeste Traum regelmäßig eine Wunscherfüllung ist, resultiert aus der Natur des latenten Inhaltes, der schließlich sowohl der Initiator des Traumes wie auch dessen Hauptquelle an psychischer Energie ist. Das Es-Element, das diese Rolle im latenten Inhalt spielt, kann nur ständig auf Befriedigung drängen, weil dies das eigentliche Wesen der Triebe ist, zu deren Abkömmlingen es gehört. Im Traumgeschehen wird mit Hilfe der Phantasie eine partielle Befriedigung erlangt, da ja die volle Befriedigung durch entsprechende Handlungen im Zustand des Schlafes unmöglich ist. Da die Motilität blockiert ist, wird Phantasie als Ersatz verwendet. Wollen wir das gleiche im Hinblick auf die psychische Energie ausdrücken, so müssen wir sagen, daß die Besetzung, welche zum Es-Element im latenten Trauminhalt gehört, den psychischen Apparat dazu antreibt, die Traumarbeit auszuführen. Vermittels der wunscherfüllenden Phantasie, die den manifesten Traum bildet, erfährt das Es-Element eine partielle Entladung.

Soweit gelangt, müssen wir uns mit der offensichtlichen Tatsache beschäftigen, daß der manifeste Inhalt der meisten Träume der späteren Kindheit und des Erwachsenenlebens nicht auf den ersten Blick, ja nicht einmal auf den zweiten Blick, als Wunscherfüllung erkennbar ist. Der manifeste Inhalt mancher Träume besteht in der Tat aus traurigen oder sogar aus erschreckenden Bildern; in den letzten fünfzig Jahren ist denn auch diese Tatsache immer wieder als Argument zur Widerlegung der Behauptung Freuds angeführt worden, daß jeder manifeste Traum eine phantasierte Wunscherfüllung sei. Wie können wir diese scheinbare Diskrepanz zwischen unserer Theorie und den offenkundigen Fakten verstehen?

Die Antwort auf unsere Frage ist sehr einfach. Wie wir schon sagten, läßt bei den Träumen der frühen Kindheit der latente Trauminhalt vermittels der Traumarbeit einen manifesten Traum entstehen, der eine Phantasie der Befriedigung des Impulses oder Wunsches ist, der den latenten Inhalt bildet. Diese Phantasie wird vom Träumer in Gestalt von Sinneseindrücken erlebt. Die gleiche offenkundige Beziehung zwischen dem latenten und dem manifesten Trauminhalt finden wir manchmal bei einem Traum des späteren Lebens. Diese Träume sind den einfachen Träumen der frühen Kindheit sehr ähnlich. Es ist jedoch häufiger der Fall, daß der manifeste Inhalt eines Traums des späteren Lebens die *getarnte* oder *verzerrte* Abwandlung einer wunscherfüllenden Phantasie ist, die vorherrschend als visuelles Bild oder als eine Serie visueller Bilder erlebt wird. Die Tarnung und Verzerrung sind häufig so weitreichend, daß der wunscherfüllende Aspekt des manifesten Traumes überhaupt nicht mehr zu erkennen ist. Wie wir alle wissen, ist der manifeste Traum manchesmal tatsächlich ein bloßes Sammelsurium scheinbar unzusammenhängender Bruchstücke, ist dem Anschein nach völlig sinnlos und scheint alles andere eher zu sein als eine Wunscherfüllung. In andern Fällen sind Tarnung und Verzerrung so stark ausgeprägt, daß der manifeste Traum tatsächlich als erschreckend und unerfreulich erlebt wird und nicht den Charakter des Lustvollen hat, den wir bei einer wunscherfüllenden Phantasie erwarten.

Es ist die Traumarbeit, die die Tarnung und Verzerrung hervorruft, die bei den manifesten Träumen der späteren Kindheit und des Erwachsenseins so stark in Erscheinung treten. Wir wüßten gern, welche Prozesse bei der Traumarbeit beteiligt sind und in welcher Weise jeder dieser Prozesse zur Tarnung des latenten Inhaltes beiträgt, so daß dieser im manifesten Traum nicht mehr erkennbar ist.

Freud konnte zeigen, daß im Zusammenhang mit der Traumarbeit zwei Hauptfaktoren und ein Hilfsfaktor in Betracht zu ziehen sind. Der erste Hauptfaktor, der das eigentliche Wesen der Traumarbeit ausmacht, ist folgender: die Traumarbeit ist eine Übertragung jener Teile des latenten Inhalts, die nicht schon in der Sprache des Primärprozesses ausgedrückt sind, in diese Sprache, gefolgt von der Verdichtung aller Elemente des latenten Inhalts zu einer wunscherfüllenden Phantasie. Der zweite Hauptfaktor besteht aus den Abwehroperationen des Ichs, die einen tiefgehenden Einfluß auf den Prozeß dieser Übersetzung und der Phantasiebildung ausüben; Freud hat diesen Einfluß mit dem eines Nachrichtenzensors mit weitreichenden Befugnissen zur Unterdrückung unerwünschter Nachrichten verglichen. Den dritten, subsidiären Faktor hat Freud die sekundäre Bearbeitung des Traumes genannt.

Wir wollen jetzt diese Faktoren nacheinander untersuchen. Wie wir sagten, besteht die Traumarbeit in der Übersetzung jenes Teils des latenten Trauminhaltes, der ursprünglich gemäß dem Sekundärprozeß ausgedrückt war, in das Denken des Primärprozesses. Dazu würden normalerweise die Sorgen und Interessen des aktuellen Lebens gehören. Diese Übersetzung erfolgt darüber hinaus, wie Freud darlegte, auf eine ganz bestimmte Weise. Es wird, wie er sich ausdrückte, darauf Bedacht genommen, das Ergebnis der Übertragung nach Möglichkeit in Gestalt eines plastischen, visuellen Bildes auszudrücken. Dieses Bedachtsein auf plastische Darstellbarkeit hängt natürlich damit zusammen, daß der manifeste Trauminhalt in der Hauptsache aus solchen Bildern besteht. Ein ähnliches Bedachtsein auf plastische Darstellbarkeit wird bei manchen Tätigkeiten des normalen, wachen Lebens bewußt ausgeübt, wie zum Beispiel bei Scharaden und beim Entwerfen von Karikaturen und Bilderrätseln.

Ein weiterer Beweggrund, der zweifellos auf diesen Übersetzungsprozeß in der Traumarbeit einwirkt, ist die Natur der latenten

Traumelemente, die schon in der Sprache des Primärprozesses vorliegen; das sind im wesentlichen jene Erinnerungen, Bilder und Phantasien, die mit dem aus der Verdrängung wirkenden Wunsch oder Impuls verknüpft sind. Mit andern Worten, die Traumarbeit hat die Tendenz, die aktuellen Anliegen des wachen Lebens in Begriffe oder Bilder zu übertragen, die in möglichst enger Beziehung zu dem Material stehen, das mit dem Verdrängten verknüpft oder verbunden ist. Gleichzeitig wählt die Traumarbeit aus den mehreren, vielleicht sogar zahlreichen Befriedigungsphantasien, die mit dem verdrängten Impuls verbunden sind, diejenige aus, die am leichtesten mit den übersetzten aktuellen Anliegen des wachen Lebens in Zusammenhang gebracht werden kann. All das drückt in zwangsläufig plumper Form aus, daß die Traumarbeit 1) eine möglichst enge Annäherung zwischen den verschiedenen latenten Traumelementen herbeiführt, und zwar, indem sie jene Teile des latenten Inhaltes in die Sprache des Primärprozesses überträgt, die einer Übersetzung bedürfen, und 2) zugleich eine Phantasie schafft oder auswählt, welche die Befriedigung des verdrängten Impulses repräsentiert, der gleichfalls ein Teil des latenten Inhalts ist. Wie wir im vorigen Absatz sagten, geschieht all das unter Berücksichtigung der visuellen Darstellbarkeit. Weiter macht es der eben geschilderte Annäherungsprozeß möglich, daß ein einziges Bild mehrere latente Traumelemente gleichzeitig repräsentiert. Das bewirkt einen hohen Grad von ›Verdichtung‹, wie Freud es nannte, was besagt, daß — zumindest in der großen Mehrzahl aller Fälle — der manifeste Traum eine hoch verdichtete Abwandlung der Gedanken, Empfindungen und Wünsche ist, die den latenten Trauminhalt ausmachen.

Bevor wir zur Erörterung der Rolle weitergehen, welche die Abwehrmechanismen des Ichs an der Traumarbeit haben, wollen wir einen Augenblick verweilen und uns die Frage vorlegen, ob jener Teil der Traumarbeit, den wir bereits besprochen haben, für einen Teil der Tarnung und Verzerrung verantwortlich ist, die, wie wir sagten, die meisten manifesten Träume charakterisiert, und, falls das zutrifft, wie groß sein Einfluß ist.

Es ist verständlich, daß es zu einer erheblichen Verzerrung des Sinnes und des Inhalts der Anliegen des wachen Lebens führt, wenn sie in der Sprache des Primärprozesses ausgedrückt werden. Der Leser mag sich jedoch durchaus fragen, warum dieser psychische Vorgang die Wirkung haben sollte, daß sein Endergebnis für den Träumer unverständlich ist. Schließlich kann der *Verfasser* einer Karikatur, einer Scharade oder eines Rebus den Sinn von deren Bildern verstehen, obwohl der Sinn in der Sprache des Primärprozesses ausgedrückt ist. Tatsächlich wird der Sinn dieser Schöpfungen ja außer vom Verfasser selbst auch noch von vielen anderen Personen begriffen. Ferner sind in der Sprache des Primärprozesses ausgedrückte

Ideen für uns in anderen Situationen verständlich, zum Beispiel im Fall von Witzen, wie wir im sechsten Kapitel sahen. Warum sollte also ein manifester Traum unverständlich sein, bloß weil er Vorstellungen enthält, die vermittels des Primärprozesses ausgedrückt sind?

Die Antwort auf diese Frage ergibt sich zum Teil offenbar aus folgendem. Witze, Karikaturen, Bilderrätsel und sogar Scharaden werden sämtlich unter der speziellen Voraussetzung verfaßt, daß sie verständlich sind. Wenn sie ›gut‹ sein sollen, müssen sie einem gegebenen oder potentiellen Publikum einen Sinn vermitteln. Ein manifester Traum andererseits unterliegt keiner solchen Einschränkung. Er ist lediglich das Endresultat eines Prozesses, der auf die phantasierte Befriedigung eines Wunsches abzielt oder, anders ausgedrückt, auf die Entladung eines genügend großen Teils der mit dem latenten Trauminhalt verbundenen psychischen Energie, um zu verhindern, daß dieser Inhalt den Schläfer aufweckt. Es überrascht deshalb nicht, daß der manifeste Traum nicht einmal für den Schläfer selbst generell sofort verständlich ist.

Der zweite der an der Traumarbeit beteiligten Hauptfaktoren spielt jedoch eine viel größere Rolle bei der Tarnung des latenten Trauminhalts und beim Unverständlichmachen des manifesten Traums. Dieser zweite Faktor ist das Wirken der Abwehrvorgänge des Ichs, wie sich der Leser erinnern wird. Wir wollen am Rande erwähnen, daß Freuds erste Beschreibung dieses Faktors sehr viel früher liegt als seine Formulierung der Strukturhypothese über den psychischen Apparat, zu der die Begriffe ›Ich‹ und ›Abwehrformen‹ gehören. Aus diesem Grunde mußte er für den in Frage stehenden Faktor einen Namen finden und wählte, wie oben gesagt, den Namen ›der Traumzensor‹ — eine sehr passende und ausdrucksvolle Bezeichnung.

Um das Funktionieren der Ich-Abwehr beim Prozeß der Gestaltung des manifesten Traums richtig zu verstehen, müssen wir zuerst erkennen, daß die verschiedenen Teile des latenten Trauminhalts in verschieden hohem Grad beeinflußt werden. Der aus den nächtlichen Sinnesempfindungen bestehende Teil des latenten Inhalts ist gewöhnlich keinen Abwehroperationen des Ichs ausgesetzt, es sei denn, wir könnten erwägen, das Ich versuche wegen seines Wunsches zu schlafen alle derartigen Empfindungen zu verleugnen. Wir wissen jedoch tatsächlich nicht sicher, ob diese Haltung des Schläfers nächtlichen Sinnesempfindungen gegenüber ein Abwehrmechanismus im üblichen Sinn dieses Begriffes ist, und im gegenwärtigen Zusammenhang können wir das unbedenklich außer Betracht lassen.

Ganz anders als bei den nächtlichen Sinnesempfindungen, treten die Abwehren des Ichs dem Teil des latenten Trauminhalts, der aus Wünschen oder Impulsen aus dem Verdrängten besteht, unmittelbar entgegen. Wir wissen in der Tat, daß dieser Widerstand weit zurückreicht und seinem Wesen nach dauerhaft ist; sein Vorhandensein ist der Grund dafür, daß wir vom ›Verdrängten‹ sprechen. Es fällt uns deshalb nicht schwer, zu verstehen, daß die Abwehrformen des Ichs die Tendenz haben, dem Auftreten dieses Teils des latenten Trauminhalts im bewußten, manifesten Traum entgegenzutreten, da sie ja auch seinem Auftreten im Bewußtsein im wachen Leben fortwährend entgegenwirken. Der Widerstand der Abwehrmechanismen des Ichs gegen diesen Teil des latenten Trauminhalts ist hauptsächlich für die Unverständlichkeit des latenten Traums verantwortlich und auch dafür, daß er als wunscherfüllendes, phantasiertes Bild völlig unerkennbar ist.

Der verbleibende Teil des latenten Trauminhalts — also die aktuellen Anliegen des wachen Lebens — nimmt hinsichtlich der Abwehrbereitschaft des Ichs eine Stellung in der Mitte zwischen den Positionen der beiden eben erörterten Teile ein. Viele Themen des wachen Lebens sind für das Ich nicht zu beanstanden, außer vielleicht als potentielle Störungen des Schlafs. Man betrachtet das Ich sogar als angenehm und wünschenswert. Es gibt jedoch andere aktuelle Anliegen, die als Ursachen von Angst oder Schuldgefühl dem Ich unmittelbar Unlust bereiten. Die Abwehrmechanismen des Ichs versuchen deshalb, während des Schlafens diesen Ursachen der Unlust den Zutritt zum Bewußtsein zu versperren. Der Leser wird sich aus unseren Ausführungen im vierten Kapitel erinnern, daß Unlust oder die Aussicht auf Unlust die Abwehr des Ichs allgemein in Tätigkeit setzt. Im Falle von latenten Traumelementen, wie wir sie gegenwärtig besprechen, ist die Stärke des unbewußten Widerstands des Ichs, wie wir glauben, proportional der Angst oder dem Schuldgefühl, also der Unlust, die mit ihnen verbunden ist.

Wir sehen also, daß die Abwehr des Ichs dem Bewußtwerden jenes Teils des latenten Trauminhalts, der vom Verdrängten abstammt, starken Widerstand entgegensetzt und den verschiedenen Bedürfnissen des wachen Lebens, die gleichfalls Teil des latenten Inhalts sind, je nach Lage des Falles mehr oder weniger nachdrücklich entgegentritt. Die unbewußten Gedanken, Strebungen und Empfindungen, die wir den latenten Inhalt des Traumes nennen, erzwingen jedoch per definitionem trotzdem den Zugang zum Bewußtsein, wo sie als manifester Traum erscheinen. Das Ich kann das nicht verhindern, es kann jedoch die Traumarbeit beeinflussen — und tut das auch —, so daß der manifeste Traum bis zur Unkenntlichkeit entstellt und infolgedessen unverständlich wird. Die Unverständlichkeit der meisten manifesten Träume ist deshalb nicht bloß darauf zurückzuführen, daß sie, ohne Rücksicht auf Verständlichkeit, in der Sprache des Primärprozesses ausgedrückt werden. Der Hauptgrund für ihre Unverständlichkeit liegt darin, daß das Ich mit Hilfe seiner Abwehr sie unverständlich *macht*.

Freud [1933] nannte den manifesten Traum eine ›Kompromißbildung‹, womit er ausdrücken wollte, daß dessen verschiedene Bestandteile als Kompromisse zwischen den widerstreitenden Kräften des latenten Trauminhalts einerseits und den Abwehrkräften des Ichs andererseits anzusehen seien. Wie wir im achten Kapitel sehen werden, ist das neurotische Symptom gleichfalls eine Kompromißbildung zwischen einem Element des Verdrängten und den Abwehrmechanismen des Ichs.

Vielleicht ist ein einfaches Beispiel an dieser Stelle von Nutzen. Wir wollen einmal annehmen, der Träumer sei eine Frau, und der aus dem Verdrängten herrührende Teil des latenten Trauminhalts sei ein aus der ödipalen Phase der Träumenden stammender Wunsch nach einer sexuellen Beziehung mit ihrem Vater. Dies könnte im manifesten Traum, in Übereinstimmung mit einer dazu passenden Phantasie aus jener Lebensperiode, durch das Bild dargestellt werden, daß die Träumende und ihr Vater miteinander raufen, wobei ein Gefühl sexueller Erregung entsteht. Wenn jedoch die Abwehrkräfte des Ichs einem solchen nicht getarnten Ausdruck dieses ödipalen Wunsches entgegentreten, wird vielleicht die sexuelle Erregung aus dem Bewußtsein ausgesperrt — mit dem Resultat, daß das manifeste Traumelement zu einem bloßen Bild des Raufens mit dem Vater ohne eine damit verbundene sexuelle Erregung wird. Wenn auch das noch zu nah an der ursprünglichen Phantasie ist, um vom Ich ohne Angst oder Schuldgefühl toleriert zu werden, tritt vielleicht das Bild des Vaters nicht auf, statt dessen vielleicht eine Vorstellung, daß die Träumende mit jemand anderem herumbalgt, zum Beispiel mit ihrem eigenen Sohn. Auch das wird aber vom Ich vielleicht noch beanstandet, und anstelle des eben geschilderten manifesten Traumelements erscheint vielleicht im Traum das Bild einer fremden Frau mit einem Jungen, der ihr Sohn ist, in einem Zimmer mit einem auf Hochglanz gebohnerten Fußboden.

Am besten schließen wir diese Serie von Beispielen mit den Worten ›und so weiter‹ ab, da die Zahl der Beispiele für die Möglichkeit, den wahren Inhalt jedes Elementes des latenten Trauminhalts zu maskieren, praktisch unbegrenzt ist. Tatsächlich entscheidet das Kräfteverhältnis zwischen der Stärke der Abwehr und der Stärke des latenten Traumelementes darüber, wie eng oder wie entfernt der manifeste und der latente Traum miteinander verknüpft sind, d. h. eine wie starke Tarnung durch die Traumarbeit dem latenten Trauminhalt aufgezwungen wurde. Übrigens sollte sich der Leser bei dem im vorhergehenden Absatz aufgeführten Beispiel vor Augen halten, daß jedes der geschilderten Bilder des manifesten Traums in einem bestimmten Traum unter entsprechenden Umständen je getrennt für sich auftreten kann. Das Beispiel soll *nicht* besagen, daß in einem bestimmten Traum zuerst ein Versuch mit dem manifesten Inhalt ›A‹ gemacht wird, an dessen Stelle ›B‹ tritt, wenn das Ich ›A‹ nicht zuläßt — dann ›C‹, und so fort. Im Gegenteil: je nach dem Kräfteverhältnis zwischen den Abwehrmechanismen und dem latenten Traumelement wird entweder ›A‹ oder ›B‹ oder ›C‹ etc. im manifesten Traum erscheinen. Wie zu erwarten war, konnte unser Beispiel die Vielzahl der ›Kompromißbildungen‹ nicht erschöpfen oder auch nur andeuten, die zwischen Abwehr und latentem Inhalt möglich ist. Eine auch nur annäherungsweise vollständige Aufzählung dieser Möglichkeiten würde den Rahmen dieses Kapitels bei weitem überschreiten; aber einige wichtige oder typische Möglichkeiten sollten wir doch erwähnen. Einmal können Dinge, die im latenten Inhalt zusammengehören, in weit auseinanderliegenden Teilen des manifesten Inhalts auftreten. So wäre es zum Beispiel möglich, daß die Träumerin des obigen Beispiels sich in einem Teil des manifesten Traums in einer Balgerei mit jemandem sieht, während der Vater in einem ganz anderen Teil auftritt. Ein solches Auseinanderreißen ist häufig das Ergebnis der Traumarbeit.

Ein weiteres, verbreitetes ›Kompromiß‹-Phänomen besteht darin, daß ein Teil des manifesten Traums, oder vielleicht sogar dieser in seiner Gesamtheit, sehr unbestimmt ist. Wie Freud dargelegt hat, ist das ausnahmslos ein Zeichen dafür, daß der Widerstand der Abwehren gegenüber dem betreffenden Bestandteil oder den Bestandteilen des latenten Traums sehr groß ist. Die Abwehren waren zwar nicht stark genug, um zu verhindern, daß der fragliche Teil des manifesten Traums überhaupt ins Bewußtsein trat, aber ihre Stärke reichte aus, um zu erreichen, daß er nur halb oder unbestimmt bewußt wurde.

Die zum latenten Trauminhalt gehörenden Affekte oder Emotionen sind außerdem einer Vielzahl von Veränderungen durch die Traumarbeit unterworfen. Wir haben bereits die Möglichkeit gezeigt, daß eine solche Emotion — in unserem Beispielsfall sexuelle Erregung — im manifesten Inhalt überhaupt nicht in Erscheinung tritt. Eine andere Möglichkeit besteht darin, daß die Emotion in erheblich verminderter Stärke oder in etwas veränderter Gestalt auftritt. So erscheint zum Beispiel das, was im latenten Inhalt wütender Zorn war, im manifesten Inhalt möglicherweise als Ärger oder als gemäßigte Ablehnung oder wird vielleicht sogar durch das Bewußtsein, *keinen* Ärger zu empfinden, ersetzt. Mit der letzteren Alternative eng verknüpft ist die Möglichkeit, daß ein zum latenten Trauminhalt gehöriger Affekt im manifesten Traum durch sein Gegenteil ausgedrückt wird. Eine latente Sehnsucht kann deshalb als manifester Widerwillen auftreten, oder auch umgekehrt, Haß kann als Liebe, Trauer als Freude in Erscheinung treten und so fort. Solche Veränderungen stellen einem ›Kompromiß‹, im Freudschen Sinn des

Wortes, zwischen dem Ich und dem latenten Inhalt dar und führen in den manifesten Traum ein außerordentlich weitreichendes Element der Tarnung ein.

Jede Darstellung der bei Träumen auftretenden Affekte, die den speziellen Affekt der Angst nicht berücksichtigte, wäre unvollständig – wie wir in diesem Kapitel schon früher erwähnt haben. Einige Kritiker Freuds haben den Versuch gemacht, seine Feststellung, daß jeder manifeste Traum eine Wunscherfüllung ist, durch das Argument zu widerlegen, daß es eine ganze Gattung von Träumen gibt, bei denen die Angst einen herausragenden Zug des manifesten Inhalts darstellt. In der psychoanalytischen Literatur werden diese Träume gewöhnlich als Angstträume bezeichnet. In der nichtanalytischen Literatur werden die intensivsten dieser Träume Alpträume genannt. Die ausführlichste psychoanalytische Untersuchung der letzteren ist die von Jones [1931]. Generell können wir von den Angstträumen sagen, daß sie ein Versagen der Abwehroperationen des Ichs anzeigen. Geschehen ist folgendes: einem Element des latenten Trauminhalts ist es gelungen, trotz dem Widerstand der Ich-Abwehren den Zugang zum Bewußtsein zu erzwingen, d. h. zum manifesten Trauminhalt, und zwar in einer zu unmittelbaren oder erkennbaren Form, als daß das Ich das zulassen könnte. Die Folge ist, daß das Ich mit Angst reagiert. Wir verstehen von daher, daß – wie Jones dargelegt hat – ödipale Phantasien im manifesten Inhalt der Alpträume verhältnismäßig ungetarnt auftreten und daß sexuelle Befriedigung und Schrecken im bewußten oder manifesten Teil solcher Träume nicht selten nebeneinander vorkommen.

Es gibt eine weitere Gattung von Träumen, die mit den Angstträumen eng verwandt ist und häufig als Strafträume bezeichnet wird. In diesen Träumen, wie in so vielen anderen, nimmt das Ich Schuldgefühl, d. h. die Verurteilung durch das Über-Ich, vorweg, wenn der aus dem Verdrängten stammende Teil des latenten Inhalts im manifesten Traum einen zu direkten Ausdruck findet. Infolgedessen tritt die Abwehr des Ichs dem Auftauchen dieses Teils des latenten Inhalts entgegen, was sich wiederum nicht von dem unterscheidet, was in den meisten anderen Träumen vorgeht. Das *Resultat* jedoch ist bei den sogenannten Strafträumen, daß der manifeste Traum, anstatt eine mehr oder weniger getarnte Phantasie der Erfüllung eines verdrängten Wunsches auszudrücken, eine mehr oder weniger getarnte Phantasie der Bestrafung für den fraglichen Wunsch ausdrückt, was gewiß ein sehr ungewöhnlicher ›Kompromiß‹ zwischen Ich, Es und Über-Ich ist.

An dieser Stelle müssen wir eine Frage stellen, die der Leser sich vielleicht schon vorgelegt hat. Wir sagten, daß bei Träumen ein unbewußter Wunsch oder Impuls aus dem Verdrängten im Bewußtsein als das (mehr oder weniger) wunscherfüllende Phantasiebild auftaucht, das einen manifesten Traum bildet. Das ist aber genau das, was ein zum Verdrängten gehörender Impuls per definitionem nicht tun kann. Wir haben ja als Definition des ›Verdrängten‹ gegeben, daß es jene Es-Impulse mit den unmittelbar mit ihnen verbundenen Phantasien, Erinnerungen etc. umfaßt, denen das Ich mit seinen Abwehrmechanismen den direkten Zugang zum Bewußtsein dauernd verwehrt. Wie kann beim Traum das Verdrängte im Bewußtsein erscheinen?

Die Antwort auf diese Frage liegt in der Psychologie des Schlafes [Freud, 1916b]. Während des Schlafs ist die Abwehrkraft des Ichs beträchtlich vermindert, vielleicht weil der Pfad der Motilität versperrt ist. Es ist, als ob das Ich sagte: »Ich brauche mir wegen dieser unzulässigen Impulse keine Sorgen zu machen; solange ich schlafe und im Bett bleibe, können sie nichts anrichten.« Andererseits nahm Freud an, daß die dem Verdrängten zur Verfügung stehenden Triebbesetzungen, d. h. die Kraft, mit der sie zum Bewußtwerden drängen, im Schlaf nicht nennenswert reduziert ist. Der Schlaf erzeugt also eine relative Schwächung der Abwehr gegenüber dem Verdrängten, mit dem Ergebnis, daß letzteres während des Schlafs eine bessere Chance hat bewußt zu werden als während des wachen Lebens.

Wir müssen uns klarmachen, daß dieser Unterschied zwischen Schlaf und wachem Leben ein Gradunterschied, kein Artunterschied ist. Es ist richtig, daß im Schlaf ein Element des Verdrängten eine *bessere Chance* hat, bewußt zu werden, als im wachen Leben, aber in vielen Träumen bewirkt oder erzwingt die Ich-Abwehr, wie wir gesehen haben, im Verlauf der Traumarbeit einen so hohen Grad von Verzerrung und Tarnung, daß selbst in diesen Fällen der Zugang des Verdrängten zum Bewußtsein kaum sehr unmittelbar ist. Umgekehrt können unter gewissen Umständen Elemente des Verdrängten im wachen Leben einen ziemlich direkten Zugang zum Bewußtsein gewinnen. So zeigt zum Beispiel der im sechsten Kapitel angeführte Fall des Patienten, der auf einer belebten Kreuzung einen alten Mann mit dem Auto ›zufällig‹ anfuhr, daß ein ödipaler Impuls aus dem Verdrängten zeitweilig das Verhalten beherrschen und so selbst im wachen Leben ziemlich direkten Ausdruck erlangen kann. Da andere Erscheinungen, die dasselbe zeigen, keineswegs selten sind, ist es klar, daß in dieser Hinsicht kein direkter Gegensatz zwischen Schlaf und wachem Leben besteht. Die Tatsache bleibt jedoch bestehen, daß im großen und ganzen das Verdrängte in einem manifesten Traum direkter in Erscheinung tritt, als dies im bewußten Denken oder Verhalten des wachen Lebens in der Regel der Fall ist.

Wie wir schon sagten, gibt es noch einen weiteren Prozeß, der zur endgültigen Gestalt des manifesten Traums beiträgt und möglicherweise auch an seiner Unverständlichkeit teilhat. Dieser Prozeß ist weit weniger wichtig als die beiden bisher besprochenen. Man könnte ihn gut als die letzte Phase der Traumarbeit ansehen, obwohl Freud [1933] es vorgezogen hat, beides zu trennen. Er nannte diese abschließende Phase die sekundäre Bearbeitung. Damit meinte er die Bemühungen des Ichs, dem manifesten Trauminhalt einen Schein von Logik, von sinnvollem Zusammenhang zu geben. Das Ich versucht gewissermaßen, den Traum ›vernünftig‹ zu machen, genauso wie es auch versucht, den Eindrücken, die in seinen Bereich kommen, einen ›vernünftigen Sinn‹ abzugewinnen.

Wir möchten nun noch einige Worte über ein Charakteristikum des manifesten Traums sagen, das wir schon mehrmals erwähnt haben und das, rein deskriptiv gesehen, dessen typischstes Merkmal ist. Wir meinen die Tatsache, daß der manifeste Traum fast immer überwiegend aus visuellen Eindrücken besteht. Ja, nicht selten besteht er sogar ausschließlich aus solchen Eindrücken. Jedoch können auch andere Sinnesempfindungen als Teil des manifesten Traums wahrgenommen werden[1]. Die nächsthäufigen Sinneserfahrungen im manifesten Traum nach den visuellen sind die des Gehörs, und gelegentlich kann auch jede sonstige Form von Sinneswahrnehmungen im manifesten Traum vorkommen. Es ist auch keineswegs selten, daß Gedanken oder Bruchstücke von Gedanken als Teile des manifesten Traums im späteren Leben auftreten, wie zum Beispiel, wenn ein Träumer berichtet: »Ich sah einen Mann, der einen Vollbart hatte, und wußte, daß er einen Freund von mir besuchen würde.« Wenn aber solche Gedanken in einem manifesten Traum auftreten, nehmen sie fast immer gegenüber den Sinneseindrücken eine deutlich untergeordnete Stellung ein.

Wie wir alle aus eigener Erfahrung wissen, sind die Sinneseindrücke eines manifesten Traumes voll glaubwürdig, solange wir schlafen. Sie sind für uns genauso wirklich wie unsere Sinneswahrnehmungen im Wachen. In dieser Hinsicht sind diese Elemente des manifesten Traums den Halluzinationen vergleichbar, die oft als Symptome in Fällen von Geisteskrankheit auftreten. Freud [1916b] bezeichnete in der Tat Träume als vorübergehende Psychosen, obwohl es nicht zweifelhaft ist, daß Träume als solche keine pathologischen Phänomene sind. Wir stehen deshalb vor dem Problem, wie es zu erklären ist, daß das Endresultat der Traumarbeit, also der manifeste Traum, wesensmäßig eine Halluzination ist, wenn auch eine normale Halluzination des Schlafens.

In seiner ersten Formulierung der Psychologie des Traumes erklärte Freud [1900] dieses Charakteristikum des manifesten Traumes auf der Basis jener Theorie, von der wir im dritten Kapitel sagten, daß

---

[1] Der Leser wird bemerken, daß wir hier Sinneserfahrungen meinen, die vom Träumer als Teil des manifesten Traums bewußt wahrgenommen werden, *nicht* etwaige nächtliche Sinneseindrücke, die Teil des latenten Trauminhalts sind.

sie häufig die topographische Theorie des psychischen Apparates genannt werde. Nach dieser Theorie erstreckt sich der Ablauf der psychischen Entladung normalerweise von der Wahrnehmungsseite des Apparates hin zur motorischen Seite, wo die betreffende psychische Energie durch Handeln abgeführt wird. Diese Formulierung basierte zweifellos auf dem Modell des Reflexbogens, bei dem der Verlauf des nervösen Impulses sich vom Sinnesorgan über die Zentralneuronen bis in die motorischen Bahnen erstreckt. Freud vertrat die Meinung, da im Schlaf die motorische Entladung blockiert ist, werde der Weg, den die psychische Energie des Traumes durch den psychischen Apparat nimmt, notwendigerweise *umgekehrt,* mit dem Ergebnis, daß die *Wahrnehmungs-*Seite des Apparates beim Prozeß der psychischen Entladung aktiviert werde und infolgedessen ein Bild der Sinneswahrnehmung im Bewußtsein erscheine, genauso wie das geschieht, wenn das Wahrnehmungssystem durch einen äußeren Reiz aktiviert wird. Das ist nach Freuds ursprünglicher Erklärung der Grund, warum ein Bild der Sinneswahrnehmung in einem manifesten Traum dem Träumer als wirklich erscheint.

Auf der Basis der heutigen psychoanalytischen Theorie des psychischen Apparates, der sogenannten Strukturhypothese, würden wir unsere Erklärung der Tatsache, daß der manifeste Traum seiner Natur nach eine Halluzination ist, ungefähr folgendermaßen formulieren. Während des Schlafs treten viele Ichfunktionen mehr oder weniger außer Kraft. Als Beispiele dafür haben wir bereits das Nachlassen der Abwehrmechanismen des Ichs während des Schlafens erwähnt sowie das fast vollständige Aufhören der willensbestimmten motorischen Tätigkeit. Für unsere augenblickliche Argumentation ist wichtig, daß während des Schlafs auch die Ichfunktion der Realitätsprüfung erheblich beeinträchtigt ist, also die Fähigkeit des Ichs, zwischen Reizen inneren und äußeren Ursprungs zu unterscheiden. Dazuhin findet im Schlaf auch eine tiefgehende Regression der Ichfunktionen statt, die auf ein Niveau regredieren, das für das sehr frühe Leben charakteristisch ist. So ist zum Beispiel die Denkform mehr die des Primärprozesses als die des Sekundärprozesses, ja, sie ist sogar weitgehend präverbal, d. h. sie besteht weitgehend aus Bildern der Sinneswahrnehmung, vor allem solchen visueller Art. Vielleicht ist auch der Verlust der Realitätsprüfung lediglich eine Folge der weitreichenden Ichregression, die während des Schlafes stattfindet. Jedenfalls ist im Schlafen das Denken in der Regel vorverbal und besteht weitgehend aus visuellen Bildern, und das Ich ist unfähig, zu erkennen, daß diese Bilder durch innere, nicht durch äußere Reize verursacht werden. Wir glauben, daß diese Faktoren der Grund dafür sind, daß der manifeste Traum wesensmäßig eine Halluzination ist.

Ein leicht zu beobachtendes Faktum spricht mehr für die auf der

Strukturhypothese basierende Erklärung als für die einfacher erscheinende, die auf der topographischen Theorie beruht. Diese Tatsache ist die folgende. Während vieler Träume geht die Fähigkeit zur Realitätsprüfung nicht vollständig verloren. Der Träumer ist, während er träumt, bis zu einem gewissen Grad dessen gewahr, daß das, was er erlebt, nicht wirklich, daß es ›nur ein Traum‹ ist. Eine solche teilweise Aufrechterhaltung der Funktion der Realitätsprüfung ist schwer mit der auf der topographischen Hypothese beruhenden Erklärung, jedoch ohne Schwierigkeit mit der auf der Strukturhypothese beruhenden zu vereinbaren.

Damit sind wir am Ende dessen, was wir über die psychoanalytische Theorie vom Wesen der Träume zu sagen haben. Wir haben die drei Teile des Traumes erörtert, den latenten Inhalt, die Traumarbeit und den manifesten Inhalt, und haben darzulegen versucht, wie die Traumarbeit vorgeht und welche Faktoren sie beeinflussen. Natürlich steht man in der Praxis beim Versuch, einen bestimmten individuellen Traum zu untersuchen, einem manifesten Inhalt gegenüber und hat dann die Aufgabe, irgendwie festzustellen, welches wohl der latente Inhalt ist. Wenn der Versuch Erfolg hat und wir imstande sind, den latenten Inhalt eines Traumes herauszufinden, dann sagen wir, daß wir den Traum gedeutet oder seinen Sinn aufgedeckt haben.

Die Aufgabe der Traumdeutung ist im wesentlichen auf die psychoanalytische Therapie beschränkt, da sie im allgemeinen die Anwendung der psychoanalytischen Technik verlangt. Wir wollen die Traumdeutung hier nicht erörtern, da sie eigentlich eine technische Prozedur ist und richtigerweise zur psychoanalytischen Praxis zu rechnen ist, nicht zur Theorie der Psychoanalyse.

Empfohlene Lektüre:

Freud, S. (1900), *Die Traumdeutung,* und (1905c), Analyse und Synthese des ersten Traumes aus ›Bruchstück einer Hysterie-Analyse‹ und (1933), ›Revision der Traumlehre‹, XXIX. Vorlesung aus *Neue Folge der Vorlesungen zur Einführung in die Psychoanalyse.*
Arlow, J. A., und Brenner, C. (1964), *Psychoanalytic Concepts and the Structural Theory.*

Die psychoanalytischen Theorien über psychische Störungen haben sich im Lauf der letzten sechzig Jahre gewandelt und weiterentwikkelt, genau wie die Theorien über die Triebe und den psychischen Apparat. In diesem Kapitel wollen wir diese Entwicklung von ihren Anfängen bis zur Gegenwart skizzieren und die Grundzüge der psychoanalytischen Theorie der psychischen Störungen nach ihrem heutigen Stand in großen Linien erörtern.

Als Freud zuerst die Behandlung psychisch kranker Patienten aufnahm, war die Psychiatrie kaum den Kinderschuhen entwachsen. Der diagnostische Terminus ›dementia praecox‹ war eben erst in die psychiatrische Literatur eingeführt worden; die meisten Zustände, die wir heute Psychoneurosen nennen würden, wurden mit Neurasthenie bezeichnet, dem damaligen Lieblingsetikett; Charcot war erst kürzlich der Beweis gelungen, daß hysterische Symptome durch Hypnose zum Verschwinden gebracht oder hervorgerufen werden konnten; und für die primäre Ursache aller Geisteskrankheiten hielt man die psychopathische Konstitution, nachhaltig unterstützt von den unnatürlichen Beanspruchungen und Spannungen durch das rasende Tempo der Zivilisation, d. h. des industrialisierten, städtischen Lebens.

Der Leser wird sich aus dem ersten Kapitel erinnern, daß der krankhafte Zustand, dem Freud zuerst seine Aufmerksamkeit zuwandte, die Hysterie war [Breuer und Freud, 1895]. Einer Anregung Breuers folgend, behandelte er mehrere Fälle von Hysterie mit einer modifizierten Form der Hypnosetherapie, die kathartische Methode genannt wurde. Auf Grund ihrer gemeinsamen Erfahrung schloß Freud, hysterische Symptome würden durch unbewußte Erinnerungen an Ereignisse verursacht, die von starken Emotionen begleitet waren: aber zu dem Zeitpunkt, als das Ereignis geschah, konnten diese aus irgendeinem Grund nicht hinreichend ausgedrückt oder entladen werden. Solange der normale Ausdruck der Emotionen blockiert bleibe, werde auch das hysterische Symptom anhalten.

Freuds anfängliche Theorie der Hysterie besagte also im wesentlichen, daß die Symptome das Ergebnis psychischer Traumata sind, und zwar vermutlich bei Menschen mit angeborener oder ererbter psychopathischer Anlage. Wie Freud selbst bemerkte [Freud, 1906], war das eine rein psychologische Theorie der Ätiologie. Andererseits entwickelte er auf Grund seiner frühen Erfahrungen mit einer anderen Gruppe von psychisch kranken Patienten, die nach seiner Diagnose Neurastheniker waren, eine völlig andere Theorie über die Ätiologie dieses Krankheitszustandes, von dem er annahm, er sei ausschließlich die Folge ungesunder sexueller Gewohnheiten [1895].

Es handelte sich um zwei Arten von Gewohnheiten und jede davon führte nach Freud zu einem anderen Syndrom, einem anderen Symptomkomplex. Übermäßige Masturbation oder nächtliche Ergüsse bildeten die erste Gruppe pathogener sexueller Abnormalitäten. Sie erzeugten folgende Symptome: Erschöpfung, Lustlosigkeit, Blähungen, Verstopfung, Kopfschmerzen und Dyspepsie. Freud schlug vor, die Bezeichnung ›Neurasthenie‹ künftig ausschließlich auf diese Gruppe von Patienten anzuwenden. Der zweite Typus sexueller Noxen war jede Art von sexueller Betätigung, die einen Zustand sexueller Erregung oder Stimulierung ohne hinreichende Entladung oder adäquaten Abfluß hervorrief, wie zum Beispiel der coitus interruptus oder das Liebesspiel ohne sexuelle Befriedigung. Solche Betätigungen führten zu Angstzuständen, am typischsten in Gestalt von Angstanfällen; Freud schlug vor, bei solchen Patienten von ›Angstneurose‹ zu sprechen. Noch im Jahre 1906 ließ er deutlich erkennen, daß er die Symptome der Neurasthenie und der Angstneurose für die Folge der somatischen Wirkung von Störungen im Sexualstoffwechsel hielt und daß er die Zustände selbst als biochemische Störungen ansah, analog der Thyreotoxikose und der Unterfunktion der Nebennierenrinde. Um ihren besonderen Charakter hervorzuheben, schlug er vor, Neurasthenie und Angstneurose als *Aktual*neurosen zusammenzufassen, im Gegensatz zu Hysterie und Zwangssymptomen, die nach seinem Vorschlag *Psycho*neurosen genannt werden sollten.

Der Leser wird bemerken, daß die von Freud vorgeschlagenen Klassifizierungen primär ätiologisch begründet, nicht einfach Klassifizierungen nach Symptomen waren. In der Tat erwähnte er ausdrücklich [Freud, 1898], daß ein Fall *nur dann* als Neurasthenie einzuordnen sei, wenn den typischen Symptomen übermäßige Masturbation oder Ergüsse vorangingen, da die Symptome ohne eine solche Vorgeschichte auf andere Ursachen zurückgeführt werden müßten, wie zum Beispiel auf eine generalisierte Parese (etwa bei syphilitischer Meningoenzephalitis) oder auf Hysterie. Das zu betonen, ist deshalb wichtig, weil sogar heute noch die üblichen psychiatrischen Klassifizierungen psychischer Störungen, die sich nicht als Folge einer Krankheit oder einer Schädigung des Zentralnervensystems erweisen, symptomatologischer Art sind. Es sind also deskriptive Klassifizierungen, und in der Psychiatrie wie in jedem anderen Zweig der Medizin haben deskriptive Klassifizierungen von Krankheiten und Störungen relativ geringen Wert, da die richtige Behandlung meist von der Kenntnis der *Ursache* der Symptome, nicht von deren Art abhängig ist und die gleichen Symptome bei verschiedenen Patienten ganz verschiedene Ursachen haben können. Es ist deshalb beachtenswert, daß sich Freud schon in den ersten Jahren seiner Arbeit mit psychisch kranken Patienten bemühte, über die rein deskriptive Klassifizierung hinauszugehen und Kategorien psychischer Störungen aufzustellen, die darin übereinstimmen, daß ihnen die Ursache, oder zu allermindest der zugrunde liegende psychische Mechanismus gemeinsam ist. Ferner ist es bis heute für die psychoanalytische Theorie der psychischen Störungen charakteristisch geblieben, daß sie sich in erster Linie für die Ätiologie und Psychopathologie interessiert, nicht so sehr für die deskriptive Symptomatologie.

Etwa von 1900 an richtete sich Freuds klinisches Hauptinteresse auf jene Störungen, die er Psychoneurosen nannte; die anderen, sogenannten Aktualneurosen fielen als Studienobjekte für ihn so gut wie ganz weg. Doch gab er in seiner Monographie über die Angst [Freud, 1926] von neuem seiner Überzeugung Ausdruck, daß die Klassifizierung der Angstneurose Gültigkeit habe (die Neurasthenie erwähnte er nicht) und daß sie durch sexuelle Erregung ohne adäquate Befriedigung verursacht werde. Er hielt jedoch die Meinung nicht mehr aufrecht, daß die Angstneurose letzten Endes eine biochemische, endokrine Störung sei. Statt dessen schrieb er das Auftreten der Angst, die das Hauptsymptom dieser Neurose ist und ihr den Namen gegeben hat, einem rein psychologischen Mechanismus zu. Er nahm an, daß die Triebenergien, die in einem sexuellen Höhepunkt zur Entladung hätten kommen sollen, aber nicht entladen wurden, einen Zustand psychischer Spannung schaffen, die schließlich zu stark wird, um noch vom Ich beherrscht werden zu können, mit der Folge, daß automatisch Angst entsteht, wie wir im vierten Kapitel geschildert haben.

Es ist ziemlich schwer zu sagen, welches heute die allgemeine Meinung der Psychoanalytiker über Neurasthenie und Angstneurose, wie Freud sie beschrieben hat, ist. Im Standardlehrbuch der klinischen Psychoanalyse [Fenichel, 1945] werden sie als echte, selbständige Formen besprochen; aber im periodischen psychoanalytischen Schrifttum werden sie selten erwähnt, und seit Freuds ursprünglicher Beschreibung sind keine Berichte über Fälle dieser Art mehr vorgelegt worden. Man kann wohl billigerweise sagen, daß jedenfalls in der Praxis die Kategorie der Aktualneurosen kein nennenswerter Teil der psychoanalytischen Nosologie mehr ist.

Ganz anders verhält es sich hinsichtlich der Kategorie der Psychoneurosen. Freuds frühe Theorien über diese Störungen haben eine ständige Ausdehnung und Revision erfahren, die während eines

Zeitraumes von etwa dreißig Jahren anhielt. Diese Veränderungen der theoretischen Formulierung waren jeweils das Resultat neuer Kenntnisse über ihre Psychopathologie, die sich aus der psychoanalytischen Behandlung von Patienten ergaben — einer Behandlungsmethode, die ihrer Natur nach zugleich die beste Methode darstellt, die bis jetzt für die Beobachtung der psychischen Funktionen erdacht worden ist.

In den ersten Jahren kamen die Änderungen und Ergänzungen in rascher Folge. Die erste Ergänzung war die Erkenntnis der Bedeutung des psychischen Konfliktes für das Zustandekommen des psychoneurotischen Symptoms. Der Leser wird sich erinnern, daß Freud aus der gemeinsamen Arbeit mit Breuer folgerte, hysterische Symptome — und wir können ergänzen: auch zwanghafte Symptome — würden durch ein vergessenes Ereignis der Vergangenheit verursacht, dessen begleitende Emotion nie adäquat entladen wurde. Auf Grund weiterer Beobachtung und Überlegung ergänzte er dies durch die These, daß ein psychisches Ereignis oder Erlebnis, um pathogen zu sein, für das Ich des Betreffenden in so hohem Grad abstoßend sein muß, daß das Ich versucht, es fernzuhalten oder sich dagegen zu wehren [Freud, 1894 und 1896]. Der Leser muß sich darüber klar sein, daß in dieser frühen Formulierung ›Ich‹, ›sich wehren‹ oder ›Abwehr‹ etwas ganz anderes bedeuten als später, obwohl es die gleichen *Worte* sind, die Freud dreißig Jahre später in der Formulierung der Strukturhypothese des psychischen Apparates verwendet hat. Damals bedeutete ›Ich‹ das bewußte Selbst, vor allem die ethischen und moralischen Maßstäbe des bewußten Selbst, während das Wort ›Abwehr‹ mehr die Bedeutung bewußter Abweisung hatte, nicht die sehr spezielle Bedeutung, die ihm in der späteren Theorie zugewiesen wurde und die wir im vierten Kapitel besprochen haben.

Freud glaubte, daß diese Formulierung für die Fälle der Hysterie, der Zwänge und »vieler Phobien«, wie er sich ausdrückte, Gültigkeit habe, und schlug deshalb vor, Fälle dieser Art als ›Abwehr-Neuropsychosen‹ zusammenzufassen. Wir haben hier ein weiteres Beispiel für Freuds unablässige Bemühung, ein ätiologisch begründetes Klassifizierungssystem an die Stelle eines Einteilungssystems zu setzen, das lediglich auf der Beschreibung psychischer Krankheitssymptome beruht. Dieses Bestreben wird im vorliegenden Fall besonders deutlich, da Freud manche Phobien, wie zum Beispiel Platzangst, und manche Zwänge, etwa Zweifelzwang, für Symptome der eigentlichen Angstneurose hielt und deshalb annahm, ihre Ursache sei die ungenügende Entladung sexueller Erregung mit daraus resultierender Störung des Sexualstoffwechsels des Körpers, nicht ein rein psychischer Mechanismus wie die Abwehr gegen ein abstoßendes Erlebnis.

Die nächste Ergänzung von Freuds Thesen über die Psychopathologie der Psychoneurosen war das Ergebnis seiner Erfahrung, daß er auf der Suche nach dem vergessenen, pathogenen Ereignis regelmäßig auf ein Ereignis in der *Kindheit* des Patienten stieß, das dessen *sexuelles* Leben betraf [Freud, 1896, 1898]. Er brachte deshalb die Hypothese vor, daß diese neurotischen Erkrankungen die psychische Folge einer sexuellen Verführung in der Kindheit durch einen Erwachsenen oder durch ein älteres Kind seien. Auf Grund dieser Erfahrung nahm er weiter an, wenn der Patient bei dem pathogenen oder — wie es später genannt wurde — traumatischen sexuellen Kindheitserlebnis eine aktive Rolle gespielt habe, sei seine spätere psychoneurotische Symptomatologie zwanghafter Natur. Wenn andererseits seine Rolle bei dem traumatischen Erlebnis passiv war, seien seine späteren Symptome hysterischer Art. Diese Theorie, die ein spezifisches, psychisch traumatisches Kindheitsereignis als gewöhnliche Ursache psychoneurotischer Symptome im späteren Leben annimmt, erfreut sich der besonderen Wertschätzung der Leute, die für Hollywood, den Broadway und die Bestseller-Listen schreiben. Freilich wird bei solchen belletristischen Versionen die zusätzliche theoretische Voraussetzung, daß das traumatische Erlebnis sexueller Art gewesen sein muß, gewöhnlich außer acht gelassen — mit Rücksicht auf die verschiedenen Wachhunde unserer öffentlichen Moral.

Freud hat die Idee nie aufgegeben, daß jede Psychoneurose des späteren Lebens in einer Störung des sexuellen Lebens der Kindheit wurzelt, und tatsächlich ist diese Konzeption bis heute der Eckstein der psychoanalytischen Theorie dieser Zustände geblieben. Freud mußte jedoch bald erkennen, daß in vielen Fällen die Geschichten von sexueller Verführung in der Kindheit, die ihm seine Patienten erzählten, in Wirklichkeit Phantasien waren, keine tatsächlichen Erinnerungen, auch wenn die Patienten selber sie für wahr hielten. Diese Entdeckung war für Freud zuerst ein überwältigender Schlag; er warf sich vor, leichtgläubig auf seine psychopathischen Patienten hereingefallen zu sein, und war in seiner Verzweiflung und Beschämung nahe daran, seine pychoanalytischen Forschungen ganz aufzugeben und wieder zu der braven Herde seiner Ärztekollegen zu stoßen, aus der ihn diese Forschungen verbannt hatten. Es war einer der großen Triumphe seines Lebens, daß diese Verzweiflung nicht lange anhielt, daß er imstande war, seine Daten im Lichte der neugewonnenen Kenntnisse zu überprüfen, und daß er, anstatt die Psychoanalyse aufzugeben, einen ungeheuren Schritt nach vorn tat, indem er erkannte, daß sexuelle Interessen und Betätigungen in der Kindheit sich keineswegs auf außerordentliche, traumatische Ereignisse wie Verführungen beschränken, sondern von der frühesten Kindheit an ein normaler Teil des psychischen Lebens sind [Freud, 1905b].

Mit einem Wort, er formulierte die Theorie der infantilen Sexualität, die wir im zweiten Kapitel besprochen haben.

Das Resultat dieser Entdeckung war, daß die rein zufälligen, traumatischen Erlebnisse für die Ätiologie der Psychoneurosen relativ an Bedeutung verloren, während die Bedeutung der sexuellen Konstitution und Erbanlage des Patienten als eines ätiologischen Faktors relativ zunahm. Freud nahm nun an, daß sowohl der konstitutionelle Faktor wie der Erlebnisfaktor an der Ätiologie der Psychoneurosen teilhaben und daß in manchen Fällen der eine, in manchen Fällen der andere Faktor dominiert [Freud, 1906]. Diese Auffassung behielt er sein ganzes Leben lang bei; es ist die Meinung, die heute von den Psychoanalytikern allgemein akzeptiert wird. Wir müssen jedoch ergänzend sagen, daß zwar seit dem Jahre 1906 psychoanalytische Beobachtungen unser Wissen von jenen ätiologischen Faktoren, die im Bereich des Erlebten liegen, beträchtlich erweitert haben, daß jedoch diese Beobachtungen ihrer Natur nach unsere Kenntnisse von den konstitutionellen Faktoren nicht in erheblichem Umfang vermehren konnten. Neuere Untersuchungen über die Entwicklung in der Kindheit [vgl. Fries, 1953] bemühten sich um die Aufklärung des Wesens solcher konstitutionellen Faktoren, aber bis jetzt sind sie über ein erstes Vortasten kaum hinausgekommen.

Die Entdeckung, daß infantile Sexualität ein normales Phänomen ist, führte auch zu anderen neuen und interessanten Vorstellungen. Zum einen bewirkte sie, daß die Kluft zwischen dem Normalen und dem Psychoneurotischen schmäler geworden ist. Zum anderen führte sie zu einer neuen These über die Ursprünge sexueller Perversionen und ihrer Beziehung zum Normalen wie zum Psychoneurotischen.

Freuds These war, daß im Lauf der Entwicklung des normalen Individuums einige der Komponenten infantiler Sexualität, die wir im zweiten Kapitel erörtert haben, verdrängt werden, während die übrigen in der Pubertät in die erwachsene Sexualität integriert werden. Als solche spielten sie eine erkennbare Rolle bei der sexuellen Erregung und Befriedigung, die jedoch gegenüber der Rolle der Genitalorgane selber sekundären Charakter habe. Verbreitete Beispiele sind Küssen, Anschauen, Hätscheln und Beschnuppern. In der Entwicklung jener Individuen, die später psychoneurotisch werden, gehe der Prozeß der Verdrängung zu weit. Die übermäßige Verdrängung schaffe vermutlich eine labile Situation, so daß im späteren Leben als Folge eines auslösenden Ereignisses die Verdrängung versage und unerwünschte, infantile sexuelle Impulse der Verdrängung entgingen, zumindest teilweise, und psychoneurotische Symptome hervorriefen. Schließlich bleibe bei jenen Menschen, die sexuell pervers werden, eine Komponente infantiler Sexualität, wie beispielsweise Exhibitionismus oder Analerotik, bis ins Erwachsenenleben weiter bestehen. Als Folge davon werde das erwachsene Sexualleben des

Perversen durch jene spezielle Komponente infantiler Sexualität dominiert, anstatt durch die normalen, genitalen Wünsche [Freud, 1905b und 1906].

Der Leser wird zwei entscheidende Punkte dieser Thesen bemerken. Der erste ist, daß sie bereits die Idee ausdrücken, daß die Verdrängung genauso ein Merkmal der normalen wie der nicht normalen psychischen Entwicklung ist. Das ist eine Idee, auf die wir im vierten Kapitel wiederholt Bezug nahmen, nicht nur im Blick auf die Verdrängung, sondern auch hinsichtlich der anderen Abwehrmechanismen des Ichs. Der zweite Punkt ist, daß die Konzeption eines verdrängten Impulses, der der Verdrängung entgeht und ein psychoneurotisches Symptom schafft, der im siebenten Kapitel von uns erörterten Konzeption sehr ähnlich ist, wonach ein Impuls aus dem Verdrängten während des Schlafs der Ich-Abwehren so weit entgeht, daß er einen manifesten Traum schafft.

Freud war dieser Ähnlichkeit selbstverständlich wohl gewahr, und in Übereinstimmung mit ihr brachte er die These vor, das psychoneurotische Symptom sei wie der manifeste Traum eine Kompromißbildung zwischen einem oder mehreren verdrängten Impulsen und jenen Kräften der Persönlichkeit, die dem Eintritt solcher Impulse in das bewußte Denken und Verhalten Widerstand leisten. Der einzige Unterschied sei, daß der latente Triebwunsch eines Traumes sexueller Art sein könne oder auch nicht, während die verdrängten Impulse, die neurotische Symptome hervorrufen, stets sexueller Art seien.

Freud konnte weiter zeigen, daß psychoneurotische Symptome wie die Elemente eines manifesten Traumes einen Sinn haben, d. h. einen latenten, unbewußten Inhalt. Es ließ sich zeigen, daß solche Symptome der getarnte und verzerrte Ausdruck unbewußter sexueller Phantasien sind. Dies führte zu der These, daß bei einem psychoneurotischen Patienten dessen Sexualleben teilweise oder ganz in seinen Symptomen Ausdruck findet.

Bisher haben wir die Entwicklung von Freuds Vorstellungen über seelische Störungen bis zum Jahre 1906 nachgezeichnet. So groß waren sein Genie und die Fruchtbarkeit der psychoanalytischen Methode, die er ersonnen hatte und als Untersuchungstechnik anwandte, daß seine Theorien aus dieser Zeit bereits alle Hauptelemente unserer heutigen Thesen enthalten — teils voll ausgebildet, teils im Ansatz. Wie wir sahen, begann er seine Untersuchungen mit den Konzeptionen, die im psychiatrischen Denken jener Zeit herrschten; nach diesem Denken waren geistige Störungen Erkrankungen des Geistes, die mit den normalen psychischen Funktionen nichts gemein hatten. Sie wurden auf deskriptiver, symptomatischer Grundlage klassifiziert, und ihre Ursachen wurden entweder frei heraus als unbekannt erklärt oder solch unbestimmten, generellen Faktoren wie den Spannungen des modernen Lebens, psychischer Belastung oder Erschöpfung und einer psychopathischen Konstitution zugeschrieben. Um 1906 war es Freud gelungen, die vielen seelischen Störungen zugrunde liegenden psychologischen Prozesse so weit zu erkennen, daß er sie auf der Basis ihrer Psychologie oder, wenn man will, ihrer Psychopathologie klassifizieren konnte, anstatt auf Grund ihrer Symptomatologie. Er hatte weiterhin erkannt, daß zwischen dem Normalen und dem Psychoneurotischen nicht ein Abgrund klafft, sondern daß im Gegenteil die psychologischen Unterschiede zwischen beiden Gradunterschiede, nicht Artunterschiede sind. Schließlich hatte er einen Anfang zum Verständnis von Charakterstörungen gemacht, wie sie durch sexuelle Perversionen exemplifiziert werden, und hatte erkannt, daß auch diese psychischen Gestörtheiten mit dem Normalen verwandt, nicht qualitativ scharf von ihm unterschieden sind.

Freuds Studien nach dem Jahre 1906, wie auch die späteren Untersuchungen von anderer Seite, ergänzten und revidierten seine damaligen Theorien über die Psychopathologie der seelischen Störungen hinsichtlich vieler wichtiger Einzelheiten. Sie führten jedoch nicht zu Änderungen des Prinzips oder der Grundeinstellung. Auch heute noch richten die Analytiker ihre Aufmerksamkeit auf die psychologischen Ursachen eines Symptoms, nicht auf das Symptom als solches; sie betrachten diese Ursachen immer noch unter dem Gesichtspunkt eines Konfliktes zwischen Triebmächten und triebfeindlichen Kräften, und sie betrachten die Phänomene der psychischen Funktionen und des Verhaltens des Menschen immer noch unter dem Gesichtspunkt, daß sie sich vom Normalen zum Pathologischen in ähnlicher Weise erstrecken, wie das Spektrum eines Stoffes sich von Rot bis Violett erstreckt, ohne daß es zwischen den einzelnen Farben eine scharfe Trennungslinie gäbe. Ja, wir wissen heute, daß zumindest ein Teil dessen, was Freud psychoneurotische Konflikte und Symptome nannte, bei jedem normalen Menschen vorhanden ist. Schließlich und vor allem suchen die Analytiker noch immer in der ersten Lebenszeit und in der Kindheit nach den Ereignissen und Erlebnissen, die für psychische Störungen im späteren Leben entweder unmittelbar verantwortlich oder zumindest an ihrer Entstehung beteiligt sind.

Von der modernen psychoanalytischen Theorie her lassen sich die Erscheinungen, die wir klinisch als psychische Störungen bezeichnen, *am besten als Anzeichen eines Fehlfunktionierens des psychischen Apparates verschiedenen Grades und verschiedener Form verstehen und erklären*. Wie gewöhnlich können wir uns dadurch am besten orientieren, daß wir genetisch oder entwicklungsgeschichtlich vorgehen.

Nach dem in den Kapiteln zwei bis fünf Gesagten ist es klar, daß es in den ersten Jahren der Kindheit, in denen die verschiedenen Teile oder Funktionen des psychischen Apparates erst in der Entwicklung sind, viele Möglichkeiten zur Störung gibt. Wenn zum Beispiel ein Kind während des ersten Lebensjahres den normalen pfleglichen Umgang und das Angeregtwerden durch eine Mutterfigur entbehren muß, werden sich viele seiner Ichfunktionen nicht richtig entwickeln, und seine Fähigkeit, eine Beziehung zu seiner äußeren Umwelt herzustellen und mit ihr fertig zu werden, wird unter Umständen so stark beeinträchtigt, daß das Kind schwachsinnig wird [Spitz, 1945]. Auch noch nach dem ersten Lebensjahr kann die Ausbildung der notwendigen Ichfunktionen dadurch gestört werden, daß nicht die nötigen Identifikationen entwickelt werden – sei es auf Grund übermäßiger Versagung, sei es auf Grund zu großer Verwöhnung; die Folge davon ist, daß das Ich nicht imstande ist, seine Hauptaufgabe bestmöglich zu erfüllen, nämlich zwischen dem Es und der Umwelt zu vermitteln, mit all dem, was dazugehört: Kontrollierung und Neutralisierung der Triebe einerseits, und vollständige Ausschöpfung der Möglichkeiten zur Lustgewinnung, die die Umwelt bietet, andererseits.

Wenn wir die gleichen Schwierigkeiten unter dem Gesichtspunkt der Triebe betrachten, so begreifen wir ohne weiteres, daß diese in geeigneter, aber nicht in übertriebener Weise unter Kontrolle gehalten werden müssen. Eine nicht ausreichende Kontrolle der Triebe ergibt ein Individuum, das nicht dafür geeignet oder nicht dazu fähig ist, Mitglied der Gesellschaft zu sein, was für den Menschen so unausweichlich ist. Andererseits führt eine übermäßige Unterdrückung der Triebe zu Resultaten, die auf ihre Weise genauso wenig wünschenswert sind. Wenn der Sexualtrieb zu sehr unterdrückt wird und insbesondere, wenn dies zu früh geschieht, so entsteht wahrscheinlich ein Mensch, dessen Lustvermögen ernstlich beeinträchtigt ist. Wird andererseits der Aggressionstrieb übermäßig unterdrückt, so wird der Betreffende später nicht imstande sein, sich im normalen Konkurrenzkampf mit seinen Mitmenschen zu behaupten. Darüber hinaus wird er vielleicht mehr oder weniger offen selbstzerstörerisch, da die Aggression, die andern gegenüber keinen Ausdruck finden kann, sich so häufig gegen die eigene Person wendet.

Es ist auch möglich, daß die normalen Prozesse der Bildung des Über-Ichs entgleisen. Das heißt, die vielschichtige psychologische Revolution, die der ödipalen Periode ein Ende setzt, kann in irgendeiner Weise fehlschlagen, mit der Folge, daß das Über-Ich übermäßig streng, übertrieben nachsichtig oder eine inkonsequente Mischung von beidem ist.

Alle diese Möglichkeiten sind durchaus real; sie kommen sämtlich in der Wirklichkeit vor. Selbstverständlich haben wir sie in unserer Skizze zu schematisch dargestellt. Wenn zum Beispiel die Triebe zu wenig unter Kontrolle gehalten werden, so bedeutet das natürlich, daß die Funktionen des Ichs und des Über-Ichs entsprechende Mängel aufweisen. Wenn andererseits die Kontrolle der Triebe allzu streng ist, so ist vermutlich das Ich zu ängstlich und das Über-Ich zu hart.

Wie wir im dritten Kapitel sagten, werden viele Interessen des Ichs, d. h. viele der Betätigungen, die das Ich als Abflußmöglichkeiten für die Triebenergie und als Lustquelle wählt, auf der Basis der Identifizierung ausgesucht. Es gibt jedoch noch einen anderen Faktor, der für die Auswahl einer bestimmten Aktivität dieser Art manchmal vielleicht noch wichtiger ist als die Identifizierung. In solchen Fällen wird die Wahl primär durch einen Triebkonflikt bestimmt. So wird zum Beispiel das Interesse eines Kindes an Modellieren und Malen unter Umständen durch einen besonders heftigen Konflikt aus Anlaß seines Wunsches, mit Kot zu schmieren, bestimmt, nicht durch das Bedürfnis oder den Wunsch, sich mit einem Maler zu identifizieren. In ähnlicher Weise kann wissenschaftliche Neugier sich aus einer starken sexuellen Neugier in der frühen Kindheit herleiten und so fort.

Die beiden eben angeführten Beispiele sehen wir, soweit es sich um die Entwicklung des Betreffenden handelt, natürlicherweise als günstige Fälle an. Es sind Beispiele für jenen Ausgang eines Triebkonfliktes, den wir im vierten Kapitel unter der Rubrik ›Sublimierung‹ besprochen haben. Es kommt jedoch auch vor, daß ein Triebkonflikt durch eine Einschränkung oder Hemmung der Ichtätigkeit gelöst oder zumindest beruhigt wird anstatt durch eine Erweiterung dieser Tätigkeit, wie wir das bei der Sublimierung finden. Ein einfaches Beispiel dafür ist das sonst gescheite Kind, das unfähig war, Mathematik zu lernen, weil das bedeutet hätte, mit einem gerade in dieser Richtung begabten älteren Bruder in Konkurrenz zu treten. Die selbstauferlegte Hemmung seiner eigenen intellektuellen Tätigkeit schützte das Kind vor den unangenehmen Gefühlen, die aus der eifersüchtigen Rivalität mit seinem Bruder entstanden wären.

Derartige Einschränkungen von Ichinteressen und Ichtätigkeiten sind in manchen Fällen ohne große Bedeutung für das Leben des betreffenden Menschen, in anderen Fällen sind sie außerordentlich schädlich. Es kommt zum Beispiel nicht selten vor, daß ein Mensch in seiner Lebensarbeit dem Erfolg unbewußt ebenso entschlossen ausweicht wie das Kind in unserem letzten Beispiel der Mathematik, und wesentlich aus dem gleichen Grund, nämlich um ein für allemal einen Konflikt zu beenden, der sonst intensive Unlust bereitet hätte. Darüber hinaus dienen strenge Ichbeschränkungen oft dazu, ein Verlangen des Über-Ichs nach Strafe oder Buße zu befriedigen. Um die Dinge noch schwieriger zu machen, bringen ferner nicht alle

Ichbeschränkungen, die aus Triebkonflikten entstehen, das Kind in Schwierigkeiten mit seiner Umgebung, wie das bei der Unfähigkeit, Mathematik zu begreifen, höchstwahrscheinlich der Fall wäre. So ist zum Beispiel das musterhafte Verhalten eines kleinen Kindes unter Umständen ein selbstauferlegter, verzweifelter Versuch, die Liebe seiner Umgebung zu gewinnen, anstatt weiterhin die Unlust, mit ihr in heftigem Konflikt zu stehen, erdulden zu müssen. Ist das gut oder schlecht für das Kind und wie unterscheidet es sich von ›normalem‹ gutem Verhalten?

Fragen gleicher Art erheben sich in Zusammenhang mit den Regressionen und Fixierungen, die in der Sphäre des Ichs oder des Es oder von beiden vorkommen können. So kann es beispielsweise geschehen, daß bei einem bestimmten Menschen die Lösung des Ödipuskomplexes nur auf Kosten einer partiellen Regression seines Trieblebens zur analen Ebene gelingt, mit dem Ergebnis etwa, daß der Betreffende sein ganzes Leben lang ein ungewöhnlich großes Interesse an seinen eigenen analen Prozessen und Produkten behält, sowie die Neigung hat, alles zu sammeln und zu horten, dessen er habhaft werden kann. Wie wir im zweiten Kapitel sagten, laufen solche Triebregressionen gewöhnlich auf einen früher liegenden Fixierungspunkt zu, und wir glauben, daß die Fixierung die Regression tatsächlich erleichtert. In unserem Beispiel haben wir angenommen, daß bei dem Betreffenden die Analität regressiver Art war. In einem andern Fall könnte die Regression auf eine Fixierung zurückzuführen sein, mit im wesentlichen gleichem Endergebnis. Um ein anderes Beispiel anzuführen, diesmal aus der Sphäre des Ichs: als Folge der ödipalen Konflikte kann eine partielle Regression der Objektbeziehungen des Ichs stattfinden, so daß danach die Objekte der Umwelt für den Betreffenden nur noch insoweit Bedeutung haben, als sie seine Wünsche befriedigen — mit dem Ergebnis, daß kein Objekt eine bleibende oder lang dauernde Besetzung hat. Bei diesem Beispiel, wie auch bei unserem ersten Beispiel, kann in einem anderen Fall das gleiche Ergebnis die Folge einer Fixierung statt einer Regression sein.

Derartige Icheinschränkungen und derartige Fixierungen und Regressionen des Ichs und des Es, wie wir sie eben beschrieben haben, lassen Charakterzüge entstehen, die wir in der Regel als normal bezeichnen, wenn sie das Lustvermögen des Betreffenden und seine Fähigkeit, schwere Konflikte mit seiner Umwelt zu vermeiden, nicht ungebührlich beeinträchtigen; wir neigen hingegen dazu, sie abnormal zu nennen, wenn sie in erheblichem Umfang die Lustgewinnung stören und den Betreffenden in schwere Konflikte mit seiner Umwelt bringen. Auch hier müssen wir wieder betonen, daß es keine scharfe Trennungslinie zwischen dem Normalen und dem Pathologischen gibt. Die Unterscheidung ist rein pragmatisch, und es ist notwendigerweise eine willkürliche Entscheidung, wo man den Trennungsstrich zieht. So halten wir zum Beispiel die Bildung des Über-Ichs für eine normale Folge der schweren Triebkonflikte der ödipalen Phase; aber es ist sicher auch zutreffend, wenn wir den einen Aspekt der Formierung des Über-Ichs als eines dauerndes Auferlegen gewisser Hemmungen oder Einschränkungen, denen das Ich wie das Es nunmehr unterworfen ist, bezeichnen. All das geschieht, um den Gefahrensituationen aus den ödipalen Konflikten ein Ende zu setzen.

Vom rein theoretischen Standpunkt aus könnten wir dem Vorwurf, unsere Einordnung folge der Willkür und nicht einem logischen Zwang, dadurch begegnen, daß wir sämtliche Möglichkeiten, die wir in den letzten Abschnitten besprochen haben, einfach als verschiedene Wege der Entwicklung und des Funktionierens des psychischen Apparates betrachten, ohne den Versuch zu machen, die einen als normal und die andern als abnormal zu bezeichnen. Der Kliniker, zu dem Menschen in Not oder in ernstem Konflikt mit ihrer Umwelt kommen, muß jedoch das Risiko eingehen, daß man ihm Willkür vorwirft, und muß irgendwo die Grenze ziehen zwischen dem, was er für normal hält, was nach seiner Meinung kein Grund zur Sorge ist und keiner Behandlung bedarf, und dem, was er für pathologisch hält, was behandelt werden muß. Wie wir schon sagten, wird bei den Entwicklungs- und Funktionsmustern des psychischen Apparates, die wir auf den letzten Seiten erörtert haben, die Unterscheidung zwischen dem, was normal, und dem, was abnormal ist, im allgemeinen danach getroffen, in welchem Maße das Vermögen des Betreffenden, Lust zu erfahren, eingeschränkt und wie stark seine Fähigkeit beeinträchtigt ist, sich an seine Umgebung anzupassen. Was die Terminologie angeht, so wird ein Muster psychischen Funktionierens der besprochenen Art, wenn es für pathologisch gehalten wird, in der Sprache des Klinikers gewöhnlich als Charakterstörung oder als Charakterneurose bezeichnet. Dieses Etikett bezeichnet also üblicherweise eine Funktionsweise des psychischen Apparates, die für den Betreffenden nachteilig genug ist, um pathologisch genannt zu werden, die aber dessenungeachtet ein relativ fixiertes und stabiles Gleichgewicht innerhalb der Psyche herstellt – ein Gleichgewicht, das sich – wie das bei jedem innerpsychischen Gleichgewicht der Fall sein muß – aus der Wechselwirkung zwischen den verschiedenen Kräften innerhalb der Psyche und der von außen auf sie einwirkenden Kräfte im Verlauf des Wachstums entwickelt hat.

Die verschiedenen sogenannten Charakterstörungen oder Charakterneurosen sprechen auf eine Behandlung sehr unterschiedlich an. Im allgemeinen ist die Chance, daß die Therapie erfolgreich ist, um so größer, je jünger der Patient ist und je stärker er unter dem betreffenden Charakterzug oder der Charakterstruktur leidet. Wir müssen jedoch bekennen, daß wir bis jetzt noch über keine sehr genauen oder besonders zuverlässigen prognostischen Kriterien für derartige Fälle verfügen.

Wir kommen nun zu einem Typus von Funktionsstörungen des psychischen Apparates, mit dem Freud bei seinen frühen Untersuchungen über Hysterie und die anderen ›Abwehr-Neuropsychosen‹ vertraut wurde. Bei solchen Störungen läuft nachstehende Ereignisfolge ab. Zuerst kommt ein Konflikt auf zwischen Ich und Es während der frühen Kindheit, typischerweise während der ödipalen oder präödipalen Phase. Dieser Konflikt wird vom Ich insofern gelöst, als das Ich imstande ist, eine stabile und wirksame Methode in Gang zu setzen, durch welche die in Frage stehenden gefährlichen Triebabkömmlinge unter Kontrolle gehalten werden. Dieses Verfahren ist gewöhnlich komplexer Art und umfaßt sowohl Abwehrmechanismen als auch Ichveränderungen wie Identifikationen, Leistungseinschränkungen, Sublimierungen und möglicherweise auch Regression. Dieses Gleichgewicht, gleich durch welche Methode es im Einzelfall zustande kommt, hält sich längere oder kürzere Zeit zufriedenstellend, bis ein späteres Ereignis oder eine Folge von Ereignissen es zerstört und den psychischen Apparat außerstande setzt, die Triebe weiterhin wirksam unter Kontrolle zu halten. Soweit wir wissen, spielt es dabei keine Rolle, ob die auslösenden Umstände hierbei die Triebe verstärken oder das Ich schwächen. Wichtig ist, daß das Ich *relativ* in so hohem Maß geschwächt wird, daß seine Fähigkeit beeinträchtigt wird, die Triebe niederzuhalten. Wenn dies geschieht, drohen die Triebe — oder, genauer gesagt, ihre Abkömmlinge — ins Bewußtsein einzubrechen und sich direkt in offenes Verhalten umzusetzen, trotz den Bemühungen des Ichs, sie zurückzuhalten. So entsteht ein akuter Konflikt zwischen Ich und Es, wobei das Ich in einer relativ schlechteren Position ist; als Folge davon findet eine Kompromißbildung von der Art statt, die uns aus dem siebten Kapitel bekannt ist. Diesen Kompromiß nennt man ein psychoneurotisches oder auch häufig ein neurotisches Symptom, wie Freud selber in seinen späteren Schriften, obwohl er mit seiner Konzeption der Aktualneurosen nichts zu tun hat, vielmehr dem entspricht, was er Psychoneurosen nannte. Bei dem eben beschriebenen Typus psychischen Fehlfunktionierens liegt also ein Versagen der Abwehr durch das Ich vor, gleich welches die auslösenden Gründe sind; als Folge dieses Versagens kann das Ich Es-Impulse nicht mehr hinlänglich unter Kontrolle halten, die bis dahin vom Ich erfolgreich beherrscht wurden. Eine Kompromißbildung resultiert, die unbewußt sowohl den Triebabkömmling ausdrückt als auch die Abwehrreaktion und die Furchtoder Schuldreaktion des Ichs auf die Gefahr, die der teilweise Durchbruch der Triebe darstellt. Eine solche Kompromißbildung nennt man ein neurotisches oder psychoneurotisches Symptom; sie ist, wie Freud schon vor vielen Jahren dargelegt hat, in hohem Maß einem manifesten Traum oder Traumelement analog. Einige Beispiele machen vielleicht deutlicher, was wir meinen. Nehmen wir zuerst einen Fall von Erbrechen bei einer jungen Frau. Bei der Analyse stellte sich heraus, daß die Patientin den unbewußten, verdrängten Wunsch hatte, von ihrem Vater geschwängert zu werden. Der Wunsch und die Gegenbesetzung dagegen entstanden in der ödipalen Lebensperiode der Patientin. Die relativ stabile Lösung, die die Patientin für diesen und andere ödipale Konflikte in der Kindheit erzielen konnte, funktionierte zufriedenstellend, bis ihre Eltern sich scheiden ließen und ihr Vater wieder heiratete, als sie in den Zwanzigern war. Diese Ereignisse reaktivierten ihre ödipalen Konflikte und störten das vor Jahren errichtete innerpsychische Gleichgewicht, mit der Folge, daß die Kräfte ihres Ichs ihre ödipalen Wünsche nicht mehr ausreichend unter Kontrolle hielten. In diesem Fall war eine der resultierenden Kompromißbildungen das Symptom des Erbrechens. Das Symptom repräsentierte unbewußt die Befriedigung des verdrängten ödipalen Wunsches, vom Vater geschwängert zu werden — als ob die Patientin durch ihr Erbrechen demonstrierte: »Seht, ich bin eine schwangere Frau mit morgendlichem Erbrechen.« Zu gleicher Zeit war das Leiden unter dem Erbrechen und die damit verbundene Angst der Ausdruck der unbewußten Furcht und des Schuldgefühls des Ichs, die mit dem in Frage stehenden Wunsch verknüpft waren. Weiterhin konnte das Ich ein genügendes Maß an Verdrängung aufrechterhalten, so daß der infantile Inhalt des Wunsches nicht bewußt wurde. Die Patientin hatte keine bewußte Kenntnis davon, daß ihr Erbrechen Teil einer Phantasie des Schwangerseins war, erst recht nicht davon, daß in dieser Phantasie ihr Vater sie schwanger gemacht hatte. Mit anderen Worten, die Dysfunktion des psychischen Apparates, die das Symptom des Erbrechens entstehen ließ, ermöglichte die Entladung der Triebenergie, mit der der Wunsch besetzt war — eine Entladung jedoch, die durch die Abwehroperationen des Ichs erheblich verzerrt und maskiert war, und die Unlust, nicht Lust hervorrief. Wir müssen hinzufügen, daß psychoneurotische Symptome gewöhnlich ›überdeterminiert‹ sind, d. h. daß sie häufig von mehr als einem solchen unbewußten Konflikt zwischen Es und Ich herstammen. Im vorliegenden Fall beispielsweise trugen auch der Wunsch, der durch die Phantasie ausgedrückt wurde »Mutter ist tot oder fort, und ich habe ihren Platz eingenommen« sowie das Schuldgefühl und die Furcht, die der Wunsch zur Folge hatte, zu dem beschriebenen Symptom bei.

Ein anderes Beispiel ist das eines jungen Mannes mit folgendem Symptom. Jedesmal, wenn er von zu Hause wegging, mußte er sich vergewissern, daß alle Stehlampen und Tischlampen ausgeschaltet waren. Die furchterweckende Phantasie, die als Rationalisierung für dieses Verhalten diente, ging dahin, daß in den nicht ausgeschalteten Lampen ein Kurzschluß entstehen könnte, wenn niemand zu Hause war, und das Haus abbrennen würde. Auch hier wieder war der ursprüngliche Konflikt ödipaler Art. In diesem Fall jedoch war die Lösung des ödipalen Konfliktes nie sehr stabil gewesen, und die Abwehr- und Regulationsmechanismen versagten mit dem Einsetzen der psychischen Pubertätsstürme, so daß von dieser Zeit an Kompromißbildungen oder psychoneurotische Symptome in den psychischen Funktionen des Patienten auffallend in Erscheinung traten.

Im Laufe der Analyse stellte sich heraus, daß das Symptom dieses jungen Mannes den folgenden unbewußten oder latenten Inhalt hatte. Unbewußt hatte der Patient den Wunsch, den Platz des Vaters bei der Mutter einzunehmen. Nach seiner unbewußten Phantasie würde das auf folgende Weise vor sich gehen: das Haus würde abbrennen, der Vater wäre durch den Verlust des Hauses niedergeschmettert, würde sich der Trunksucht ergeben und wäre nicht mehr imstande zu arbeiten, so daß der Patient seine Rolle als Familienoberhaupt übernehmen müßte. In diesem Fall ist die Eruption des Es-Wunsches durch zwei Tatsachen repräsentiert: 1) durch die häufige Beschäftigung mit jenem Teil der Phantasie von der Verdrängung des Vaters, der bewußt bleiben durfte, also damit, daß das Haus abbrennen würde; 2) durch die Tatsache, daß der Patient bei seinen Rundgängen vor Verlassen des Hauses manchmal nicht die Stecker der Lampen *herauszog*, sondern sie in den Kontakt steckte und damit seinen Wunsch ausdrückte, das Abbrennen des Hauses *herbeizuführen*, obwohl er bewußt damit präokkupiert war, dieses Unglück zu verhindern. Auf der andern Seite ist der Anteil des Ichs an dem Symptom ebenso klar: Ungeschehenmachen, Verdrängung, Angst und Schuldgefühl.

Ein drittes Beispiel ist der Fall eines jungen Mannes mit einer pathologischen Furcht vor Krebs. Auch hier wieder war der infantile Konflikt ödipaler Natur, während der auslösende Faktor der erfolgreiche Abschluß der Berufsausbildung des Patienten und die Aussicht auf eine baldige Heirat waren; beides bedeutete unbewußt für ihn die Befriedigung gefährlicher, ödipaler Phantasien. Das Symptom des Patienten drückte die unbewußte, ödipale Phantasie aus, eine Frau zu sein und vom Vater geliebt und geschwängert zu werden. Die Erwartung oder Angst, todkrank zu sein, die den einen Teil seines Symptoms bildete, symbolisierte die Phantasie, kastriert und somit weiblich zu sein, während die Vorstellung, etwas wachse in seinem Körper, die den Rest seines Symptoms ausmachte, die Phantasie ausdrückte, er sei geschwängert worden und ein Kind wachse in ihm. Zu gleicher Zeit hielt sein Ich, so gut es konnte, seine lebenslangen Abwehrmechanismen gegen diese angsterregenden ödipalen Wünsche aufrecht. Sie blieben verdrängt, zumindest in ihrer ursprünglichen infantilen Form. Nur in verzerrter Gestalt, für den Patienten selbst nicht erkennbar, drangen sie bis in sein Bewußtsein vor. Er hatte keine bewußte Kenntnis von einem Wunsch, eine Frau zu sein oder ein Kind von seinem Vater zu bekommen. Aber trotz all seiner Abwehrbemühungen war es ihm nicht möglich, der Angst völlig zu entgehen. Selbst in ihrer verkleideten Gestalt ängstigten ihn seine ödipalen Wünsche. Auch die Sorgen über Krankheit und Tod waren also ein Teil seines Symptoms.

Im Zusammenhang mit der Bildung psychoneurotischer Symptome prägte Freud zwei Begriffe: Primärgewinn und Sekundärgewinn durch die Krankheit oder durch die Symptombildung. Sehen wir nun, was Freud damit meinte, als er sagte, dem Individuum falle als Ergebnis der Symptombildung ein tatsächlicher Gewinn oder Vorteil zu.

Freud war der Meinung, der Gewinn dieses Vorganges bestehe primär darin, daß zumindest eine teilweise Triebabfuhr stattfindet, also zumindest eine partielle Befriedigung eines oder mehrerer Wünsche, die ihren Ursprung im Triebleben haben — und dies ohne das überwältigende Schuldgefühl, die Angst oder beides, die vorher den Patienten daran gehindert hatten, auch nur die teilweise Befriedigung zu erlangen, die ein psychoneurotisches Symptom begleitet.

Das mag angesichts der Tatsache seltsam klingen, daß neurotische Symptome so häufig von Angst begleitet sind, ja daß Angst manchmal einen so wesentlichen Teil dieser Symptome ausmacht; aber das ist mehr scheinbar als in Wirklichkeit ein Widerspruch in sich. Freud sah das folgendermaßen. Die relative Schwäche des Ichs droht, den Einbruch des ganzen infantilen Inhalts des Es-Impulses ins Bewußtsein zu gestatten. Träte dies ein, so wäre der Vorgang von dem ganzen infantilen Schuldgefühl und Schrecken begleitet, der ursprünglich durch den in Frage stehenden Impuls hervorgerufen wurde. Indem das Ich ein partielles, getarntes Auftauchen des Triebabkömmlings — vermittels der Kompromißbildung, die wir psychoneurotisches Symptom nennen — gestattet, ist es in der Lage, teilweise oder ganz die Unlust zu vermeiden, die sonst entstehen würde. Wir sehen hier, wie ähnlich ein psychoneurotisches Symptom jener anderen Kompromißbildung ist, die wir manifesten Traum nannten. Im manifesten Traum ist das Ich gleichfalls außerstande zu verhindern, daß ein Impuls aus dem Verdrängten auftaucht; aber dadurch, daß es dem Impuls eine phantasierte Befriedigung oder Entladung gestattet, die hinreichend getarnt und verzerrt ist, kann es die Unlust vermeiden, Angst zu empfinden oder aufgeweckt zu werden.

Vom Es her gesehen, ist deshalb ein psychoneurotisches Symptom eine Ersatzbefriedigung für sonst verdrängte Wünsche. Vom Ich her gesehen, ist es der Einbruch gefährlicher und nicht gewollter Wünsche ins Bewußtsein, deren Befriedigung nur teilweise gestoppt oder verhindert werden kann; es ist aber immer noch dem Auftreten dieser Wünsche in ihrer ursprünglichen Form vorzuziehen und erzeugt weniger Unlust als diese.

Der Sekundärgewinn ist lediglich ein Spezialfall der unablässigen Bemühungen des Ichs, die ihm verfügbaren Möglichkeiten zu lustbereitender Befriedigung zu nützen. Ist ein Symptom einmal gebildet, so entdeckt der Patient, der daran leidet, unter Umständen, daß es neben seinen offensichtlichen Nachteilen auch einige Vorteile hat. Um ein extremes Beispiel zu nehmen: der Frontsoldat im Krieg, bei dem sich ein Angstzustand entwickelt, hat einen ganz realen Vorteil gegenüber seinen Kameraden; er wird in die Etappe gebracht, wo die Gefahr umzukommen geringer ist. Gewiß, dieses Beispiel ist nicht ideal, wenn auch an der Oberfläche sehr einleuchtend; denn es könnte sein, die Entstehung des Angstzustandes selbst werde durch das Wissen beeinflußt, solche Angst führe dazu, daß man in Sicherheit gebracht wird. Es gibt jedoch viele Fälle, bei denen eine solche Möglichkeit nicht in Frage kommt und bei denen die Neurose erst nach ihrer Entstehung für den Betreffenden einen gewissen Wert bekommt.

Unter dem Gesichtspunkt der Theorie der psychoneurotischen Symptome ist der Sekundärgewinn bei weitem nicht so wichtig wie der Primärgewinn. Unter dem Gesichtspunkt ihrer Behandlung hingegen kann er sehr wichtig sein, da ein hohes Maß an Sekundärgewinn zur Folge haben kann, daß der Patient unbewußt seine Neurose lieber behält als los wird, da seine Symptome für ihn wertvoll geworden sind. So ist zum Beispiel die Behandlung extremer Fettsucht immer eine schwierige Sache, sie wird aber völlig aussichtslos, wenn die Patientin das Riesenweib in einem Zirkus ist und mit ihrer Krankheit ihren Lebensunterhalt verdient.

Unter den von uns angeführten Beispielen für die Bildung psychoneurotischer Symptome war keines, welches die von uns früher erwähnte Möglichkeit illustriert, daß einer der Abwehrmechanismen des Ichs eine Regression sein kann, sowohl der Ichfunktionen wie der Triebe. Vom theoretischen Standpunkt ist die Regression wieder nur eines unter vielen Abwehrmanövern, deren sich das Ich bedienen kann. Unter dem Gesichtspunkt ihrer praktischen Konsequenzen jedoch ist die Regression besonders schwerwiegend. Je erheblicher sie ist, desto ernsthafter sind im großen ganzen die Symptome, die daraus entstehen, desto ungünstiger ist die Aussicht auf eine erfolgreiche Behandlung, und desto größer ist die Wahrscheinlichkeit, daß der Patient einer stationären Krankenhausbehandlung bedarf.

Bezüglich des Typus von Fehlfunktion, der die Folge der Abwehrleistungen des Ichs sein kann, müssen wir noch den folgenden Punkt erwähnen. Die Dysfunktionen, von denen wir als von psychoneurotischen Symptomen sprechen, sind gewöhnlich jene, die das Ich des Betreffenden als ihm fremd, als unlusterzeugend oder als beides empfindet. Der junge Mann zum Beispiel, der alle Lampen kontrollieren mußte, bevor er das Haus verließ, *wollte* das nicht. Im Gegenteil, er konnte nicht anders. Er *mußte* sie kontrollieren. Mit anderen Worten, sein Symptom wurde von seinem Ich als fremd und gleichzeitig als unangenehm empfunden. Die junge Frau andererseits, die sich erbrach, empfand ihr Symptom nicht als etwas Fremdes. Für sie gab es keinen Zweifel, daß es *ihr* Magen war, dem übel war, genau wie wenn die Ursache der Übelkeit eine akute Infektion gewesen wäre. Trotzdem war das Symptom eindeutig unangenehm.

Nun gibt es Kompromißbildungen, die weder ich-fremd noch unangenehm sind und deren Ursache darin liegt, daß es infolge einer relativen Schwäche des Ichs nicht gelang, eine stabile Triebkontrolle herzustellen oder aufrechtzuerhalten. Die gravierendsten und auffälligsten dieser Kompromißbildungen sind viele Fälle sexueller Perversion und Sucht. Zwei Bemerkungen über diese Fälle sind am Platze. Erstens liegen sie offensichtlich in der Mitte zwischen den Charakterstörungen und den psychoneurotischen Symptomen; von beiden können sie nicht scharf unterschieden werden. Zweitens werden die Triebbefriedigungen, die die Perversion oder Sucht bilden, vom Ich zur Abwehr eingesetzt, um andere Triebabkömmlinge unter Kontrolle zu halten, deren Hervortreten und Befriedigung für das Ich zu gefährlich ist und deshalb nicht erlaubt werden kann. Vom Blickpunkt des Ichs aus sind diese Kompromißbildungen Beispiele dafür, daß ein Triebabkömmling dazu benützt wird, bei der Kontrolle eines anderen mitzuhelfen; in diesem Sinne sind sie dem Abwehrmechanismus der Reaktionsbildung ähnlich, den wir im vierten Kapitel erörtert haben. Der Leser wird bemerken, daß dies eine beträchtliche Verbesserung gegenüber der ursprünglichen Feststellung Freuds darstellt (auf die wir weiter oben in diesem Kapitel Bezug genommen haben), eine sexuelle Perversion sei das Gegenteil einer Neurose [Freud, 1905b].

Es läge außerhalb des Rahmens unserer Darstellung, im einzelnen zu erörtern, welche spezifischen, innerpsychischen Konflikte und Kompromißbildungen die vielerlei Symptome hervorrufen, die klinisch als hysterisch, zwanghaft, phobisch, manisch-depressiv, schizophren, pervers etc. bezeichnet werden. Es war vielmehr unser Ziel, dem Leser ein gewisses Verständnis der allgemeinen, fundamentalen theoretischen Begriffe zu vermitteln, die für alle diese klinischen Teilbereiche Gültigkeit haben oder dazu dienen können, zwischen ihnen grobe psychopathologische Unterscheidungen zu treffen. Vor allem aber haben wir versucht klarzustellen, daß man im Reich des psychischen Geschehens keine scharfe, unzweideutige Unterscheidung treffen kann zwischen dem, was wir für normal, und dem, was wir für pathologisch halten. Was wir normal und was wir pathologisch nennen, muß als die Folge von Unterschieden im Funktionieren des psychischen Apparates zwischen Individuum und Individuum begriffen werden — und zwar von Unterschieden, die Gradunterschiede, nicht Artunterschiede sind.

Empfohlene Lektüre:

Freud, S. (1917a), *Vorlesungen zur Einführung in die Psychoanalyse.*
Deutsch, H. (1930), *Psychoanalyse der Neurosen.*
Fenichel, O. (1945), *The Psychoanalytic Theory of the Neurosis.*

Neuntes Kapitel: Psychischer Konflikt und normales psychisches Geschehen

Im vorangehenden Kapitel war unsere Aufmerksamkeit in erster Linie auf jene Folgen des psychischen Konfliktes gerichtet, die als pathologisch eingestuft werden. Im vorliegenden Kapitel wollen wir uns auf das andere Ende des psychischen Spektrums konzentrieren. Wir werden Aspekte der Persönlichkeitsentwicklung betrachten, die zwar eng mit psychischen Konflikten verknüpft sind, aber trotzdem als normal, nicht als abnorm einzuordnen sind.

Wir stellten bereits fest, daß der Unterschied zwischen dem, was in diesem Bereich normal, und dem, was pathologisch ist, in Wirklichkeit ein Gradunterschied ist. Es ist kein qualitativer Unterschied. So ist es unmöglich, außer auf rein willkürliche Weise, scharf zu trennen zwischen einer Folge eines psychischen Konfliktes, die im Randbezirk des Abnormalen liegt, und einer anderen Folge, die im Randbezirk des Normalen liegt. Die Bereiche des Normalen und des Abnormen gehen wie die Farben eines Regenbogens allmählich ineinander über.

Andererseits gibt es viele Auswirkungen psychischer Konflikte, die unzweifelhaft normal sind. Man hat häufig Gelegenheit, solche normalen Erscheinungen zu beobachten, wenn man einen neurotischen Patienten analysiert. Gerade im Verlauf der Analyse kann man einige der komplexen Ursprünge von normalen Erscheinungen und ihre unbewußte Bedeutung entdecken, wie einem dies nie möglich wäre, wenn der Betreffende sich nicht in Analyse befände. Wir werden im vorliegenden Kapitel versuchen, auf der Grundlage solcher analytischen Erfahrung die Beziehung zwischen psychischen Konflikten und solchen normalen Aspekten der Persönlichkeitsentwicklung wie Charakterzüge, Berufswahl, Wahl eines Sexualpartners etc. zu illustrieren. Wir werden auch noch andere Aspekte des normalen psychischen Lebens erörtern, die nachweisbar mit psychischen Konflikten zusammenhängen. Die aus der Psychoanalyse einzelner Personen ermittelten Daten über solche Phänomene wie Märchen, Mythen, Legenden, Religion, Moral etc. sind allerdings weniger befriedigend oder weniger zahlreich. Bei diesen Beispielen werden sich unsere Schlußfolgerungen zum Teil auf die Erfahrungen mit einzelnen Patienten in der Analyse stützen, zum Teil auf das, was die Psychoanalyse über die menschliche Natur aussagen kann.

Das psychoanalytische Interesse in bezug auf Charakterzüge galt von Anfang an ihrer Beziehung zu den Triebwünschen der Kindheit. Freud [1908a] wies auf den Zusammenhang zwischen den Schicksalen der Analerotik in der Kindheit und Eigenschaften wie Ordnungssinn, Sparsamkeit und Hartnäckigkeit im späteren Leben hin sowie auf eine ähnliche Beziehung zwischen phallischen Wünschen in der Kindheit und späterem Ehrgeiz. Andere Psychoanalytiker folgten Freuds Beispiel in dieser Hinsicht. Daraus entwickelte sich eine Nomenklatur von Charaktertypen, die aus dem häufig zu beobachtenden Zusammenhang zwischen Charakterzügen und einer bestimmten Phase der Libidoentwicklung abgeleitet war. Die Analytiker sprachen von oralen, analen und phallischen Charakteren oder Charakterzügen. Die klinische Erfahrung mit vielen Patienten bestätigte Freuds ursprünglichen Eindruck, daß die oben erwähnten Charakterzüge sich sehr oft aus den analen Wünschen und Konflikten der frühen Kindheit herleiten. Die Bezeichnung »anal« wurde aus demselben Grund auch auf Menschen angewandt, für deren Charakter typisch ist, daß sie ungepflegt, unordentlich und unsauber sind. Auf ähnlicher Grundlage hat man Selbstsicherheit, Optimismus und Großzügigkeit orale Charakterzüge genannt, während man Ehrgeiz und das Bedürfnis nach Anerkennung und Beifall als phallische Züge bezeichnete.

Diese Klassifizierung erfolgt auf der Basis der Triebe, insbesondere des Sexualtriebs. Sie reflektiert die Betonung des Triebaspektes im psychischen Leben, die die erste Phase in der Entwicklung der psychoanalytischen Psychologie charakterisierte. Erst allmählich entstand ein umfassenderes Wissen von der Kompliziertheit des Weges, der von den Triebwünschen der Kindheit und den Konflikten, die daraus entstehen, zum psychischen Leben und Verhalten der Erwachsenen führt. In den folgenden Beispielen wird der Versuch unternommen darzulegen, einerseits wie kompliziert dieser Weg ist und andererseits wie die individuellen Lebenserfahrungen bei der Gestaltung des Endresultates mitwirken.

Unser erstes Beispiel ist eine Frau Mitte Zwanzig, in deren Lebensstil der Charakterzug großzügiger Mildtätigkeit besonders auffallend war. Sie kam wegen ziemlich schwerer neurotischer Symptome in die Analyse. Im Laufe ihrer Behandlung stellte sich heraus, daß ihre Mildtätigkeit ebenso eng mit ihren Kindheitskonflikten zusammenhing wie ihre neurotischen Symptome; diese Mildtätigkeit ist jedoch richtigerweise als normaler Charakterzug einzustufen, da sie der Patientin nicht schadete, sondern ihr Freude bereitete und gesellschaftliche Anerkennung fand. Die relevanten Fakten sind die folgenden.

Schon seit ihrer frühen Kindheit war die Patientin immer wieder längere Zeit von ihrer Mutter getrennt gewesen. Aus den Umständen dieser Trennungen ergab sich deutlich, daß, auch wenn beide zusammen waren, die Beziehung zur Mutter für die Patientin äußerst unbefriedigend und frustrierend gewesen sein muß. Die in hohem Maße ambivalenten Bindungen an die Mutter und die daraus entstehenden Konflikte waren in allen Aspekten der neurotischen Symptomatologie der Patientin von hauptsächlicher Bedeutung. Darüber hinaus waren sie die Hauptdeterminanten ihrer Mildtätigkeit. Schon sehr früh war sie Beschützerin ihrer jüngeren Geschwister, die genau wie sie selber unglückliche kleine Wesen waren, den Launen und dem unberechenbaren Verhalten der Mutter ausgeliefert. Obwohl sie nur wenig älter als die anderen war — sie waren alle im Laufe weniger Jahre zur Welt gekommen —, nahm sie die Geschwister unter ihre Fittiche, verteidigte sie, versuchte sie vor Strafe zu schützen und tröstete sie, wenn sie unglücklich waren, als sei sie die Mutter, nicht die Schwester. Sie verhielt sich ihnen gegenüber so, wie eine »gute« Mutter ihre Kinder behandeln sollte. Als Erwachsene empfand sie den gleichen Drang, armen, ausgelieferten, schlecht behandelten »kleinen Leuten« zu helfen, und handelte danach. Sie widmete sich ihrer karitativen Arbeit mit Hingabe und wandte in großzügigster Weise Zeit, Mühe und Geld dafür auf. Hand in Hand mit ihrer Großmut gegenüber den Unterdrückten gingen eine ebenso starke Verachtung und ein erbitterter Haß gegen die Unterdrücker — gegen das »Establishment«. Unbewußt identifizierte sie die von ihr Unterstützten mit sich selbst und ihren Geschwistern als Kinder. Die, die sie haßte, setzte sie unbewußt mit ihrer Mutter, so wie diese sich ihnen gegenüber in ihrer Kindheit verhalten hatte, gleich. Mit ihrem Zorn gegen die Unterdrücker der Schwachen übte sie die Rache, die sie gern an ihrer Mutter genommen hätte, als sie ein Kind war. Mit ihrer Mildtätigkeit gegenüber den Hilflosen gab sie unbewußt sich und ihren Geschwistern eine zuverlässige, aufopfernde Mutter an Stelle der egozentrischen, launischen, die sie tatsächlich gehabt hatten. Die lebenslängliche Sehnsucht der Patientin nach einer liebenden, verläßlichen Mutter sowie ihr Haß und ihr Verlangen nach Rache waren also Hauptdeterminanten dafür, daß die spezielle Art karitativer Tätigkeit, der ihr Interesse als Erwachsene galt, für sie so wichtig war. Andere Arten wohltätigen Verhaltens hatten wenig Anziehungskraft für sie. Wenn sie gleichwohl etwas dafür tat, so geschah es in einer beiläufigen, uninteressierten Weise, die in scharfem Gegensatz zu der leidenschaftlichen Hingabe stand, die sie den bevorzugten Objekten ihrer liebevollen, großzügigen Mildtätigkeit widmete. Hier haben wir also ein Beispiel eines normalen Charakterzugs, der sich offensichtlich aus den Triebbedürfnissen und Enttäuschungen der Patientin in ihrer frühen Kindheit herleitet.

Das zweite Beispiel bietet ein dreißigjähriger Patient, der sich durch ein heiteres, angenehmes, vernünftiges und hilfsbereites Wesen auszeichnete. Wie die erste Patientin hatte auch er erhebliche neurotische Schwierigkeiten im Leben, aber in der eben erwähnten Hinsicht verhielt er sich wie der Idealtyp dessen, was er auch tatsächlich war: das Produkt einer wohlerzogenen, hochmoralischen Familie der oberen Mittelklasse und einer der besten Schulen. »Gute Manieren« waren für ihn, so könnte man sagen, so natürlich wie das Atmen; und ohne das, was in der Analyse zum Vorschein kam, wäre man geneigt gewesen, seine »natürlichen« guten Manieren der Tatsache zuzuschreiben, daß man ihm von klein an gute Manieren beigebracht hatte. Es war ferner klar, daß dieser Aspekt seiner Persönlichkeit ein normaler Charakterzug war, ganz gleich, von welcher Definition man ausgeht. Es war ein sozial akzeptierter Charakterzug, und seine angenehme, gutmütige, vernünftige Art, das Leben zu nehmen, bereitete ihm keineswegs Schmerzen oder Kummer, sondern leistete ihm im Gegenteil oft sehr gute Dienste. Er hatte von Zeit zu Zeit Augenblicke des Bedrücktseins oder der Entmutigung, wie das bei jedem der Fall ist, wenn Mißerfolg oder Gefahr drohen, aber diese Gefühle hielten nie sehr lange an. Er stellt sich schnell auf den vernünftigen Standpunkt, daß man halt ertragen müsse, was nicht zu ändern sei, daß man besser daran tue, gute Miene zu machen, anstatt zu klagen, und daß, wenn man durchhält und seine Sache weitermacht, die Dinge sich letzten Endes doch zufriedenstellend entwickeln würden. »Ein Philosoph, ein zweiter Äsop«, wird man sagen. Aber in Wirklichkeit war es nicht ein Talent zu philosophischer Lebensweisheit, vielmehr waren es die bitteren Realitäten seiner Kindheit, die die konventionellen Tugenden seines kulturellen Milieus so verstärkt hatten, daß sie für ihn zu einem überragend wichtigen, ja lebensnotwendigen Teil seiner Persönlichkeit geworden waren.

Im Alter von neun Jahren war der Patient plötzlich von der Aussicht bedroht worden, die Person, die für ihn das wichtigste erwachsene Familienmitglied war, zu verlieren. Drei Tage lang verfiel er in akute, schwere Depression. Dann ging zum Glück die Gefahr des Verlustes vorüber. Aber für ihn selbst von nun an nie mehr ganz. Die Möglichkeit des Im-Stich-gelassen-Werdens blieb in ihm dauernd präsent. Er reagierte darauf auf zweierlei Art. Die erste Reaktion war, durch sein Verhalten sicherzustellen, daß das Drohende nie geschehen würde. Die zweite Reaktionsweise bestand darin, sich auf die Zeit vorzubereiten, da es unausweichlich geschehen würde, damit er dann nicht hilflos vom Geschehen überwältigt würde. Die erste Gruppe von Reaktionen hatte letztlich mit der Abwehr von triebbedingten Wünschen und triebbedingtem Verhalten zu tun. Vor der Verlustdrohung war der Patient nämlich ein Junge von hitzigem Temperament gewesen, der gelegentlich Wutanfälle bekam. Danach nie wieder. Von damals an bis zu seiner Analyse konnte er sich nur an einen einzigen Anlaß erinnern, wo er wirklich wütend gewesen war. Seine sexuellen Betätigungen waren gleichfalls, wenn auch keineswegs so drastisch, eingeschränkt. Mit anderen Worten, er wurde zu einem sehr *guten* Jungen, der nicht mehr die Fehler sexuellen und aggressiven Verhaltens zeigte, die nach seiner festen Überzeugung die Verlassensdrohung verursacht hatten, die er mit neun Jahren erlebte. Die zweite Reaktionsgruppe bestand im wesentlichen aus der Identifizierung mit der Erwachsenenperson, deren Verlust er fürchtete. Er wurde so wie diese Person: bedingungslos heiter, vernünftig, praktisch und optimistisch. Mit Hilfe dieser Identifikation wurde er fähig, »für sich selbst zu sorgen«, und das tat er später im buchstäblichen Sinne, als er in der frühen Adoleszenz in ein Internat kam. Wie im vorigen Fall ist auch hier klar, daß ein enger Zusammenhang zwischen psychischem Konflikt und Trauma in der Kindheit und einem normalen, nützlichen Charakterzug der späteren Kindheit und des Erwachsenenlebens besteht. Das ausgeglichene Temperament des Patienten, seine guten Manieren und sein heiterer Optimismus waren nicht einfach das Ergebnis seiner Erziehung. Sie wurden in starkem Maße durch die Überzeugung motiviert, ungezügeltes Temperament oder schlechtes Benehmen könnten dazu führen, daß er wieder im Stich gelassen würde, wie es beinahe geschah, als er neun war. Dazuhin waren sie das Resultat seiner Identifikation mit der Erwachsenenperson, die er damals beinahe verloren hätte. Mit andern Worten, diese speziellen normalen und für die Anpassung nützlichen Charakterzüge waren ebenso eng mit dem Kindheitstrauma und -konflikt des Patienten verknüpft wie seine neurotischen Symptome. Ihre Motivation kam aus denselben Quellen.

Wir haben im fünften Kapitel bereits die Bedeutung der Identifikationsmechanismen bei der Bildung des Über-Ichs während der ödipalen Periode festgestellt. Die Bildung des Über-Ichs ist ein Thema, auf das wir später in diesem Kapitel noch zurückkommen werden. Im Augenblick kommt es uns darauf an zu betonen, daß nicht alle Identifikationen der ödipalen Periode mit der Über-Ich-Bildung zusammenhängen. Manche zum Beispiel entstehen als nur wenig getarnter Ausdruck der sexuellen Wünsche und der Rivalitätsimpulse des Kindes. Es kommt häufig vor, daß ein kleiner Junge den bewußten Wunsch hat, genau wie sein Vater zu sein, den er so bewundert und beneidet, und es ist nicht selten, daß ein solcher Wunsch bis ins Erwachsenenleben anhält, so daß der Sohn in vielerlei Hinsicht zu einer psychologischen Kopie seines Vaters wird. In der Beziehung zwischen Mutter und Tochter ist es zweifellos oft ganz genauso. In solchen Fällen haben zuweilen Elternperson und Kind die gleiche Gestik, den gleichen Gesichtsausdruck, die gleiche Art zu gehen, zu sprechen und zu lachen, zeigen in Gesellschaft anderer die gleiche

Reserviertheit oder Liebenswürdigkeit etc. In Wirklichkeit ist das, was als physische Ähnlichkeit zwischen Vater oder Mutter und dem Sprößling angesehen wird, manchmal gar keine physische, sondern eine Verhaltensähnlichkeit. Sie ist das Ergebnis nicht von ererbten physischen Merkmalen, sondern von psychisch determinierten Zügen, das heißt von unbewußten Identifikationen, die in der Kindheit entstanden und häufig den Wunsch des Kindes ausdrücken, wie der Elternteil zu *sein*, mit dem es sich durch diese verschiedenen Verhaltensweisen gleichsetzt.

Bewunderung und Neid der Kinder richten sich nicht ausschließlich gegen die Eltern, wenn diese auch, wie wir wissen, die Hauptobjekte dieser Gefühle sind. Ähnliche, oft sehr intensive Gefühle gelten Geschwistern; sie können im Triebleben eines Kindes sowie bei den Konflikten und Kompromißbildungen, die daraus entstehen, eine beträchtliche Rolle spielen. Dies war bei einer jungen Frau der Fall, die ein ausgeprägtes Interesse für Musik hatte. Sie hörte nicht nur gerne Musik, sondern verfügte auch über ein, jedenfalls für einen Amateur, beachtliches musikalisches Wissen; sie hatte mehrere Jahre lang Cellostunden gehabt und spielte dieses Instrument sehr gern, wenn sie es auch nie zu überragender Fertigkeit gebracht hatte. Mit all dem ahmte sie nicht ihre Mutter, sondern ihre ältere Schwester nach, die eine anerkannte Berufsmusikerin war. Ihr Vater war auf die musikalischen Fähigkeiten und Erfolge seiner älteren Tochter sehr stolz. Seit ihrer Kindheit stand meine Patientin unter dem Eindruck, ihre Schwester sei wegen ihrer musikalischen Begabung der Liebling des Vaters; sie selber spielte Musik in Nachahmung ihrer Schwester und in der Hoffnung, dadurch mit ihr um die Zuneigung des Vaters konkurrieren zu können. Das musikalische Interesse dieser Patientin entwickelte sich im weiteren Verlauf so, daß man es als normal einstufen muß. Es war ein angenehmer, untergeordneter Aspekt ihres Lebens, wie das die Musik für die meisten Musikliebhaber in unserer Gesellschaft ist. Trotzdem besteht kein Zweifel, daß das Musikinteresse der Patientin aus ihrem Ödipuskomplex erwuchs, das heißt aus der Kindheitsrivalität mit ihrer Schwester um die Liebe des Vaters. Darüber hinaus konnte während der Analyse der Patientin beobachtet werden, daß ihre musikalischen Betätigungen, auch als sie erwachsen war, noch eine unbewußte ödipale Bedeutung hatten. Einmal zum Beispiel berichtete sie von einem Traum, in dem sie in einem Orchester spielte. Ihre Assoziationen führten zu Erinnerungen an einen Musiker, in den sie vor einer Reihe von Jahren verliebt gewesen war und der, wie sie kürzlich gehört hatte, Dirigent eines bekannten Orchesters geworden war. Er war ihrem Vater, wie sie sagte, weder altersmäßig noch nach dem Aussehen ähnlich, hatte sie aber trotzdem immer an ihn erinnert. Vielleicht weil er das gleiche Rasierwasser benutzte wie ihr Vater, meinte sie. Aus ihren Assoziation ergab sich eindeutig: erstens, daß der latente Inhalt ihres Traumes der ödipale Wunsch nach sexueller Vereinigung mit dem Vater war, und zweitens, daß dieser Wunsch in verkleideter Gestalt durch die Phantasie (den Traum) ausgedrückt wurde, mit einem Mann »Musik zu machen«, den sie »vor langer Zeit« geliebt hatte. Die Musik behielt für sie, unbewußt, immer noch ihre ursprüngliche, ödipale Bedeutung.

Genau die gleiche Beziehung kann man zwischen dem Triebleben der Kindheit und solchen normalen Erscheinungen des Erwachsenenlebens wie Berufswahl und Wahl eines Sexualpartners beobachten. Was die Berufswahl angeht, ist es schwierig, aus der eigenen Praxis befriedigende Beispiele anzugeben, will man nicht riskieren, die ärztliche Schweigepflicht zu verletzen. Vielleicht genügen aber verkürzte und getarnte Beispielsfälle bereits, um den Leser einigermaßen von der Richtigkeit der Behauptung zu überzeugen, die wir zu illustrieren versuchen.

Ein vierzig Jahre alter Gynäkologe war der Älteste von sechs Geschwistern. Wie er selber waren alle seine Brüder und Schwestern in dem Bauernhaus zur Welt gekommen, wo der Patient seine Kindheit verbracht hatte. Jede Entbindung war ein großes Ereignis, dem seine lebhafteste Neugier galt, bei dem er jedoch nie dabeisein durfte, obwohl das Zusehen bei der Geburt von Tieren seit seinen ersten Lebensjahren ein alltägliches Erlebnis war. Die sexuelle Neugier des Patienten in seiner Kindheit war ein wichtiger Faktor bei der Entscheidung für seine Lebensarbeit. Seine Berufswahl befriedigte nicht nur seine Neugier, sondern diente noch anderen Zwecken, die gleichfalls unbewußt waren. Einmal befriedigte sie seinen Wunsch, seinem Vater überlegen zu sein, der dem Arzt, welcher die Mutter des Patienten bei ihren häufigen Niederkünften behandelte, immer sehr ehrerbietig und respektvoll begegnet war. Zum anderen verstärkte sie seine Abwehrmechanismen gegen die Wut, die er bei jeder Schwangerschaft gegen seine Mutter und gegen das neue Baby empfunden hatte. Als Geburtshelfer war er Müttern und Säuglingen gegenüber freundlich und hilfreich, nicht von mörderischem Zorn und entsprechendem Schuldgefühl erfüllt, wie er es in seiner Kindheit gewesen war. Schließlich genoß er als Frauenarzt bei jeder Geburt von neuem das Gefühl, sachverständig und tüchtig zu sein, anstatt unbedeutend und hilflos, wie er sich als Junge gefühlt hatte.

Ein anderer Arzt, ein Mann von Mitte Dreißig, war in seinem vierten Lebensjahr mehrere Wochen lang von seiner Mutter getrennt gewesen, weil sie nach einer größeren Operation im Krankenhaus lag. Eine der Hauptfolgen dieses Erlebnisses für das Leben des Patienten war sein Entschluß, Arzt zu werden — genauer, Chirurg, ein Doktor, der »die Leute aufschneidet«, wie er danach jedem sagte, wenn er gefragt wurde, was er später einmal werden wolle. Die

Ambivalenz der Mutter gegenüber ist offensichtlich; diese Einstellung wurde im Verlauf seiner Analyse viele Jahre später eindeutig bestätigt. Chirurg sein, bedeutete einerseits, mit der Mutter zusammen, anstatt von ihr getrennt zu sein, sie zu heilen und ihr Held zu sein: Zugleich bedeutete es, ihr weh zu tun und sie für ihre Untreue, daß sie ihn verlassen hatte, zu bestrafen.

Ein dritter Patient, der in die Analyse kam, als er Ende Zwanzig war, übte die Tätigkeit eines Vermittlers in Arbeitsstreitigkeiten aus. Wie bei dem eben erwähnten Patienten war ein Haupttrauma seiner Kindheit die zwangsweise Trennung von seiner Mutter, als er noch klein war. Er wurde in ein Internat geschickt, als er erst sechs war. Der offenkundige Grund für seine Verbannung war, daß seine Eltern sich gestritten und getrennt hatten. Der Patient hatte in seinem späteren Leben viele neurotische Schwierigkeien, war aber als Vermittler in Arbeitsstreitigkeiten außerordentlich erfolgreich. Er war unermüdlich in seinen Bemühungen, die Meinungsverschiedenheiten jedes Arbeitskonflikts zu lösen, mit dem er zu tun hatte, und gewöhnlich gelang es ihm auch, einen offenen Bruch zwischen den beiden Parteien zu vermeiden. Es war seine feste Überzeugung, daß es keine Meinungsverschiedenheiten zwischen den Parteien eines Streites gebe, die sich nicht befriedigend lösen ließen, wenn diese sich nur zusammen an einen Tisch setzten und miteinander redeten. In diesem Fall hatte die Trennung des Patienten von seinen Eltern zu dem intensiven Verlangen geführt, sie möchten aufhören, sich zu streiten, und wieder zusammenfinden, so daß er wieder bei ihnen leben könnte, vor allem bei seiner Mutter. Sein ganzes Leben lang galt seine Arbeit dem Ziel, die Menschen zusammenzuhalten, damit sie sich nicht trennten (wie es seine Eltern getan hatten) und im übertragenen Sinn die Arbeiter heimatlos machten, wie er es in seinem sechsten Lebensjahr buchstäblich geworden war. Wieder hatte ein Kindheitstrauma unbewußt zu einer nützlichen Berufswahl im Erwachsenenleben geführt.

Wendet man sich der Betrachtung der Beziehung zwischen dem Triebleben der Kindheit und der späteren Wahl eines Sexualpartners zu, so sieht man sich einer verwirrenden Überfülle von Aspekten gegenüber. Die Verknüpfungen zwischen beidem sind so vielfältiger und intimer Natur, daß die Hauptschwierigkeit darin liegt, ein einigermaßen zutreffendes Bild ihrer Komplexität zu vermitteln. Daß diese Zusammenhänge bestehen, braucht kaum bewiesen zu werden. Das ist auch nicht überraschend. Man braucht sich nur daran zu erinnern, daß bei jedem Menschen die ersten sexuellen Objekte die der Kindheit sind. Alle späteren Sexualobjekte sind nur Neuauflagen jener aus der Kindheit. Das gilt für normale oder nur leicht neurotische Menschen genauso wie für neurotisch schwer Gestörte. Ein oder zwei

Beispiele werden genügen, um zu illustrieren, was schon eine verhältnismäßig oberflächliche Beobachtung bestätigt.

Ein junger Mann verliebte sich in eine Frau und heiratete sie, die – wie er selbst schon damals klar erkannte – ihm in einer Reihe von physischen Merkmalen wie Hautfarbe, Statur und Physiognomie ähnlich war. Er ahnte jedoch in keiner Weise, daß diese physische Ähnlichkeit einer der Gründe dafür war, daß sie ihn anzog. Erst später, als er sich in Analyse befand, wurde ihm klar, daß die Tatsache dieser geschwisterlichen Ähnlichkeit für ihn unbewußt sexuell erregend war. Unbewußt repräsentierte sie für ihn eine Schwester, mit der er in seiner Kindheit eng verbunden gewesen war. Damals hatte er die Phantasie, mit seiner Schwester verheiratet und der Vater ihrer Kinder zu sein. Als Mann lebte er unbewußt diese Phantasie mit einer Frau aus, die seiner Schwester glich. Es war interessant festzustellen, daß er – als eindrucksvolle Auswirkung seiner unbewußten Phantasie, seine Frau sei seine Schwester – während der ersten Zeit seiner Analyse mehrere Monate hindurch häufig den Namen seiner Schwester gebrauchte, wenn er von seiner Frau sprach, ein Versehen, das er erst dann bemerkte, als ihn sein Analytiker darauf aufmerksam machte.

Bei einer anderen Patientin wurde die Wahl des Sexualpartners auf kompliziertere Weise durch ihre Kindheitsbeziehung zu ihrer älteren Schwester beeinflußt. Als sie kleine Mädchen waren, war ihr vertrautester männlicher Spielgefährte ein im Nebenhaus wohnender kleiner Junge. Die Schwester der Patientin und er hatten einander so gern, daß es allgemein hieß, sie würden einander heiraten, wenn sie erwachsen wären. Die Patientin fühlte sich von ihren beiden Spielkameraden ausgeschlossen und war auf sie eifersüchtig, genau wie es in ihrer Beziehung zu ihren Eltern der Fall war. In der späteren Kindheit sahen die Schwestern ihren früheren Nachbarn nur noch selten, da die beiden Familien in zwei verschiedene Stadtviertel zogen. Viele Jahre später, als die Patientin im späten Adoleszenzalter war, führten die Umstände die drei jungen Menschen wieder zusammen. Diesmal unternahm die Patientin den bewußten Versuch, den jungen Mann dahin zu bringen, daß er sie ihrer Schwester vorzog, und zwar während letztere auswärts im College war. Es gelang ihr, ihr Ziel zu erreichen; sie wies jedoch seine sexuellen Avancen zurück und zog es vor, mit ihm »gut Freund« zu bleiben. Dann verliebte sie sich in einen nahen Freund jenes jungen Mannes, den sie gerade ihrer Schwester ausgespannt hatte, und heiratete ihn; dieser Freund war selber mit einem anderen Mädchen verlobt, als sie ihm begegnete. So vollbrachte die Patientin als Erwachsene in ihrem Liebesleben mit Erfolg das, was sie als kleines Mädchen so heiß ersehnt hatte: in einem Familiendreieck die Erfolgreiche, nicht die Unterlegene zu sein. Und damit nahm sie zugleich an dem Mann

Rache, der in der Kindheit ihrer Schwester den Vorzug vor ihr gegeben hatte: sie gab ihm wegen eines anderen Mannes den Laufpaß. Ihr unbewußter Triumph über ihre Schwester und ihren Spielgefährten war vollkommen.

Bei der Betrachtung dieser Beispiele ist man beeindruckt von der mächtigen und lang anhaltenden Wirkung, die kindliche Triebwünsche auf das psychische Leben haben. Sie können die Wahl einer Berufslaufbahn bestimmen, das Sexualleben des Erwachsenen, seine Liebhabereien, seine Manieriertheiten, Eigentümlichkeiten etc. In vielen Fällen sollte man genauer sagen, daß diese Wirkungen nicht direkt aus den Triebwünschen und Konflikten selber resultieren, sondern vielmehr aus den Phantasien, die aus ihnen entstehen. So lebte die zuletzt angeführte Patientin die Phantasie aus, ihrer älteren Schwester sexuell vorgezogen zu werden – eine Aschenbrödel-Phantasie, könnte man sagen. Auch der junge Mann, der wie ein Bruder seiner Frau aussah, lebte gleichfalls eine Kindheitsphantasie aus. Ebenso der Frauenarzt, der Chirurg, der Vermittler in Arbeitsstreitigkeiten. In jedem dieser Fälle wurde eine Phantasie, die aus den Triebwünschen der Kindheit und den damit verbundenen Ängsten entstand, zu einer mächtigen, wenngleich unbewußten Triebkraft im Leben des Patienten.

Die bisher mitgeteilten Beispiele sind der klinischen Praxis entnommen. In allen diesen Fällen war es möglich, die psychoanalytische Methode anzuwenden. In allen Fällen war der Betreffende ein zur Mitarbeit bereiter Patient, der so ausführlich und offen, wie es ihm möglich war, seine Gedanken, seine Einfälle und die Einzelheiten seines vergangenen und gegenwärtigen Lebens mitteilte, selbst Details, die zu intim oder zu bedrückend waren, um sie irgend jemandem sonst anzuvertrauen. Infolgedessen kommt den Schlußfolgerungen, die wir hinsichtlich der Beziehung zwischen dem oft unbewußten, aus der Kindheit stammenden psychischen Konflikt einerseits und den bewußten Gedanken, Wünschen und Verhaltensweisen des Erwachsenenlebens andererseits vorgetragen haben, ein beträchtlicher Grad von Zuverlässigkeit zu. In den nun folgenden Erörterungen werden größtenteils ähnliche Schlußfolgerungen vorgetragen, aber es sind Folgerungen, die nicht ausschließlich auf Daten beruhen, die aus der Anwendung der psychoanalytischen Methode in individuellen therapeutischen Analysen stammen. Wir tragen dieser Tatsache dadurch Rechnung, daß wir uns zum größten Teil auf Formulierungen beschränken, die durch die verfügbaren Daten hinreichend begründet scheinen, und daß wir von Zeit zu Zeit auf die Schwierigkeiten hinweisen, die sich ergeben, wenn man keinen Zugang zu Daten hat, die – bis jetzt jedenfalls – nur die psychoanalytische Methode zu liefern vermag.

Zu den Auswirkungen kindlicher Triebphantasien gehören Tagträume und Geschichten aller Art: Märchen, Mythen, Legenden und literarische Produkte auf allen Ebenen der Differenziertheit und Qualität. Märchen und ähnliche Geschichten sind gewöhnlich die ersten Erzählungen, die ein Kind interessieren. Ihre nie nachlassende Beliebtheit deutet darauf hin, daß sie Themen behandeln, die eine fast universelle Anziehungskraft für kleine Kinder haben; und so ist es auch. Sie behandeln in sehr direkter Weise die Themen des kindlichen Trieblebens, in erster Linie die Themen der ödipalen Periode. In fast jedem Märchen gibt es einen jungen Helden (oder eine Heldin), der über einen bösen alten Schurken (oder ein böses altes Weib) triumphiert und ihn umbringt, eine schöne Jungfrau (oder Jüngling) heiratet und mit ihr auf immerdar glücklich zusammenlebt. Jede dieser Geschichten hat ihre Varianten, aber das Grundmuster bleibt dasselbe. Jede Variante ist für bestimmte Kinder von besonderem Interesse. Die Geschichte vom Aschenbrödel zum Beispiel gefällt jüngeren Schwestern besonders gut. In dieser Geschichte ist es die verachtete jüngere Schwester, die den Prinzen heiratet, Königin wird und sich an ihrer gräßlichen Mutter und an ihren älteren Schwestern rächt. Hier ist anzumerken, daß in Märchen stets das Problem des Schuldgefühls wegen ödipaler Wünsche gelöst werden muß. Da es Geschichten für kleine Kinder und für einfache, kindliche Erwachsene sind, genügen einfache Tricks, um das Gewissen des Publikums zu beschwichtigen. Der Held (oder die Heldin) ist stets gut, wird oft schlecht behandelt wie Aschenbrödel, und der Rivale ist stets eine gemeine, bösartige, verächtliche Person, die ihr Unglück vollauf verdient. Darüber hinaus ist es oft so wie in vielen Versionen des Aschenbrödelmärchens, daß die Heldin nicht über ihre wirklichen Schwestern und ihre wirkliche Mutter triumphiert, sondern über Stiefverwandte, die sie ohnehin nicht gernzuhaben braucht.

Ein anderes im angelsächsischen Bereich sehr beliebtes Märchen ist ›Jack und der Bohnenstengel‹ oder, wie es auch — und aufrichtiger — genannt wird, ›Jack, der Riesentöter‹. In ›Aschenbrödel‹ stehen hauptsächlich die Themen Liebe und Heirat im Vordergrund. In ›Jack‹ liegt der Akzent auf Vatermord und Kastration, mit gerade noch ausreichender Verkleidung, daß die Geschichte für ein Kind aufregend und vergnüglich und nicht erschreckend ist. In der Geschichte ist der Riese, dem Jack zuerst seine Zaubergegenstände raubt und den er dann tötet, nicht Jacks Vater, sondern ein widerlicher Kannibale, der Jack aufgefressen hätte, wenn ihn nicht ein einfältiges Weib gerettet hätte. In manchen Versionen hat der Riese selbst Jacks wirklichen Vater umgebracht, so daß Jack ein Rächer ist, der Lob verdient, kein Vatermörder; und die Zaubergegenstände gehörten ursprünglich Jacks Vater, so daß Jack ganz im Recht ist, wenn er sie dem gräßlichen, bösen Riesen wieder abnimmt, der der *wirkliche* Dieb und Mörder ist.

Und so geht es fort von Märchen zu Märchen. Die Personen des Stücks sind immer die gleichen: der Held (die Heldin) und sein (ihr) Vater, die Mutter, die Schwestern und Brüder. Der Held und seine Freunde sind immer gut, seine Rivalen immer böse. Die Geschichte nimmt stets ein »glückliches« Ende, das heißt Sieg für den Helden, Tod für seinen (oder seine) Rivalen und sexuelle Vereinigung (Heirat) zwischen dem Helden und seiner Geliebten, mit der sicheren Aussicht, daß sie eine Menge Kinder haben und auf immerdar glücklich miteinander leben werden. Für Kinder von nie endender Faszination; für Erwachsene als Literatur von geringem Interesse. Lesen Erwachsene diese Märchen jedoch nicht wegen ihrer literarischen Qualität oder wegen ihres Unterhaltungscharakters, sondern wegen des Einblicks, den sie in die Psyche des Kindes gewähren, in seine Hoffnungen, seine Wünsche, seine Leidenschaften, seine Strebungen und seine Ängste, dann sind Märchen in der Tat eine sehr interessante Lektüre. Sie bieten dem Leser einen aufschlußreichen Zugang zu vielen Erscheinungen des infantilen Trieblebens und damit auch zu dem unbewußten psychischen Leben der späteren Jahre.

Mythen und Legenden entspringen derselben Quelle wie die Märchen. Es ist richtig, daß ihr Zweck in bestimmten wesentlichen Hinsichten ein anderer ist. Einmal wenden sie sich an Erwachsene, nicht an Kinder. Infolgedessen sind sie psychologisch komplexer. Sie sind realistischer in dem Sinne, daß sie weit mehr als Märchen die Anschauung eines Erwachsenen von der Komplexität der Umwelt des Menschen und seiner relativen Hilflosigkeit ihr gegenüber widerspiegeln. Sie sind auch realistisch in dem Sinne, daß sie versuchen, den Ursprung der menschlichen Umwelt, ihr Wesen und ihre Funktionsweise zu erklären. Sie sollen nicht bloße Unterhaltung sein wie die Märchen. Es sind vielmehr ernsthafte Versuche, eine Kosmologie zu entwerfen, deshalb die Vorläufer wissenschaftlicher Theorien. Trotzdem sind sie wie die Märchen im Grunde aus dem Triebleben der Kindheit abgeleitet: aus seinen Leidenschaften, Ängsten und Konflikten.

Die homerische Fassung der griechischen Mythen, wie sie vermutlich kurz nach 1000 v. Chr. im Umlauf waren, porträtiert zum Beispiel die Götter und Göttinnen als eine große Familie, die in einem Palast auf einem Berggipfel lebt, mit einem Vater, Zeus, einer Mutter, Hera, und vielen Kindern. Inzest, Eifersucht, Streit und Intrigen sind auf Homers Olymp ebenso üblich wie in den ödipalen Phantasien aller Kinder; Mord hingegen ist unmöglich, da alle Götter unsterblich sind; und da Zeus der Stärkste ist, ist er stets der Sieger oder der letzte Schiedsrichter. Der homerische Mythus schließt den Vatermord aus. Er endet für den Vater niemals tragisch.

In anderen Mythen, einschließlich vieler griechischer, findet das Thema des Vatermordes jedoch unmittelbaren Ausdruck. Der Vater-Gott erleidet das gleiche Schicksal wie der Riese im Märchen von Jack, dem Riesentöter. Er wird von seinen Kindern getötet, kastriert und oft auch aufgegessen, häufig unter Mithilfe der Mutter, und die Kinder übernehmen seine Macht, nur um schließlich ihrerseits von ihren Nachkommen vernichtet zu werden. In der Geschichte von Ödipus selbst, wie sie Euripides um 500 v. Chr. erzählt hat, erschlägt der junge Held, ohne es zu wissen, seinen Vater, heiratet seine Mutter und blendet sich schließlich selbst als Strafe für sein furchtbares, wenngleich unbeabsichtigtes Verbrechen. Die Tatsache, daß die Geschichte von Ödipus die Themen des Inzests, des Vatermordes, der Kastration und der Reue so unmittelbar ausdrückt, war es, die Freud dazu bewogen hat, die Ausdrücke »Ödipuskomplex« und »ödipale Entwicklungsphasen« zu prägen.

Wenn wir uns nun den jüdisch-christlichen Mythen zuwenden, finden wir bei diesen die gleiche Beziehung zum Triebleben der Kindheit. Der Haupteld des Alten Testamentes ist Moses, der Gesetzgeber, das heißt der Stellvertreter von Gottes Willen auf Erden. Moses, (erzogen als) ein ägyptischer Prinz, unternahm einen Aufstand gegen den ägyptischen König, besiegte ihn und wurde König eines eigenen Volkes und Königreichs. Wie wir sahen, entspringt dieses Thema der Rebellion und des Vatermordes der Rivalität, dem Haß und dem Neid, die kleine Jungen in der ödipalen Entwicklungsphase gegen den Vater fühlen. Wie wir im fünften Kapitel feststellten, ist jedoch die Einstellung des Kindes gegenüber seinen Eltern während der ödipalen Phase ambivalent. Sie ist stets aus Liebe und Haß jedem Elternteil gegenüber zusammengesetzt, wie unterschiedlich groß auch der Anteil jedes der beiden Gefühle jeweils sein mag. In der Geschichte von Moses ist die Liebe des kleinen Jungen zu seinem Vater und seine Sehnsucht, von ihm geliebt zu werden, in Moses' Beziehung zu Gott, seinem himmlischen Vater, deutlich erkennbar. Moses wird als treuer Diener Gottes dargestellt, der jene bestraft, die sich durch Anbetung anderer Götter gegen ihn auflehnen wollen. Mit einem Wort, Moses wird als seinem Gott völlig ergeben und mit ihm identifiziert geschildert.

Diese Einstellung ist ein so untrennbarer Bestandteil der religiösen Überlieferung des Westens, daß sie für jeden in dieser Tradition Aufgewachsenen selbstverständlich ist. Sie ist jedoch in Wirklichkeit keineswegs ein universelles Charakteristikum religiöser Mythen. Selbst in der Geschichte von Moses finden wir eine Andeutung der Auflehnung gegen Gott, einen kleinen Ungehorsam, für den Moses dadurch bestraft wurde, daß er nie das Gelobte Land Kanaan betreten durfte. In der Hauptsache jedoch wird Moses als ergebener und geliebter Diener Gottes geschildert. Es wird unterstellt, daß sich seine

Auflehnung nur gegen einen geringeren Vater, den Pharao, richtete.

In der Geschichte von Christus werden die Elemente der ambivalenten Beziehung zwischen Vater und Sohn gleichfalls in komplexer und verkleideter Form abgebildet. Wie in der Mosesgeschichte liegt der hauptsächliche, explizite Akzent auf der Liebe des Sohnes zum Vater und auf der Unterordnung unter dessen Wünsche. Jesus und sein Vater, Gott, werden als so eng miteinander identifiziert dargestellt, daß sie tatsächlich ein und derselbe sind. Der Held lehnt sich nie auf. Im Gegenteil, er ist seines Vaters Willen so gehorsam, daß er seinem Vater erlaubt, ihn töten zu lassen, worauf Jesus und Gott, Sohn und Vater, auf ewig in Liebe vereint sind. Die Themen von Vatermord und Inzest treten in dieser Geschichte zwar auf, aber gewissermaßen nur am Rand. Sie werden nicht dem Helden als eigene Motive oder Wünsche zugeschrieben. Im Gegenteil, es sind böse Menschen, Juden und Römer, die den jungen Gott Jesus kreuzigen. Sie sind es, die Vatermord begehen, nicht der Held, der vielmehr selbst ihr Opfer ist. Was den Inzest betrifft, so wird er nur durch die Idee angedeutet, daß der Held, Jesus, wegen der Ursünde des Menschen getötet wurde, der Sünde, die Adam und Eva dadurch begingen, daß sie im Garten Eden sexuelle Beziehungen miteinander hatten, trotz dem ausdrücklichen Verbot ihres Vaters, Gottes.

Unsere Erörterung religiöser Mythen hat uns zum Gesamtthema Religion geführt. Es gibt wahrscheinlich keinen Aspekt des Lebens in der Gesellschaft, der von größerem psychologischem Interesse wäre als die Religion. Insbesondere lassen sich leicht ihre Zusammenhänge mit jenen Aspekten des psychischen Geschehens erkennen, denen hier unser spezielles Interesse gilt: den unbewußten Motiven und Konflikten, die dem Triebleben der Kindheit entspringen.

Die Familie des kleinen Kindes (seine Eltern und Geschwister) ist im wesentlichen dessen ganze Welt. Seine sexuellen und aggressiven Impulse gegenüber den Mitgliedern seiner Familie lassen die Wünsche und Konflikte entstehen, die das psychische Leben der Kindheit charakterisieren: leidenschaftliche Liebe, heftige Eifersucht, Wut, Schrecken, Reue, hartnäckige Bemühungen, die angsterweckenden Impulse zu kontrollieren und die Eltern zu beschwichtigen und zu besänftigen, die ihm allwissend und allmächtig erscheinen. Die Religion macht aus der ganzen Welt eine neue Version der Familie eines kleinen Kindes, einer Familie, in der der Gläubige ein Kind ist und Götter und Priester seine Eltern darstellen. Wie seine Eltern werden sie ihm sagen, wie er sich verhalten soll, was er sich wünschen oder nicht wünschen darf, und sie werden ihm seine Fragen über die Welt beantworten, insbesondere die Frage, wie die Welt angefangen hat, was ja jeder Erwachsene wissen möchte, gerade so wie jedes kleine Kind wissen möchte, wie seine kleine Welt angefangen hat, das heißt, wie es gemacht wurde und woher es und andere kleine Kinder kommen. Wie Freud [1933] bemerkte, erfüllt die Religion eine dreifache Funktion für die, die an sie glauben. Sie liefert ihnen eine Kosmologie, einen Verhaltenskodex und ein System von Belohnungen und Strafen — die gleichen Funktionen, die in der Kindheit die Eltern erfüllten.

Wie nicht anders zu erwarten, trägt die Beziehung zwischen dem Gläubigen und Gott den Stempel ihres Ursprungs, denn sie ist psychologisch in vieler Hinsicht der Beziehung zwischen Kind und Eltern ähnlich. Man kann die gleiche Ambivalenz beobachten, die gleiche Mischung von Liebe und Haß, von Unterordnung und Herausforderung, und die gleiche Beimischung sinnlicher Elemente, trotz allen Bemühungen, sie auszuschalten. Diese Züge religiösen Glaubens und religiöser Observanz sind, sozusagen auf individueller Basis, bei jedem Patienten, für den die Religion eine wichtige psychologische Rolle spielt, in der Analyse erkennbar. Außerdem kann man sie in ihrer institutionalisierten Form in den religiösen Riten selber erkennen. Oft braucht man nur einen Ritus naiv zu betrachten, wie es ein Kind tun würde, braucht nur die Worte und Handlungen, die den Ritus bilden, buchstäblich anstatt allegorisch zu nehmen, um dessen unbewußte Beziehung zu kindlichen Wünschen und Ängsten wahrzunehmen.

Als Illustration dafür können wir die eng zusammenhängenden Riten von Messe und Abendmahl betrachten, die von der Mehrzahl der Christen seit ungefähr fünfzehnhundert Jahren als zentrale Elemente des Gottesdienstes praktiziert werden. Den Kommunikanten wird gesagt, Brot und Wein seien auf magische Weise in Gottes Fleisch und Blut verwandelt worden, und sie werden aufgefordert, davon zu essen und zu trinken. Ein deutlicherer, direkterer Ausdruck eines vatermörderischen Wunsches ist nicht vorstellbar. Selbstverständlich wird die Gefühlseinstellung der Rebellion gegen den Vater und des Triumphes über ihn explizit verleugnet. Dies ist keine Rebellion, es ist die Unterwerfung unter Gottes Gebot. Es ist kein Triumph, sondern folgt auf Sündenbekenntnis, Reue und Fasten und erscheint im bewußten Denken als ein Weg, moralisch gut zu werden, wie Gott, durch den Verzehr seines heiligen Fleisches und Bluts. Trotzdem sind die Worte völlig eindeutig: hier ist eures Vaters Fleisch und Blut; ihr, seine Kinder, werdet das eine essen und das andere trinken. Gleichzeitig dient der Ritus als Mahnung daran, daß Jesus sich der Verstümmelung und dem Tod unterwarf, um seines Vaters Liebe zu gewinnen. Die Worte bei der Feier des Abendmahls erinnern die Kommunikanten an Jesu Tod am Kreuz, der als leuchtendes Beispiel der Unterwerfung unter den Willen Gottes, des Vaters aller Menschen, gepriesen wird. Den Kommunikanten wird gesagt, daß auch sie sich willig jedem Schicksal unterwerfen müssen, das ihnen widerfährt, denn was es auch sei, es ist ihres Vaters Wunsch, dem sie getreulich gehorchen sollen, so wie Jesus es tat, selbst wenn das für sie Leiden, Verstümmelung und Tod bedeutet. Wenn sie gehorsam sind wie Jesus, wird Gott sie lieben und zu sich nehmen, wie er Jesus zu sich nahm, auf daß sie an seiner Seite im Himmel ewiglich leben. Dieser religiöse Glaube, dieses Dogma, hat eine auffallende Ähnlichkeit mit Phantasien, die, wie wir aus der psychoanalytischen Praxis wissen, bei Knaben in der ödipalen Entwicklungsphase sehr häufig auftreten. Der Junge in der ödipalen Phase entwickelt häufig die Phantasie, er sei ein Mädchen, was für ihn bedeutet, daß er kastriert, das heißt physisch verstümmelt wird, als *ein* möglicher Weg, Vergebung und Liebe seines Vaters zu gewinnen und an seiner Macht teilzuhaben. Der damit verwandte Glaube der Erwachsenen, wie er in der religiösen Praxis und Lehre institutionalisiert ist, verspricht göttliche Vaterliebe für alle, die wie Gottes gehorsamer und verstümmelter Sohn Jesus sein werden.

Diese Beispiele wollen illustrieren, was nur eine eigene Monographie beweisen könnte, daß nämlich, wie sehr sich die Religionen untereinander zu unterscheiden scheinen, doch alle Religionen in einem Hauptaspekt gleich sind. Sie alle reflektieren, jede auf ihre Weise, die Tatsache, daß sie frühen Kindheitskonflikten über Inzest und Vatermord entspringen, über Liebe, Eifersucht und Haß, über homosexuelle und heterosexuelle Wünsche, über Kastrationsängste, Penisneid, Reue und Selbstbestrafung. In jeder Religion sind die Gläubigen unbewußt Kinder, ihre Götter und Priester unbewußt Eltern — Eltern, die sie zugleich lieben und hassen, fürchten und verachten, denen sie gehorchen und die sie herausfordern, die sie verehren und vernichten. Die Geschichte jeder sozialen Gruppe bestimmt viele Züge ihrer religiösen Glaubensüberzeugungen und Gebräuche. Das haben Soziologen und Historiker ohne Kenntnis der Entdeckungen der Psychoanalyse wiederholt dargetan. Was die Psychoanalyse ergänzend aussagen kann, ist dies, daß die Religion jeder Gruppe — unabhängig von der Geschichte einer Gruppe und unabhängig davon, ob sie primär eine Gruppe von Ackerbauern oder Nahrungssammlern ist, ob sie feste Siedlungen hat oder nomadisiert, ob sie kriegerisch oder friedlich ist — die unbewußten Konflikte behandelt, die den Triebwünschen und -ängsten der frühen Kindheit entstammen.

Wir sollten das Thema der Religion nicht verlassen, ohne wenigstens ein paar Worte über die Moral zu sagen. Wie wir schon früher feststellten, enthält jede Religion einen Moralkodex, das heißt, ein System von Belohnungen für die Einhaltung vorgeschriebenen Verhaltens und von Strafen für vorschriftswidriges Handeln. In jeder Religion gibt es Gebote von »Du sollst« und Verbote von »Du sollst nicht«. In welcher Beziehung stehen diese gesellschaftlichen Gebote und Verbote zu den Verboten und Geboten an den einzelnen, zum Über-Ich jedes einzelnen, dessen Heranbildung und Funktionsweise wir im fünften Kapitel schilderten?

In den meisten organisierten Gesellschaften der Gegenwart wird die Moral als eine wünschenswerte Folge des religiösen Glaubens dargestellt. In der Sprache der Lehren des Christentums zum Beispiel würde die Argumentation folgendermaßen lauten: wird ein Kind gelehrt, Gott zu fürchten und zu lieben und sich mit Jesus am Kreuz zu identifizieren, so wird es Gottes Moralgesetzen gehorchen und zu einem guten Menschen heranwachsen. Mit andern Worten, dem religiösen Glauben wird die Macht zugesprochen, die Menschen moralisch gut zu machen. Soweit wir wissen, wird das in allen Gesellschaften, ganz sicher in allen zivilisierten, geglaubt. Obwohl dieser Glaube weithin akzeptiert wird, zeigen die aus der Anwendung der psychoanalytischen Methode, das heißt aus therapeutischen Analysen gewonnenen Daten eindeutig, daß dies nicht wahr ist. In Wirklichkeit kommt die individuelle Moral, die individuelle Bildung eines Über-Ichs zuerst. Sie ist Vorläufer der religiösen Erziehung, nicht deren Folge. Das Moralgefühl des Individuums wird hauptsächlich durch die Konflikte des Trieblebens in der frühen Kindheit, insbesondere in der ödipalen Phase, geformt und trägt den Stempel dieser Konflikte, was immer später geschehen mag. Es bleibt als solches das ganze spätere Leben hindurch erhalten, wenn auch in beträchtlichem Umfang unbewußt. Es ist eine seltsame, aber wahre Tatsache, daß man nicht den ganzen eigenen Moralkodex kennt, nicht einmal dessen wichtigste Teile. Man empfindet oft Schuldgefühle über Handlungen, die man bewußt für moralisch gut hält — Handlungen, die die Gesellschaft billigt oder lobt. Oft tut man gewohnheitsmäßig, was man bewußt als unmoralisch betrachtet, was die Gesellschaft verurteilt.

Tatsächlich bestätigen psychoanalytische Daten, liefern unsere Forschungsergebnisse eine wissenschaftliche Erklärung für die häufig von Kritikern der Religion vorgebrachte Beobachtung, kein Glaubensbekenntnis, kein Katechismus, kein in Stein gehauenes Gebot könne einen Menschen moralisch machen. Die Moral ist eine individuelle Angelegenheit. Sie ist ein Resultat der Über-Ich-Bildung und geht auf die heftigen Leidenschaften und überwältigenden Ängste zurück, die Teil des infantilen Trieblebens sind, nicht auf die Lektionen der Sonntagsschule. Bezüglich der Moral ist es das spezifische Erleben jedes Individuums, dem die Hauptbedeutung zukommt, das dynamisch entscheidend ist. Es ist in einem sehr realen Sinn zutreffend, wenn man sagt, daß der Moralkodex jeder Religion durch die Kindheitswünsche und -konflikte ihrer Gläubigen hervorgebracht wird, genau wie die Mythen und Legenden dieser Religion. Zugleich müssen wir aber erkennen, daß dies nicht die ganze

Geschichte der Beziehung zwischen individueller und gesellschaftlicher Moral ist. Wohl ist es ein wichtiger Teil der Geschichte, ein Teil, der einen spezifisch psychoanalytischen Beitrag darstellt, aber es ist eben nur ein Teil. Jede Religion stellt unter anderem einen Versuch dar, die Angst ihrer Gläubigen zu besänftigen und ihnen zugleich ein gewisses Maß an Triebbefriedigung zu gestatten. Ihr Moralkodex tut dies, indem er Antworten auf die Frage liefert: »Was muß ich tun, damit die Götter (meine Eltern) mich lieben und beschützen, anstatt mich wegen meiner sexuellen und mörderischen Wünsche und Handlungen zu hassen und zu bestrafen?« Diese Antworten werden jedem heranwachsenden Kind von den Älteren, ja auch von seinen eigenen Eltern, als fix und fertige Lösung für seine Triebkonflikte angeboten. Es ist eine Lösung, die seine Eltern akzeptabel und nützlich befunden haben und die sie ihm nun ihrerseits verordnen. Wenn ein Moralkodex in diesem Sinn des Wortes eine befriedigende Lösung für alle oder die meisten Angehörigen einer Gesellschaft darstellt, dann ist er lebensfähig. Trifft das nicht zu, dann wird er insgesamt verworfen und durch ein anderes System von Glaubensüberzeugungen und -praktiken ersetzt. Damit der einzelne Mensch sich mehr oder weniger gemäß einem ihm von der Gesellschaft angebotenen Moralkodex verhält oder überhaupt an eine Religion glaubt, muß er in diesem Kodex bzw. in dieser Religion eine praktikable Lösung seiner unbewußten Konflikte finden — von Konflikten, die den Triebwünschen seiner Kindheit entstammen.

In jüngerer Zeit hat die Religion als soziale Institution an Bedeutung verloren. Ganz allgemein kann man dies den psychologischen Auswirkungen der wissenschaftlichen und technischen Entwicklungen der letzten drei Jahrhunderte zuschreiben. Galilei hat, mehr als irgendeine andere Einzelpersönlichkeit, die Ereignisse in Gang gesetzt, die schließlich genau zu den Folgen führten, die die Kirche dadurch zu verhindern hoffte, daß sie ihn zum Widerruf zwang und dann für den Rest seines Lebens in Gefangenschaft hielt. Es dauerte jedoch sehr lange, bis der Fortschritt der Wissenschaft die religiösen Überzeugungen der Menschheit nennenswert beeinflußte. Noch bis 1915 vertrat jede Regierung in der Welt irgendeinen religiösen Glauben. Es gab nicht eine einzige, die offiziell atheistisch war. Gegenwärtig verdammen die Regierungen von zwei der bevölkerungsreichsten Ländern der Welt, Chinas und der Sowjetunion, alle Religionen. Das gleiche gilt für die Regierungen vieler kleinerer Länder. Mehr als ein Viertel der Weltbevölkerung lebt in diesen Ländern. Was ist mit dem religiösen Glauben dieser Milliarde Menschen geschehen? Zweifellos hat ein Teil von ihnen an der einen oder anderen Religion festgehalten, aber Hunderte von Millionen stimmen bewußt mit ihren politischen und geistigen Führern, mit ihren Herrschern und Lehrern darin überein, daß alle Religionen in Wirklichkeit unzutreffend sind, daß ihre Götter nicht existieren, daß ihre Versicherungen vom Fortleben nach dem Tode eine Illusion sind, handle es sich um die Hoffnung auf ein Paradies oder um die Androhung einer Hölle, und daß ihre Kosmologien nichts anderes sind als die reizvollen Mythen primitiver, unwissenschaftlicher, unwissender Völker, wie poesiebegabt sie auch gewesen sein mögen. Wenn die Religion einer so tiefen Quelle des psychischen Lebens entspringt, wie die Psychoanalytiker glauben, dann erscheint es unmöglich, daß sie verschwinden kann, ohne daß ein Ersatz an ihre Stelle tritt. Sicherlich müssen die unbewußten Auswirkungen der Triebkonflikte der Kindheit, die die Menschen veranlaßt haben, an organisierten religiösen Überzeugungen und Bräuchen über zahllose Jahrhunderte hin teilzuhaben, bei den Einwohnern Chinas und der Sowjetunion ebenso stark sein wie bei den übrigen Bewohnern unserer Welt. Wie manifestieren sie sich in einer atheistischen, areligiösen Gesellschaft?

Die Antwort scheint zu sein, daß in diesen Ländern die Politik dieselbe psychologische Position einnimmt wie andernorts die Religionen. Sie erfüllt für den einzelnen viele der gleichen wichtigen Funktionen. Anstatt der religiösen Prozessionen und Feste für die Gläubigen gibt es politische. Statt religiöser Ikonen gibt es politische Banner und Bilder. An die Stelle der alten Götter oder göttlichen Tiere treten Marx und Lenin. Die Stelle der Priester nehmen politische Führer ein, die Gehorsam, Liebe und Ehrfurcht fordern. Dazuhin hat die sozialistische oder kommunistische Lehre einen starken moralischen Impetus. Wie das für die meisten Religionen gilt, ist man »gut«, wenn man sich einfügt, an sie glaubt, »schlecht«, wenn man dies nicht tut. Ferner gibt es die – manchmal nur indirekte, manchmal ganz ausdrückliche – Verheißung, daß die Verwirklichung des Sozialismus eine Art Himmel auf Erden mit sich bringen wird, das Äquivalent des stereotypen Schlusses im Märchen: ». . . und sie lebten glücklich auf immerdar.«

Wir möchten ausdrücklich betonen, daß das soeben über die Psychologie der Politik in China und in der Sowjetunion Gesagte keineswegs die wirtschaftlichen und politischen Theorien des Sozialismus oder sein Idealziel des wirtschaftlichen Wohlstandes für alle herabsetzen soll. Wenn es zutrifft, daß Nachahmung die aufrichtigste Form der Schmeichelei ist, dann sind in der Tat alle wichtigeren kapitalistischen Länder voll des Lobes für das sozialistische Ideal sozialer Gerechtigkeit. Ohne Ausnahme versprechen sie ihren Bürgern die gleiche Zukunft materiellen Wohlstands und materieller Sicherheit. Der vorangehende Absatz will lediglich sagen, daß in areligiösen Gesellschaften die unbewußten Tendenzen, die sich sonst in religiösen Praktiken und Glaubensüberzeugungen ausdrücken, aus der Politik und den Politikern eine Art Religion gemacht haben. Zu ergänzen ist, daß eine solche Entwicklung weder beabsichtigt worden ist, noch vorherzusehen war. Die Reformer, die die Urheber und Führer der Revolutionen waren, welche die heutigen areligiösen Gesellschaften geschaffen haben, hatten nicht den bewußten Wunsch, daß diese Gesellschaften selber zu einer Art Religion würden. Ganz im Gegenteil; eine solche Möglichkeit wäre ihnen verhaßt gewesen. Trotzdem ist sie offenbar Wirklichkeit geworden.

Im übrigen ist das bis zu einem gewissen Grad nichts Neues in gesellschaftlichen Organisationen. Von den ältesten Zeiten an neigten die Menschen dazu, ihre Herrscher zu vergotten. In Ägypten und in Mesopotamien, wo die ersten uns bekannten differenzierten Herrschaftssysteme entstanden, waren König, Hohepriester und Gott in einer Person vereinigt. Selbst nach der Geburt des Rationalismus im Goldenen Zeitalter Griechenlands wurde Alexander, der Schüler des Aristoteles, zum Gott erhöht, wie zahllose griechische und römische Herrscher nach ihm. Es kommt uns seltsam vor, uns einen lebenden Menschen vorzustellen, der von anderen als Gott angesehen wird und selber behauptet, einer zu sein. »Das ist barbarisch«, sagen wir. »Heidnisch. Wie ganz anders sind wir doch selbst!« Aber sind wir wirklich so ganz anders? Bis in eine gar nicht weit zurückliegende Vergangenheit hinein wurde der größte Teil der Welt, zumindest dem Namen nach, von Männern und Frauen regiert, die behaupteten, Gott selber habe sie für die Stellung als König bzw. als Königin auserwählt. Sich gegen einen solchen Herrscher aufzulehnen, sich ihm nicht ganz und gar unterzuordnen, war gleichbedeutend mit Ungehorsam gegenüber Gott. Es war ein Verbrechen gegen die Religion. Noch heute betrachten konservative Gläubige den Papst, der offiziell Bischof von Rom ist, als den direkten Stellvertreter Gottes auf Erden, eine Stellung, die sicher, psychologisch gesprochen, nicht weit von der einer lebenden Gottheit entfernt ist – nicht den großen Göttern ebenbürtig, gewiß, aber doch ihnen ähnlich, wenn auch in kleinerem Maßstab.

Tatsächlich hat die analytische Erfahrung mit einzelnen Patienten ganz klar ergeben, daß jeder, zu dem man als Älterem, als einem in der Position überlegener Weisheit, Autorität oder Fähigkeit Befindlichem aufblickt, unbewußt eine Elternfigur darstellt. Religiöse und atheistische politische Regierungssysteme stehen in dieser Hinsicht keineswegs allein da. Jede Bürokratie wird nicht bloß von oben aufgezwungen. Sie wird auch von unten gestützt, und die Einstellung der einfachen Leute gegenüber ihren Herrschern in jeder Gesellschaft hat eine ihrer unbewußten Wurzeln in den ödipalen Wünschen und Konflikten dieser Menschen. Der Präsident einer Republik wird unbewußt genauso als ein Vater betrachtet — wie Gott oder ein Diktator oder ein von Gott gesalbter König oder ein kaiserlicher Halbgott als Vater gilt. Der Unterschied scheint in dem Maß an Entschlossenheit und Nachdruck zu liegen, mit dem eine bestimmte

Gesellschaft oder Sozialorganisation *in der Wirklichkeit* darauf besteht, daß eine Person oder eine relativ kleine Zahl von Personen tatsächlich die Eigenschaft besitzt, mit denen kleine Kinder in der Regel ihre Eltern ausstatten: daß sie weise, ja allwissend, daß sie stark, ja allmächtig und daß sie gut, ja ohne Sünde und ohne Fehl sind. Sie lieben und ihnen gehorchen, heißt gut sein, man verdient dafür also Liebe und Belohnung; sie nicht lieben und ihnen nicht gehorchen, heißt böse sein und jede Strafe verdienen, die sie verhängen.

Je mehr eine religiöse Organisation oder ein politisches System diesen Kriterien entspricht, desto offenkundiger handelt es sich um eine Reproduktion des psychischen Lebens der Kindheit durch die Erwachsenen; diese Lebenszeit wird von den meisten Erwachsenen bewußt vergessen, wirkt jedoch im Unbewußten weiter und zwingt die Menschen dazu, ihr ganzes Leben hindurch ihre Kindheit auf vielfältige Weise zu wiederholen. Was Politik und Religion betrifft, so ist die Tendenz zur Nachbildung der Familiensituation der Kindheit in den Institutionen der Erwachsenenwelt unverkennbar; und diese Tendenz läßt sich in der Gesellschaft der Gegenwart genauso deutlich beobachten wie in den Gesellschaften vor fünf Jahrtausenden.

Wir wollen nun das Thema der Religion verlassen und uns den eng damit zusammenhängenden allgemeineren Themen der Magie und des Aberglaubens zuwenden. In unserem wissenschaftlichen Zeitalter denkt man bei »Magie« oder »Zauberei« gewöhnlich an eine Unterhaltungsdarbietung mit Tricks und Taschenspielerkunststücken, die nur *scheinbar* unserer vernünftigen, pragmatischen Weltauffassung widersprechen. Ernsthafte Erwachsene glauben nicht, daß ein Zauberkünstler tatsächlich übernatürliche Kräfte besitzt, daß er wirklich und wahrhaftig eine Frau vor ihren Augen auseinandersägen und wieder zusammenfügen kann. Nur Kinder kann man durch solche Tricks täuschen, denken wir. Aber in Gesellschaften oder sozialen Gruppen, wo der Glaube an die Wissenschaft nicht im selben Maße den Glauben an Magie verdrängt hat wie in unserer eigenen Gesellschaft, schreiben selbst Erwachsene bestimmten Personen besondere Kräfte zu, nenne man diese Personen nun Zauberer, Hexen oder heilige Männer und Frauen. Sogar in unserer eigenen Gesellschaft, wo der Glaube an Magie, Wunder oder Hexerei so außer Mode gekommen ist, daß nur wenige Gebildete ihn zugeben würden, ist die Tatsache unbestreitbar, daß immer noch viele Menschen eifrig ihr Horoskop befragen und die Wunderheiler florieren. Das sollte niemanden überraschen. In historischen Zeiträumen gedacht, ist es noch nicht lange her, daß das *Nicht*glauben an Magie breitere Schichten der Bevölkerung erfaßt hat. Es ist richtig, daß einige wenige große Philosophen schon im fünften Jahrhundert v. Chr. im alten Griechenland eine rationale, im Gegensatz zu einer magischen Weltanschauung hatten; aber es waren eben nur wenige. Die große Mehrzahl ihrer Zeitgenossen und fast alle ihre Nachfolger glaubten noch viele Jahrhunderte lang weiter an Magie wie seit eh und je. Selbst heute, da Wissenschaft und Rationalität so hoch im Kurs stehen, gedeihen magisches Denken und magisches Glauben nach wie vor. Vielleicht wird das immer so sein. Jedenfalls ist magisches Denken und Glauben immer noch bedeutend und verbreitet genug, daß es lohnt, diesen Phänomenen einige Aufmerksamkeit zu widmen.

Magie und Aberglaube werden am einfachsten als Folgen der Überzeugung definiert, Gedanken und Worte eines Menschen könnten andere Personen sowie die Gegenstände seiner Umwelt beeinflussen, ja sogar lenken. Wie die Psychoanalytiker entdeckt haben, durchlaufen alle Kinder eine Phase, in der sie fest glauben, dies sei der Fall. »Die Allmacht des Gedankens« ist eine Wendung, die in der psychoanalytischen Literatur häufig auftaucht. Bis zu einem gewissen Grad ist dieser Glaube kleiner Kinder realistisch, denn jedes Kind entdeckt, wenn es sprechen lernt, daß es gleichzeitig damit eine Kontrolle über seine Umgebung erlangt hat, die buchstäblich in eben dem Sinne magisch ist, in dem wir eben den Begriff definiert haben. Jetzt kann es zum erstenmal der Mutter oder dem Vater sagen, was es denkt, und sie tun oder holen ihm, was es will. Wie in ›Tausend-und-eine-Nacht‹: kaum gesagt, schon getan. Dazuhin sind die Wünsche der Kinder viel stärker, zumindest relativ, als die Wünsche der Erwachsenen. Sie rufen Phantasien hervor, die für das Kind sehr real sind. Wenn die harten Tatsachen der Wirklichkeit mit seinen wunschbestimmten Tagträumen im Widerspruch stehen, dann neigt das Kind viel mehr als der Erwachsene dazu, die unangenehme Realität zu ignorieren und darauf zu beharren, daß wahr sei, was nach seinen Wünschen wahr sein soll. Jedes Kind lernt erst allmählich äußeres Faktum von Wunschphantasie zu unterscheiden, die Realität zu prüfen, wie die Psychoanalytiker sagen (vgl. das vierte Kapitel). Ferner bleibt, selbst wenn die Fähigkeit des einzelnen zur Realitätsprüfung gut entwickelt ist, die Neigung, magisch zu denken, wie es Kinder gewöhnlich tun, in uns allen mehr oder weniger bestehen — bei den meisten eher mehr als weniger.

Noch ein weiterer Zug des kindlichen Denkens spielt in Magie und Aberglaube eine wichtige Rolle. Das Kind nimmt zuerst von allen Objekten seiner Umwelt an, sie hätten Gedanken, Gefühle und Wünsche wie es selbst. Die ganze Natur ist belebt, bis das Kind durch seine Erfahrung und durch seine Eltern schließlich eines anderen belehrt wird. Spuren dieses Glaubens bleiben auch in anderen Bereichen des Erwachsenenlebens als dem der Magie erhalten. Einige religiöse Glaubenssysteme zum Beispiel sind stark animistisch. Animistische Überzeugungen spielen auch in der darstellenden Kunst eine Rolle, also in Bildhauerei und Malerei, in literarischen Produktionen, vor allem in der Dichtung.

Um zu wiederholen: magische oder abergläubische Überzeugungen und Bräuche hängen von der Allmacht des Gedankens ab, insbesondere von Wunschphantasien sowie von einer animistischen Auffassung von der Natur. Sie stehen, wenngleich häufig unbewußt, oft mit dem einen oder anderen Aspekt der Triebwünsche der Kindheit in Beziehung. Wir bemerkten bereits, daß in der Religion Magie eine bedeutende Rolle spielt, wenn sie auch keineswegs auf die Religion beschränkt ist. Was den Aberglauben betrifft, so ist oft bemerkt worden, daß, was für den einen Religion ist, für den anderen der Aberglaube sei. Für den Nichtgläubigen ist jede Religion definitionsgemäß Aberglaube. Ihr heiliger Charakter ist von dem Glauben an sie untrennbar.

Von ungefähr ihrem sechsten Lebensjahr an werden Kinder ausnahmslos von allen Arten von Magie und Aberglauben angezogen. Ein verbreiteter Aberglaube bei Stadtkindern ist, es bringe Unglück, wenn man auf eine Rille im Pflaster tritt. Solche Kinder bemühen sich mehr oder weniger angestrengt, halb im Spaß, halb im Ernst, nicht auf eine Rille zu treten, wenn sie einen Gehweg entlanggehen. Um sicher herauszufinden, welche unbewußte Bedeutung dieser Aberglaube für ein bestimmtes Kind hat, müßte man die psychoanalytische Methode auf dieses Kind anwenden. Man könnte im voraus nicht wissen, ob bei zwei oder mehr Kindern die Bedeutung die gleiche oder eine verschiedene wäre. Es ist durchaus denkbar, daß der gleiche Aberglaube und das gleiche magische Ritual bei verschiedenen Kindern verschiedene Bedeutungen haben könnten. Es gibt jedoch anderes Beweismaterial, welches darauf hindeutet, daß, zumindest in vielen Fällen, eine gemeinsame Bedeutung vorhanden ist, was der Vermutung, es handele sich um etwas Generelles, Nahrung geben könnte.

Ein Liedchen, das diese Kinder manchmal singen, wenn sie einen Gehweg entlanggehen, hat folgenden Text:

Step on a crack,
Break your mother's (or father's) back.
Step on a line,
Break your father's (or mother's) spine.[1]

Außerdem aber rennen die gleichen Kinder manchmal auch ausgelassen den Weg entlang, treten oder springen auf *alle* Rillen und singen dabei das gleiche Liedchen.

---

[1] Tritt auf eine Rille,
Brich der Mutter (oder dem Vater) den Rücken.
Tritt auf eine Linie,
Brich dem Vater (oder der Mutter) das Kreuz.

Aus dem eben skizzierten Material kann man wohl berechtigterweise den Schluß ziehen, daß es sich hier um Kinder handelt, deren feindselige, ja mörderische Wünsche in bezug auf die Eltern erst vor kurzem verdrängt wurden. In dem Liedchen werden sie so direkt ausgedrückt, daß der Zuhörer sie ohne weiteres erkennt. Wenn die Kinder auf den Pflasterrillen auf und abhüpfen, drücken sie die gleichen Wünsche in ausgelassenem Spiel aus, jedoch in stärker verkleideter Form. Ohne die begleitenden Worte wäre man nicht in der Lage, einigermaßen sicher die unbewußte Bedeutung des Spiels zu erraten. Um den Aberglauben zu erklären, muß man annehmen, daß die in Frage stehenden feindseligen Wünsche Schuldgefühl hervorrufen. So führt der unbewußte Gedanke »Ich müßte dafür bestraft werden, daß ich gegen Mutter (oder Vater) solche bösen Wünsche habe« zu dem bewußten Aberglauben »Wenn ich auf eine Rille trete (was die unbewußte, symbolische Bedeutung der Befriedigung der bösen Wünsche hat), wird mir etwas Schlimmes passieren«. Um der Bestrafung (bewußt: »es stößt mir etwas Böses zu«) zu entgehen, wendet das Kind Zauberei an: es vermeidet die Rillen und zwingt so das Schicksal, ihm »Glückhaben« zu gewähren. An der unbewußten Idee ist nichts Magisches. In Worte gefaßt, würde sie lauten: »Ich bin lieb, Mama (oder Papa), und weiß deshalb, daß du mich nicht strafst, wie du das tun würdest, wenn ich böse gegen dich wäre.« Das ist eine vollkommen realistische Idee, die Erfahrung und Erwartung eines Kindes widerspiegelt. In dem bewußten Aberglauben und dem magischen Ritual jedoch ist aus dem Vater (oder der Mutter) ein allmächtiges, allwissendes »Schicksal« geworden, dessen Wohlwollen durch ein Verhalten (nicht auf Rillen treten) gesichert werden kann, das keinerlei realistischen, praktischen Wert hat. Sein Wert entspringt ausschließlich dem unbewußten Gedanken des Kindes, der in der kindlichen Vorstellung vorgenommenen Gleichsetzung von Auf-eine-Rille-Treten und der Befriedigung seiner feindseligen Wünsche gegen Vater oder Mutter. Die Magie beruht auf Gedanken, in diesem Fall auf Gedanken über Kindheitswünsche und -ängste, nicht auf Erfahrung mit der realen Welt.

Ein anderer häufiger Aberglaube betrifft die Zahl Dreizehn. Der Glaube, Dreizehn sei eine Unglückszahl, ist so weit verbreitet, daß viele Hochhäuser kein mit »13« bezeichnetes Stockwerk haben, weil die Leute sich sonst vielleicht weigern würden, dort einzuziehen, daß ferner die Sitze im Theater so numeriert werden, daß keine »13« vorkommt etc. Auch hier wieder kann man die wahrscheinlich generelle Bedeutung dieses weitverbreiteten Aberglaubens erraten, auch ohne Patienten zu analysieren, die ihn teilen.

Interessanterweise handelt es sich hier um einen christlichen Aberglauben. In seiner ursprünglichen Form war es der Glaube, es bringe Unglück, wenn man zu dreizehn an einem Tisch sitzt. Als Grund wird angegeben, daß das Abendmahl der Passionsgeschichte dreizehn Teilnehmer zählte: Christus und seine zwölf Apostel. Ein anderer, eng damit verwandter christlicher Aberglaube besagt, der Freitag sei ein Unglückstag, weil Christus an einem Freitag gekreuzigt wurde. Nach einer Kombination der beiden Aberglauben ist Freitag, der Dreizehnte, ein ganz besonderer Unglückstag.

Man kann verstehen, daß einen frommen Christen die Erinnerung an die Kreuzigung betrübt, aber warum der Aberglaube, daß die Dreizehn Unglück bringe? Von unserem vorigen Beispiel ausgehend, können wir annehmen, daß es irgendwie mit unbewußten Schuldgefühlen über die Kreuzigung Christi zusammenhängt. Beginnen wir jedoch unseren Versuch, der Sache auf den Grund zu kommen, mit der Betrachtung der ursprünglichen Form des Aberglaubens: wenn dreizehn Menschen miteinander essen, geschieht etwas Schlimmes. Vielleicht wird einer sterben, wie die eine Form des Aberglaubens lautet. Oberflächlich betrachtet, sieht das wie ein Schulbeispiel unlogischen Denkens oder vielleicht auch ungenügender statistischer Analyse aus. Weil Christus nach einem Mahl, an dem dreizehn Personen teilnahmen, gefangengenommen und gekreuzigt wurde, wenn man den Evangelien glaubt, wird dasselbe oder etwas Vergleichbares wahrscheinlich jedesmal eintreten, wenn dreizehn bei Tisch sind. Die Wahrscheinlichkeit ist so groß, daß man am besten eine solche Tischgemeinschaft vermeidet. Jede andere Zahl ist für die Teilnehmer sehr viel sicherer. Die Tatsache, daß Nichtchristen keinerlei derartigen Zusammenhang beobachten, ist ohne Belang. Dreizehn bei Tisch — bringt Unglück.

In Wirklichkeit ist hierbei jedoch nur die bewußte Schlußfolgerung fehlerhaft, wie bei jedem Aberglauben. Das letzte Abendmahl war die erste Kommunion. Hier die Schilderung in Matthäus, 26 (Vers 26–28): »Da sie aber aßen, nahm Jesus das Brot, dankete und brach's und gab's den Jüngern und sprach: ›Nehmt, esset, das ist mein Leib.‹ Und er nahm den Kelch und dankte, gab ihnen den und sprach: ›Trinket alle daraus; das ist mein Blut . . .‹«

Es ist deshalb klar, daß beim letzten Abendmahl Christi Jünger sein Fleisch aßen und sein Blut tranken; ihre Speise war Gott selbst. Auch hier wieder haben wir es mit einem Triebwunsch der Kindheit zu tun: den Vater zu töten und zu verzehren. Dreizehn bei Tisch sein, symbolisiert also für einen Christen den unbewußten Kindheitswunsch, seinen Vater zu töten und aufzuessen — ein Wunsch, der von Schuldgefühl und Angst begleitet ist. Unbewußt tut der abergläubische Christ das gleiche wie die Kinder in unserem vorherigen Beispiel: er sagt seinem Vater, er sei ein guter Sohn, der *nicht* so etwas Böses tun will, nämlich ihn töten und aufessen — etwas, wofür er Strafe zu erwarten habe, wenn er es versuchte. Durch Vermeidung der Handlung, welches die Befriedigung seines schlimmen Wunsches symbolisiert, kann er auch die Vergeltung (»Unglück«) vermeiden.

Es ist interessant, Spekulationen darüber anzustellen, welche unbewußte Bedeutung die Zahl Dreizehn für die vielen Menschen hat, die fürchten, daß sie Unglück bringt, ohne die geringste Ahnung vom Ursprung des Aberglaubens und von seiner Beziehung zum Abendmahl oder überhaupt zu Christus zu haben. Alles, worüber man unbewußt Schuldgefühle hat, kann eine bewußt unerklärliche, irrationale Erwartung von Mißgeschick hervorrufen — eine Erwartung, die man dann vielleicht durch einen Zauber zu beschwichtigen versucht. Wir können deshalb annehmen, daß jeder, den die Möglichkeit zwanghaft beschäftigt, die »13« oder irgendein anderes Omen werde ihm Unglück bringen, über irgend etwas Schuldgefühle empfindet. Die Frage, warum einem bestimmten Individuum ein böses Omen mehr Angst einflößt als ein anderes, läßt sich nur auf individueller Basis befriedigend beantworten, das heißt, durch Anwendung der analytischen Methode auf diese Einzelperson. In diesem Zusammenhang wird die in der klinischen Praxis des Psychoanalytikers häufig gemachte Beobachtung interessieren, daß bei Patienten, die sich bewußt und intensiv mit Abzählen oder ähnlichen Ritualen, bei denen es um Zahlen geht, beschäftigen, diese Erscheinungen das Resultat unbewußter, zwanghafter Beschäftigung mit Masturbation und den mit Masturbation einhergehenden Phantasien sind. Man kann nicht sagen, daß ein solcher Zusammenhang in jedem Fall besteht, es scheint jedoch sehr häufig so zu sein.

Vorzeichen und Wahrsagen allgemein sind ein wichtiges Element des Aberglaubens. Der Zauberer, der Astrologe und der Wahrsager gehören im volkstümlichen Denken eng zusammen. In vielen Gesellschaften der Vergangenheit und der Gegenwart nahmen und nehmen sie wichtige und angesehene Stellungen in der sozialen Hierarchie ein. Wahrsager erfüllen im allgemeinen eine doppelte Funktion. Sie sagen die Zukunft voraus, und sie beraten die Gemeinschaft oder den einzelnen darüber, ob jetzt ein günstiger oder ungünstiger Zeitpunkt ist, ein bestimmtes Vorhaben zu unternehmen, handele es sich nun um eine Liebesgeschichte, ein geschäftliches Unternehmen oder einen Kriegszug. Fast jede natürliche Erscheinung kann dazu benützt werden, die gewünschte Voraussage zu machen: die Sterne, der Vogelflug, eine Mond- oder Sonnenfinsternis, die Leber eines Tieres, die Handlinien oder die Blätter in einer Tasse Tee. In jedem Fall geht die abergläubische Überzeugung dahin, daß wer (oder welche »Macht«) auch immer gemacht hat, daß die Sterne sich bewegen, die Vögel fliegen oder die Sonne aufhört zu scheinen, dies getan hat, um jedem einzelnen von uns zu sagen, was er ohne Furcht vor Strafe jetzt tun darf oder nicht tun darf und ebenso wie er in der Zukunft auf Gunst rechnen kann. Auf Grund unseres Wissens über das unbewußte psychische Leben scheint der Schluß erlaubt, daß dieser Glaube, wie der Glaube eines religiösen Erwachsenen an Gott, den Einstellungen der Kinder zu ihren Eltern entspringt. In der Kindheit sind es die Eltern, die einem sagen, was man tun darf und was nicht. Wenn man seinen Eltern nicht gehorcht, erwartet man, bestraft zu werden. In der Kindheit sind auch die Eltern diejenigen, die für die Zukunft verantwortlich sind, die in ihren Händen die Macht halten, unsere Wünsche zu befriedigen oder ihnen Befriedigung zu versagen und unsere Hoffnungen und Pläne scheitern zu lassen. Der Abergläubische, der an Vorzeichen und Wahrsagen glaubt, ist offenbar unbewußt immer noch ein Kind, mit der Einstellung unterwürfigen Gehorsams gegenüber den Eltern, begierig ihren Willen zu erfahren und ihm zu gehorchen, um ihre Liebe und ihre Hilfe zu verdienen. Wie vorauszusehen, wenn man diese Erklärung akzeptiert, sind Astrologen und Wahrsager – im realen Leben die Stellvertreter jener »Mächte«, von denen geglaubt wird, sie lenkten unser Schicksal – selbst gewöhnlich ältere Männer und Frauen, oft sehr alte, so wie einem die Eltern erscheinen, wenn man ein kleines Kind ist.

Wir stellten fest, daß Menschen, die an eine Religion, an Astrologie und ähnliches glauben, eine gehorsame, liebevolle Einstellung gegenüber den Stellvertretern der Eltern ihrer Kindheit im Erwachsenenleben an den Tag legen: gegenüber Gott, Priestern, Zauberern und Wahrsagern. Aus der klinischen Erfahrung, wie auch aus unmittelbarer Beobachtung, wissen wir jedoch, daß die Einstellung des kleinen Kindes gegenüber seinen Eltern stets eine ambivalente ist. Sie schließt neben Empfindungen der Liebe und des Gehorsams auch rebellische Gefühle, ja sogar Mord- und Kastrationswünsche ein. Manchmal treten die letzteren deutlicher in Erscheinung, manchmal die ersteren, wie in den eben angeführten Beispielen. Wir wollen jetzt einige wohlbekannte Aspekte des Erwachsenenlebens betrachten, bei denen die feindseligen Wünsche deutlicher hervortreten. Bei diesen Betätigungen Erwachsener gehen die bewußten Einstellungen und Verhaltensweisen zu einem großen Teil auf antagonistische und rebellische Wünsche aus der Kindheit zurück, die im Erwachsenenleben immer noch vorhanden sind, wenngleich unbewußt.

Es ist eine allgemein bekannte Erscheinung des politischen Lebens, daß jede neue Generation sich mehr oder weniger im Konflikt mit der älteren Generation befindet. Die Ausdrücke »Generationenkonflikt« oder »die Kluft zwischen den Generationen« im allgemeinen Sprachgebrauch beziehen sich auf die vielen Aspekte dieser bekannten Erscheinung. In unserer Zeit, da die politische Macht, zumindest theoretisch, in der Hand großer Menschengruppen liegt, ist der Generationenkonflikt ein Massenphänomen geworden. In anderen Zeiten betraf er in erster Linie Individuen oder kleine Gruppen. Auch heute noch wird der Ausdruck außerhalb des politischen Bereichs, nämlich auf Kampfsituationen und Auseinandersetzungen in einzelnen Familien zwischen den Eltern und ihren halbwüchsigen oder erwachsenen Sprößlingen angewandt. Erst mit der Entdeckung und Anwendung der psychoanalytischen Methode ist sichtbar geworden, daß der erste ernsthafte Konflikt zwischen den Generationen nicht in der Adoleszenz stattfindet, sondern in der frühen Kindheit, gewöhnlich in der ödipalen Entwicklungsphase. Spätere Konflikte sind eine zweite oder dritte Auflage des Originals. Einiges ist neu, aber sehr vieles ist das gleiche. Der entscheidende Punkt besteht darin, daß so vieles von dem, was eine Wiederholung der Vergangenheit ist, im Erwachsenenalter unbewußt bleibt. Das Verhalten der Erwachsenen erscheint dem Beobachter irrational, unerklärlich, ohne Zusammenhang mit den Fakten der Situation, und das ist es auch. Es läßt sich nur als Ausfluß der unbewußten Erbschaft der Kindheit verstehen, die einen so bedeutenden Teil der Motivation für beide betroffenen Generationen liefert. Im Falle der jüngeren Generation stößt man fortwährend auf Beweise dafür, daß die bewußten Gründe, die für die Kritik an der älteren Generation und für den Angriff auf sie vorgebracht werden, keine auch nur entfernt ausreichende Erklärung für die Schärfe und Heftigkeit liefern, welche die jüngere Generation an den Tag legt. Hier muß etwas anderes im Spiel sein, das die Leidenschaft erklärt, die bei diesen Auseinandersetzungen so auffallend ist.

Die psychoanalytische Erfahrung zeigt, daß hier nicht nur das Ungestüm der Jugend, die Unbesonnenheit der Unreifen oder eine sonstige allgemeine Eigenschaft der »Jüngeren« im Spiele sind. Vielmehr sind es ganz speziell die eifersüchtigen und mörderischen Wünsche, deren Ursprung in der frühen Kindheit liegt und die im späteren Leben unbewußt weiterbestehen — Wünsche, die sicherlich für jeden einzelnen einzigartig sind, die aber bei allen doch so ähnlich sind, daß sie die Gleichförmigkeit erklären, die uns erlaubt, einen »Generationenkonflikt« als ein sich wiederholendes, mehr oder weniger universelles Phänomen zu konstatieren. Die Angehörigen der älteren Generation sind ihrerseits durch ihre unbewußten Wünsche motiviert, die ihrer eigenen Kindheit und ihren infantilen Triebwünschen entstammen. So identifizieren sich die zur älteren Generation Gehörenden unbewußt vielleicht mit den eigenen Eltern, die sie unbewußt auch immer für omnipotent halten, für fähig, jeden, der gegen ihre Autorität rebelliert, mit Zerstörung oder Kastration zu bedrohen. Oder ein Mitglied der älteren Generation setzt unbewußt die jüngere Generation (seine »Kinder«) mit den eigenen Eltern gleich, die jetzt alt oder vielleicht schon tot, aber in ihrer unbewußten Phantasie in der neuen Generation reinkarniert sind. In jedem Fall sind weder in politischen Konflikten zwischen der eben erwachsen gewordenen Generation und ihren Eltern noch in Familienkonflikten Irrationalität und scheinbar unerklärliche Leidenschaftlichkeit nur auf einer Seite vertreten. Beide Seiten sind menschlich. Beide stehen unter dem mächtigen Ansturm von Wünschen aus der Vergangenheit, deren sie nur unbestimmt, wenn überhaupt, gewahr sind – das heißt von unbewußten Triebwünschen aus der Kindheit. So können wir einerseits die tiefe psychologische Wahrheit verstehen, die hinter dem Scherz von Mark Twain steckt: »Als ich siebzehn war, war ich erschreckt über die Unwissenheit meines Vaters. Als ich einundzwanzig war, war ich verblüfft darüber, wieviel er in dem kurzen Zeitraum von vier Jahren gelernt hatte.« Andererseits aber können wir der intuitiven Klugheit der Beobachtung zustimmen, einer der Gründe dafür, warum Volksführer schon immer so leicht bereit waren, Kriege anzufangen, sei ihr Bestreben, ihren Söhnen die Gelegenheit zu verschaffen, gefallene Helden zu werden.

Zu den heftigsten Konflikten, denen menschliche Gesellschaften ausgesetzt sind, gehören jene, die man Revolutionen nennt. Sie sind deshalb von besonderem Interesse für uns, weil wir selbst in einem Zeitalter der Revolutionen leben. Selbstverständlich gab es schon vor der Französischen Revolution Beispiele von Volkserhebungen gegen die Herrscher. Es hat jedoch noch nie zuvor so viele solcher Revolten gegeben wie in den knapp zweihundert Jahren seit der Französischen Revolution. Nie zuvor waren sie so weit verbreitet. Nie zuvor erreichten so viele ihr unmittelbares Ziel, die bestehende Regierung zu stürzen. Was in Frankreich und in Amerika begann, breitete sich über die ganze Welt aus. Die revolutionären Formeln und Ideale des achtzehnten Jahrhunderts haben allgemein Anerkennung gefunden: Freiheit, Gleichheit, Brüderlichkeit, Souveränität des Volkes, Menschenrechte – stehen heute in jeder Verfassung der Welt, werden von nahezu jedem politischen Führer als wahr und bindend verkündet, während sie vor zweihundert Jahren von so gut wie niemandem akzeptiert wurden. Damals wurden diese Grundsätze von den meisten Menschen, ganz sicher von allen Herrschenden, als eine gefährliche, verderbliche Ketzerei oder als reiner Blödsinn oder auch als eine Mischung auf beidem betrachtet.

Was viele Beobachter der politischen Ereignisse in diesem Zeitalter der Revolution beeindruckt hat, ist die Tatsache, daß die Revolutionäre, zur Macht gelangt, so häufig genau so wurden wie jene, gegen die sie sich erhoben hatten. Der Tyrannengegner von gestern wird zum Tyrannen von heute. Es ist fast hundert Jahre her, daß Bernard Shaw mit seinem gewohnten Scharfsinn bemerkte, alles, was eine Revolution je zuwege bringe, sei, die Last der Unterdrückung umzuverteilen. Wobei anzumerken ist, daß Shaw kein Verteidiger der etablierten Ordnung war, weder der seiner Zeit noch der irgendeiner anderen Epoche. Im Gegenteil, er war überzeugter und aktiver Sozialist. Er gab lediglich seinem Mißtrauen gegenüber der Revolution als Mittel zur Erreichung des Sozialismus Ausdruck.

Man muß ferner festhalten, daß erfolgreiche Revolutionäre selber sich im allgemeinen nicht jener Verwandlung bewußt sind, die wir soeben beschrieben. Sie und ihre Nachfolger halten eine solche Einschätzung für völlig falsch. Sie glauben im Gegenteil, sie seien ihren ursprünglichen Idealen absolut treu geblieben; sie seien immer noch die Verteidiger der Freiheit, der Gleichheit und der Menschenrechte; sie seien immer noch die unerbittlichen Feinde der Tyrannei und solcher Tyrannen wie jene, die sie selber stürzten. In ihren Augen ist jeder, der behauptet, sie hätten sich den früheren Herrschern angeglichen, ein böswilliger Verleumder, ein geheimer Konterrevolutionär.

Es kommt oft vor, daß wie in diesem Fall ein einzelner in seinem Verhalten Motive erkennen läßt, die für andere ohne weiteres durchschaubar sind, deren er selber sich aber überhaupt nicht bewußt ist. Er verleugnet sie im Gegenteil hartnäckig, wenn ihm Beweise zur Kenntnis gebracht werden. Der Leser wird sich erinnern, daß wir Fälle dieser Art im ersten Kapitel als Beweise für die Stimmigkeit der psychoanalytischen Hypothese vom unbewußten psychischen Geschehen erläuterten. Es hat also den Anschein, daß die Revolutionäre, von denen wir sprechen, durch den *unbewußten* Wunsch motiviert sind, genau so wie die Herrscher zu werden, die sie bewußt verabscheuen, die gleiche Stellung einzunehmen, die gleiche Macht auszuüben, die gleichen Privilegien und die gleiche Autorität zu genießen.

Was kann der Ursprung eines solchen unbewußten Wunsches in der Psyche eines aufrichtigen Revolutionärs sein, der bewußt davon überzeugt ist, er werde, falls er Erfolg habe, das genaue Gegenteil derjenigen verkörpern, die er stürzen möchte. Nach dem, was wir über das unbewußte psychische Leben wissen, verhält es sich höchstwahrscheinlich auch in diesem Falle so, daß Wünsche im Spiele sind, die ihren Ursprung in den Triebkonflikten der Kindheit haben. Kleine Kinder bewundern ihre Eltern, beneiden sie um ihre Autorität und haben den Wunsch, den einen oder den anderen Elternteil loszuwerden, um selber die Stelle von Vater oder Mutter einzunehmen. Im Laufe der Zeit werden diese rebellischen, elternmörderischen Wünsche unbewußt, um die Angst und das Schuldgefühl, die mit ihnen verknüpft sind, zu vermeiden; und im späteren Leben sind sie dann, wie wir feststellten, ein unbewußter Teil der Motivation zum Aufstand gegen die Autorität allgemein und zur gewaltsamen Revolution im besonderen. Der Revolutionär, mag er bewußt durch seine Sorge um das Allgemeinwohl und durch den Wunsch, die Gesellschaftsordnung zu demokratisieren, motiviert sein, ist unbewußt durch Bewunderung und Neid auf die Tyrannen, gegen die er sich auflehnt, sowie durch den Wunsch angetrieben, selber die Macht an sich zu reißen, die diese jetzt ausüben. So wird er, wenn er Erfolg hat, wahrscheinlich genau so wie die vorherigen Herrscher, obwohl er bewußt das keineswegs wünscht, vielmehr das genaue Gegenteil erstrebt. Es ist wahrscheinlich zutreffend, wie der britische Historiker Acton sagte, daß Macht die Menschen korrumpiert. Die Psychoanalyse kann dazu ergänzend sagen, daß die eigenen, unbewußten Triebwünsche eine beträchtliche, wahrscheinlich entscheidende Rolle bei dem Vorgang spielen, der den erfolgreichen Revolutionär dazu bringt, wenn er an die Macht gelangt, seine bewußten Reform-ideale zu verraten. Die Menschen neigen in ihrem politischen Verhalten zum Konservativismus, ob sie sich ihres Konservativismus bewußt sind oder nicht. Sie neigen in ihrem politischen Verhalten ferner zum Irrationalismus, auch wenn sie dies noch so erbittert abstreiten und wenn es ihnen auch noch so erfolgreich gelingt, ihre irrationalen Überzeugungen und Handlungen vor sich selber als rational erscheinen zu lassen. Die Psychoanalyse nimmt an, daß Konservativismus und Irrationalität, die für die Politik charakteristisch sind, derselben unbewußten Quelle entspringen, daß beide eine Erbschaft der kindlichen Triebkonflikte sind.

Es muß nachdrücklich betont werden, daß wir hier nur einen von vielen Aspekten der Psychologie der Revolution erörtert haben, die Tatsache nämlich, daß Rebellen sich unbewußt mehr oder weniger stark mit den jeweils Herrschenden identifizieren, so wie rebellische Kinder sich ihren Eltern gleichsetzen. Wir können als sicher annehmen, daß dieses psychologische Faktum bei Revolutionen eine wichtige Rolle spielt. So hat die Französische Revolution einen Kaiser, Napoleon, und eine neue Aristokratie erzeugt. Die Russische Revolution hat Stalin an die Macht gebracht, der seinen Vorgängern, den Zaren, als Herrscher sehr ähnlich war. In China haben wir einen neuen Hausherrn im Kaiserpalast, der in der Macht, die er besitzt, und in der Verehrung, die ihm entgegengebracht wird, keinem seiner kaiserlichen Vorgänger nachsteht, auch wenn er »Vorsitzender« genannt wird anstatt »Sohn des Himmels«.

Nicht jede Revolution folgt jedoch diesem Muster. Die amerikanische Revolution führte nicht zu einem neuen Regime, bei dem die wesentlichen Elemente des alten sich wiederholten und nur Äußerlichkeiten sich änderten. Die Psychoanalyse vermutet, daß wir hier ein Problem haben, das mehr Aufmerksamkeit verdient, als ihm bisher zuteil wurde. Warum wurde aus den amerikanischen Kolonien kein Königreich? Die politischen Pamphlete jener Tage lassen deutlich erkennen, daß alle an diese Möglichkeit dachten. Washington wurde fortwährend beschuldigt, er plane, sich zum König zu machen, aber weder er noch einer der anderen führenden Männer der Revolution haben das je versucht. Die wenigen, die Pläne in dieser Richtung hatten, kamen nicht sehr weit. Tatsächlich schritt die Zentralisierung der politischen Macht in Amerika nach der Revolution nur sehr langsam voran, obwohl Amerika vor dem Aufstand einer monarchischen Herrschaft unterworfen war. Herauszufinden, warum das so war, wäre schon für sich allein interessant. Es könnte außerdem auch für die Zukunft von praktischem Wert sein. In jedem Fall handelt es sich hier, vom Blickpunkt der Psychoanalyse aus gesehen, um einen ungewöhnlichen Vorgang, der eine spezielle Untersuchung durch die Historiker — vielleicht unter Mithilfe von Psychoanalytikern — verdient.

Es gibt noch einen weiteren menschlichen Tätigkeitsbereich, in dem psychische Faktoren offensichtlich von großer Wichtigkeit sind. Dieser Bereich ist für die meisten Menschen von viel geringerer praktischer Bedeutung als die düsteren Bezirke der Revolution, des Generationenkonflikts und der Politik im allgemeinen. Immerhin ist auch dieses Gebiet wichtig genug, unsere Aufmerksamkeit zu verdienen, insbesondere deshalb, weil die Psychoanalyse dazu einiges zu sagen hat, was ebenso gewichtig wie neu ist. Es handelt sich um das Gebiet der Kunst.

Welche Rolle kommt in der Psychologie der Kunst dem unbewußten psychischen Leben zu? Welche Rolle spielen unbewußte psychische Vorgänge zum einen im Prozeß der künstlerischen Schöpfung oder Darstellung, zum anderen im Vorgang der Kunstbetrachtung, das heißt einerseits im Kunstschaffen und andererseits im passiven Kunstgenuß? Um diese Fragen streng wissenschaftlich beantworten zu können, ist es notwendig, die psychoanalytische Methode selbst sowohl auf den Künstler als auch auf das Publikum anzuwenden. In bezug auf ein Mitglied des Publikums ist dies gelegentlich möglich, wenn der oder die Betreffende sich gerade in analytischer Behandlung befindet, obwohl die Reaktion eines Patienten auf ein Kunstwerk für gewöhnlich natürlich nicht im Mittelpunkt der analytischen Aufmerksamkeit steht. Der Analytiker ist in der Lage, immer wieder Einblicke in die Zusammenhänge zwischen dem unbewußten psychischen Leben seiner Patienten und ihren bewußten künstlerischen Erlebnissen zu gewinnen. Weniger häufig hat er Gelegenheit, die Beziehung zwischen beidem systematisch und gründlich zu erforschen. Noch seltener hat man die Möglichkeit, einen Künstler zu analysieren. Wenn sich einmal die Gelegenheit dazu bietet, wird man fast immer durch die Rücksicht auf das ärztliche Berufsgeheimnis daran gehindert, weiterzugeben, was man festgestellt hat. In der Regel ist es für einen Arzt leicht, die Anonymität seines Patienten zu wahren, wenn er in seiner wissenschaftlichen Veröffentlichung über einen Fall körperlicher Erkrankung berichtet. Viel schwieriger ist es für den Arzt, in einer psychoanalytischen Falldarstellung die Anonymität eines Patienten zu wahren. Ist der Patient selber in der Öffentlichkeit bekannt, sind die Schwierigkeiten noch größer. Befaßt sich die Falldarstellung dann hauptsächlich gerade mit den Tätigkeiten, die den Patienten bekannt gemacht haben, dann steht man vor einer Aufgabe, die nicht zu bewältigen ist. Das ist der Grund, warum die psychoanalytische Literatur hinsichtlich der Rolle, die unbewußte seelische Vorgänge bei der schöpferischen künstlerischen Tätigkeit spielen, so unbefriedigend ist. Die meisten Autoren beschränken sich auf die Erörterung von Künstlern, die nie analysiert worden sind, und stützen ihre Hypothesen über unbewußte Faktoren auf das verfügbare biographische und sonstige Material; Beispiele dafür sind Freuds bahnbrechende Aufsätze über Leonardo da Vinci [1910] und Goethe [1917b]. Andere Autoren haben Schlußfolgerungen veröffentlicht, die zumindest teilweise auf klinischen Erfahrungen mit Künstlern beruhen, ohne in der Lage zu sein, das Beweismaterial im Detail darzulegen, auf dem ihre Thesen fußen.

Trotz dieser vielen Schwierigkeiten gibt es einige allgemeine Feststellungen, die sich im Laufe der Jahre ergeben haben und die sowohl signifikant als auch unwiderleglich erscheinen. Betrachten wir zuerst jene, die den Künstler betreffen. Aus der Reihe der vielen verschiedenen Kunstformen wollen wir zunächst die Literatur betrachten.

Die Beziehung zwischen Phantasien und literarischer Produktion ist offenkundig. Sie war lange vor den Anfängen der Psychoanalyse allgemein bekannt und wurde oft erwähnt. Als die Psychoanalyse dann auf den Plan trat, war einer ihrer frühen Forschungsgegenstände das phantasierte Leben, da offenbar die neurotischen Symptome mit den Phantasien zusammenhängen. Die Aufmerksamkeit der Psychoanalyse lenkte sich deshalb sowohl auf die nächtlichen Phantasien, also auf die Träume, als auch auf die Tagesphantasien, die Tagträume. Die letzteren interessieren uns im Augenblick besonders, weil gerade sie so offensichtlich mit den literarischen Produktionen verknüpft sind.

Da sowohl Neurosen als auch schöpferische literarische Tätigkeit mit Tagträumen zusammenhängen, versuchte Freud [1908a] durch die Untersuchung dieser Phänomene Einblick in gewisse Aspekte der dichterischen Produktivität zu gewinnen. Seit seiner bahnbrechenden Arbeit ist aus einer Fülle von Beispielen klargeworden, daß die gleichen unbewußten Triebwünsche und Triebkonflikte, die bei der Hervorbringung von Träumen und Tagträumen eine so große Rolle spielen, für die literarische Kreativität verantwortlich sind. Das heißt, daß der Schriftsteller seinen Tagträumen, seinen Phantasieprodukten eine Gestalt gibt, von der er erhofft, daß sie im allgemeinsten Sinne für andere interessant und zugänglich sei. Tagträumen ist in der Regel eine selbstgenügsame Betätigung. Was einer schreibt, richtet sich hingegen im allgemeinen an ein Publikum. Die Hilfsmittel, derer sich ein Autor bedient, um eine Geschichte, ein Gedicht, ein Schauspiel etc. überzeugend zu gestalten, bilden das Handwerkszeug des Berufs — so wie die Geschicklichkeit im Umgehen mit Pinsel und Meißel das Handwerk des Malers bzw. des Bildhauers darstellen. Diese Techniken und Instrumente wechseln je nach dem Medium, in dem der Künstler arbeitet (gesprochenes Wort, geschriebenes Wort etc.) und entsprechend seinem kulturellen Milieu. Aber ganz gleich, welcher Mittel sich ein Künstler bedient, um seinen eigenen Tagtraum dem Publikum, das er ansprechen will, nahezubringen, der Kern seiner literarischen Produktion, deren Ausgangspunkt und Hauptinhalt, ist sein Tagtraum. Alles was man über das Wesen und die Funktion von Tagträumen sagen kann, alles was man über ihre Psychologie gelernt hat, müßte auch für das Verständnis der literarischen Produktion bedeutsam sein.

Tagträume befassen sich im allgemeinen mit unerfüllten Wünschen. Der Tagtraum eines Liebenden handelt von Liebeserfüllung. Ein Kind träumt in seinem Tagtraum davon, erwachsen zu sein: hübsch, gewandt und erfolgreich. Der Hungrige träumt davon, daß er ein köstliches Mahl zu sich nimmt, der Durstige, daß er trinkt, der Erschöpfte vom Ausruhen. Man erhält ohne Schwierigkeiten zahllose andere Beispiele, wenn man sich selbst beobachtet oder andere befragt; Kenntnisse der Psychoanalyse sind dazu nicht erforderlich. Wenn man sich etwas lebhaft wünscht und die Zeit hat, sich der Träumerei hinzugeben, wird man tagträumen, daß die ungestillten Wünsche erfüllt werden. Ausnahmen sind allerdings nicht selten, es gibt auch unangenehme, ja sogar erschreckende Tagträume, aber bei der großen Mehrheit der Tagträume werden bewußte Wünsche bewußt befriedigt. Was die Psychoanalyse darüber hinaus beitragen konnte, ist folgendes: auch unbewußte Wünsche sind eine wichtige Quelle von Tagträumen. Immer wenn man im Laufe einer psychoanalytischen Behandlung Gelegenheit hat, den Tagtraum des Patienten mit Hilfe der psychoanalytischen Methode zu untersuchen, stellt man fest, daß bei der Entstehung des Tagtraums unbewußte Wünsche eine wichtige Rolle gespielt haben. Viele der infantilen Triebwünsche bleiben für immer mehr oder weniger unerfüllt und treiben jeden einzelnen fortwährend an, mehr oder weniger beharrlich nach ihrer Befriedigung zu streben, obwohl der Betreffende selbst ihrer Existenz nicht gewahr ist, nicht weiß, was er zu erlangen und zu befriedigen sucht. Das Tagträumen ist eine der Möglichkeiten, schließlich doch ein gewisses Maß an Befriedigung zu finden.

Ein paar Beispiele aus der klinischen Praxis werden hier nützlich sein. Zu Beginn einer analytischen Sitzung berichtete ein Patient, ein erwachsener Mann, von einem Tagtraum, der wenige Minuten zuvor stattgefunden hatte, als der Patient zu Fuß zur Praxis seines Analytikers unterwegs war. Er stellte sich vor, wie er um die Ecke bog und Polizeiautos und einen Krankenwagen vor dem Eingang zur Ordination stehen sah. Es hatte ein schreckliches Unglück gegeben. Ein Patient war tobsüchtig geworden und hatte den Analytiker niedergeschossen, der in einer Blutlache am Boden lag. An diesem Punkt revidierte der Tagträumer seine Phantasie. Er befand sich selber in der Ordination, kämpfte mit dem wahnsinnigen Angreifer und konnte ihn entwaffnen, noch bevor dieser von seiner Pistole Gebrauch machen konnte.

Die Einfälle des Tagträumers begannen mit einem Film, den er am Vorabend gesehen hatte und in dem zahlreiche Szenen von Gewalttätigkeit und Mord vorkamen. Der Film hatte auch unverhüllt erotische Szenen enthalten, die den Patienten sexuell erregten. In einer der Szenen verführte ein Mann die Frau eines anderen, den er selbst umgebracht hatte. Auf den Patienten hatte das zugleich abstoßend und faszinierend gewirkt. Später erwähnte er, daß eine der Gestalten des Films, ein älterer Mann, ihn an seinen Vater erinnert hatte. Nicht, daß er ihm wirklich ähnlich gesehen hätte. Nur die Brille, die er trug, glich der seines Vaters. Der Patient sprach dann davon, wie zuverlässig sein Vater gewesen war, daß er stets hatte auf ihn zählen können; danach kam er darauf zu sprechen, daß er sich über seinen Analytiker geärgert hatte, weil der den Plan seiner täglichen Besuche bei ihm geändert hatte.

In diesem Fall drückte der Tagtraum die bewußt ambivalenten Gefühle des Patienten gegenüber seinem Analytiker aus. Er ärgerte sich darüber, daß er seines Analytikers wegen seine Tageseinteilung ändern mußte, und hätte ihm am liebsten gesagt, er solle zum Teufel gehen. Gleichzeitig schämte er sich seines Ärgers, weil er die Hilfe würdigte, die er nach seinem eigenen Eindruck von seinem Arzt erhielt und weil er diesen überhaupt schätzte. In seinem Tagtraum wurden diese bewußten Impulse in einer Form ausgedrückt, die offensichtlich durch den am Vorabend gesehenen Film beeinflußt war. Das heißt, er befriedigte seinen Zorn, indem er seinen Analytiker umbringen ließ, und seine positiven Gefühle, indem er ihn vor dem Tod rettete. Das Schuldgefühl über seine zornigen Gefühle war vermutlich der Grund dafür, daß der Mord von einem anderen Patienten begangen wurde, sowie dafür, daß er sich in der Phantasie selbst in Gefahr begab, indem er mit dem Angreifer kämpfte.

Alle diese Motive waren bewußt. Der Patient war sich ihrer durchaus gewahr. Dies ist freilich keineswegs die ganze Geschichte. Tatsächlich war nämlich der Vater des Patienten in seinem Büro von einem geistesgestörten Angestellten erschossen worden, als der Patient sich im frühen Adoleszenzalter befand. Er hatte seinen Vater nach dessen Tod sehr vermißt und sich oft Szenen vorgestellt, wo er im Büro seines Vaters war, dessen Angreifer entwaffnete und seinem Vater das Leben rettete.

Offenbar drückte der Patient in seinem Tagtraum auch seine unbewußten Mordwünsche und seine liebevollen Regungen in bezug auf seinen Vater aus, nicht nur seine gegenwärtigen, bewußten ambivalenten Wünsche in bezug auf seinen Analytiker. Man könnte sagen, daß er unbewußt seinen Analytiker mit seinem Vater identifiziert und auf ersteren einige der Gefühle und Wünsche übertragen hatte, die er unbewußt immer noch gegenüber letzterem hegte. Ferner zeigen seine Assoziationen, daß seine übertragenen Wünsche ödipalen Ursprungs waren: einen Anreiz für den Tagtraum lieferten die sexuell erregenden Szenen des am Vorabend gesehenen Films, in dem ein Mann einen anderen Mann ermordete und später dessen Witwe verführte, was im Geist des Patienten mit Gedanken an seinen eigenen Vater verknüpft wurde. Mit anderen Worten: die sexuelle Eifersucht des Patienten auf seinen Vater, seine mörderische Wut ihm gegenüber und ebenso seine Reue — alles Vermächtnisse aus der ödipalen Periode seiner Kindheit — wurden unbewußt in dem Tagtraum befriedigt, den er auf dem Weg zur Praxis seines Analytikers hatte.

Die bewußten Wünsche des Alltagslebens wechseln mit den Umständen des Alltags, mit den täglichen Bedürfnissen, Eindrücken und Interessen. Die Triebwünsche der Kindheit hingegen bleiben im wesentlichen unverändert das ganze Leben hindurch bestehen, wenn auch weitgehend unbewußt. Das hat zur Folge, daß sich unsere Tagträume, wie unsere bewußten Wünsche, zwar fortwährend ändern, daß sie aber auch die gleichen bleiben, da sie die verschiedenen Facetten unbewußter Triebwünsche und -konflikte widerspiegeln. So hatte der oben erwähnte Patient während der Adoleszenz wiederholt Tagträume, in denen er seinem Vater das Leben rettete. Seine Träumereien handelten regelmäßig von der Tötung des Vaters. Ein anderer Patient hatte in der Kindheit immer wieder Phantasien, in denen er Soldat war und ein Maschinengewehr bediente. In seinen Tagträumen tötete er Tausende seiner imaginären Feinde. Er hatte auch in jedem Tagtraum einen »Kumpel«, einen geliebten Kameraden, der immer beinahe tödlich verwundet, aber von dem Patienten durch eine heroische, aufopfernde Tat gerettet wurde. In diesem Fall war der militärische Schauplatz durch äußere Ereignisse bestimmt: durch den Zweiten Weltkrieg. Der Patient hatte bewußt den Wunsch, erwachsen und ein mannhafter Soldat zu sein. Die unbewußten Determinanten waren sowohl komplizierter als auch wichtiger. Der Spielgefährte des Patienten im wirklichen Leben, sein »Kumpel«, war eine Schwester, die vier Jahre jünger war als er, dazu der Liebling der Mutter. Seine eifersüchtige Wut erstreckte sich auf die gesamte Familie, konnte aber nie offen ausgedrückt werden. Statt dessen fand sie ein Ventil in Phantasien patriotischer Metzeleien sowie in verschiedenen Symptomen und Hemmungen in Betätigungen mit Konkurrenzcharakter. Sie führte auch dazu, daß er sich wünschte, ein Mädchen zu sein. In seiner kindlichen Psyche bedeutete jedoch die Vorstellung, ein Mädchen zu werden, seinen Penis zu verlieren, eine Aussicht, die intensive Angst auslöste. Deshalb war in seinen wiederholten Tagträumen nicht er selbst ein Mädchen, sondern seine Schwester war zu einem Mann geworden. Ferner hatte er ein großes Maschinengewehr in den Händen, als eine weitere — symbolische — Bekräftigung dessen, daß er nicht seinen Penis verloren hatte. Um schließlich auf das nachdrücklichste zu verleugnen, daß er seine Schwester haßte und ihren Tod wünschte, rettete er sie in jedem Tagtraum unter Einsatz seines eigenen Lebens und pflegte liebevoll ihre Wunden.

Wie können wir unsere Kenntnisse von den Tagträumen der Patienten auf die Psychologie literarischer Kunstschöpfungen anwenden? Welche Schlüsse, die voraussichtlich Gültigkeit beanspruchen können, dürfen wir ziehen? Wir können auf alle Fälle sicher sein, daß Schriftsteller hinsichtlich der Beziehung zwischen ihren Tagträumen und ihren unbewußten Wünschen sich von anderen Menschen nicht unterscheiden. Auch ihre Tagträume müssen, zumindest zu einem Teil, durch in ihrer Psyche wirksame Triebwünsche der Kindheit motiviert sein. Weil ihre Tagträume sozusagen das Rohmaterial dessen, was sie schreiben, sind, müßte es möglich sein, zumindest in vielen Fällen, durch das Studium der Schriften eines Autors etwas über den Inhalt seiner Kindheitswünsche und seiner damit zusammenhängenden Konflikte herauszufinden. Wenn man nicht nur seine veröffentlichten Werke, sondern auch seine Skizzen, Notizbücher und Vorentwürfe einsehen kann — um so besser, denn sie sind diesem Rohmaterial, seinen Tagträumen, noch näher. Manchmal beschäftigt sich ein Autor so intensiv mit einem bestimmten Thema oder bestimmten Themen, daß es einem auffallen muß und man zwangsläufig die entsprechenden Schlüsse zieht, wenn man den Zusammenhang solcher Themen mit den unbewußten Resten des kindlichen Trieblebens kennt. Hemingway zum Beispiel befaßte sich ständig mit dem Thema der Männlichkeit. Härte und Maskulinität sind für seinen Stil wie für die Handlungen seiner Romane und Erzählungen charakteristisch. Aus der klinischen Erfahrung wissen wir, daß, wenn in Tagträumen die Männlichkeit so hartnäckig im Mittelpunkt steht, die dahinterliegenden unbewußten Phantasien oft von Kastrationsgefahr handeln. Könnte das auch bei Hemingway so gewesen sein? Unsere Vermutung wird zumindest durch die Tatsache gestützt, daß in einem seiner Romane der Held im Krieg seine Genitalien ganz oder teilweise verloren hat. Um ein anderes Beispiel anzuführen: Dostojewski beschäftigte sich ständig mit den Themen

Schuld, Reue und Strafe. ›Schuld und Sühne‹ hätte der Titel seiner *gesammelten* Werke lauten können. Zumindest teilweise kann man den Grund für seine lebenslange Beschäftigung mit diesem Thema verstehen, wenn man weiß, daß er als Junge Zeuge der Ermordung seines eigenen Vaters war.

Andere Schriftsteller sind nicht so eng an ein einziges Thema gebunden wie die eben erwähnten. Ihre Tagträume umfassen — nach den literarischen Werken zu urteilen, die aus ihnen entstanden — eine größere Vielfalt unbewußter Themen. Auffallend ist jedoch, daß die Grundthemen der Literatur die gleichen sind wie jene, die wir früher im Zusammenhang mit Mythen und Märchen besprochen haben. Sie entstammen den Triebwünschen und -konflikten der Kindheit. Wie kunstvoll ein Schriftsteller dies auch verhüllen, wie hochdifferenziert er sich auch ausdrücken — und vor allem, was immer er bewußt für das Ziel seines Werkes halten mag: die Arbeit des Schriftstellers besteht stets darin, seinen Lesern seine Reaktionen auf seine eigenen unbewußten Wünsche, das heißt seine Tagträume darzustellen. Als Mensch ist er gar nicht in der Lage, etwas anderes zu tun.

Der Zusammenhang zwischen Tagträumen und künstlerischen Produktionen ist auf anderen Gebieten der Kunst ebenso eng wie in der Literatur, jedoch als allgemeine Erscheinung bei Kunstformen, die nicht mit der Sprache arbeiten, weniger leicht zu erfassen und zu belegen. Wenn man nicht den Künstler selbst psychoanalytisch untersuchen kann, muß man hinsichtlich der unbewußten Determinanten seiner Tagträume gewöhnlich im Zweifel bleiben. Die bewußten Determinanten mögen relativ leicht zugänglich sein. Die unbewußten dagegen sind gewöhnlich nur schwer mit einiger Sicherheit zu bestimmen. Aus diesem Grund enthält die psychoanalytische Literatur viel mehr Untersuchungen über literarische Werke und Autoren als über andere Kunstformen.

Die Menschen, die das Publikum der Künstler bilden, sind sehr viel zahlreicher als die Künstler selbst. Schon allein aus diesem Grund sind die unbewußten Motivationen des Publikums häufiger der direkten Untersuchung mit Hilfe der psychoanalytischen Methode zugänglich als jene des Künstlers. Es ist richtig, wie wir schon früher sagten, daß die Reaktion eines Patienten auf ein Kunstwerk gewöhnlich nicht im Zentrum seiner Einfälle steht. Trotzdem kommt einem Patienten seine Reaktion auf ein Buch, einen Film, ein Theaterstück oder eine sonstige künstlerische Produktion häufig genug in den Sinn, um gewisse Schlußfolgerungen zu rechtfertigen. Wenn ein literarisches Werk eine starke oder gar bleibende Anziehungskraft ausüben soll, muß seine Handlung einen wichtigen Aspekt der unbewußten ödipalen Wünsche seiner Leser (oder Hörer) ansprechen und befriedigen. Ist das Werk das, was wir eine Tragödie nennen, so entspricht seine Handlung auch den unbewußten Ängsten und Selbstbestrafungstendenzen, die so eng mit solchen unbewußten Triebwünschen verbunden sind.

Die Bedeutung der Themen der kindlichen Sexualität in der Literatur wurde von Psychoanalytikern schon sehr früh erkannt [Rank, 1912] und ist inzwischen oft bestätigt worden [Beres, 1951; Wangh, 1968]. Sicher ist dies nur *eine* von vielen Voraussetzungen, die in einem literarischen Werk von Rang erfüllt sein müssen. Für sich allein ist es also keineswegs ausreichend. Aber diese Voraussetzung muß erfüllt sein, wenn das Werk eine starke und bleibende Anziehungskraft ausüben soll. Sprachliche Meisterschaft, logischer Aufbau der Handlung, Schilderung der Charaktere, dramatische Höhepunkte, Fähigkeit zu farbiger Darstellung, realistische Dialoge, Aktualität, Originalität: all das ist wichtig, muß aber von einer Handlung getragen sein, die unbewußt die gewalttätigen und leidenschaftlichen Wünsche der Kindheit befriedigt.

In manchen Fällen kann man die Richtigkeit dieser Feststellung ganz einfach dadurch verifizieren, daß man die Handlung eines großen literarischen Werkes überprüft. In ›Hamlet‹ ermordet ein Bruder den anderen und heiratet dessen Frau, eine sexuelle Beziehung, die der Dichter ausdrücklich inzestuös nennt. Der Sohn des ermordeten Bruders nimmt Rache, indem er seinen Onkel und seine Mutter tötet, und wird selber von seinem Onkel getötet. In Tolstois ›Anna Karenina‹ verläßt die Heldin ihren einzigen Sohn und ihren Mann, der dem Alter nach ihr Vater sein könnte, um mit einem jungen Geliebten zusammenzuleben. Dann ruiniert sie ihr eigenes Glück, vertreibt ihren Liebhaber durch ihr Verhalten und begeht Selbstmord. In den ›Brüdern Karamasow‹ ist das Hauptthema von Dostojewskis Handlung die Bestrafung des Vatermordes. Es erscheint unverkennbar, daß für den Menschen während seines ganzen Lebens die Themen von Inzest und Vatermord eine unbewußte Faszination haben, auch wenn er diese Tatsache bewußt verhüllt oder sogar auf das heftigste verleugnet.

Charakterzüge, Identifikationen, Hobbies, Berufswahl, sexuelle Partnerwahl, Märchen, Mythen, Legenden, Moral, Politik, Magie, Aberglauben, der Generationenkonflikt, Revolution, Kunst: sie alle bilden eine breite Auswahl von Beispielen normalen psychischen Geschehens. Wir haben zu zeigen versucht, daß in jedem einzelnen Fall unbewußte, dem Triebleben der Kindheit entstammende psychische Vorgänge eine beträchtliche Rolle spielen — die Ängste, die Reue und die Selbstbestrafungstendenzen, welche aus diesen Wünschen erwachsen, und die psychischen Konflikte, die aus dem Aufeinanderprallen von Wunsch und Angst entstehen. Wir hoffen, daß diese Erörterung von Beispielsfällen eine hinreichende Vorstellung von der Macht, der Allgegenwart und vom immerwährenden Einfluß des

Trieblebens der frühen Kindheit vermittelt. Die Wünsche selber bleiben unbewußt bestehen, solange das Leben dauert. Die Konflikte, die sie ausgelöst haben, werden immer und immer wieder in jedem Bereich des psychischen Geschehens, des normalen wie des pathologischen, ausgetragen, bis das Leben zu Ende geht.

Empfohlene Lektüre:

Freud, S. (1930), *Das Unbehagen in der Kultur*.
Kris, E. (1952), *Psychoanalytic Explorations in Art*.
Langer, W. L. (1969), ›The Next Assignment‹.

Dieses Schlußkapitel ist zum Teil Überblick, zum Teil Zusammenfassung, zum Teil ein Ausblick in die Zukunft. Vielleicht regt es den Leser zum Nachdenken darüber an, welchen Platz die Psychoanalyse in der Welt von heute einnimmt, und vielleicht vermittelt es ihm eine gewisse Vorstellung davon, welchen Beitrag sie zur Entstehung der Szenerie geleistet hat, die wir »Gegenwart« nennen. Ferner soll das Kapitel einige Hinweise geben, welche Rolle die Psychoanalyse möglicherweise in der Zukunft spielen wird. Insoweit ist dieses Kapitel in stärkerem Maße als die vorangehenden Ausdruck des persönlichen Standpunktes des Verfassers. Es reflektiert notwendigerweise mehr von seiner individuellen Erfahrung und von seiner persönlichen Anschauung als irgendeines der früheren.

Jede wissenschaftliche Entdeckung verändert die Welt. Einige Entdeckungen verändern die Welt stärker, andere weniger stark, doch ist nach jedem wissenschaftlichen Fortschritt die Welt nie mehr ganz die gleiche wie zuvor. Einmal ist das Ergebnis einer Entdeckung ein praktisches, wie die Erfindung der Dampfmaschine, die die industrielle Revolution des neunzehnten Jahrhunderts möglich machte; ein andermal handelt es sich nicht um eine Veränderung der materiellen Umwelt des Menschen, die Wirkung der Entdeckung erstreckt sich vielmehr auf die Welt der Ideen, auf das Bild, das sich der Mensch von sich selbst und vom Universum macht. Die Psychoanalyse hat in beiden Dimensionen bedeutsame Konsequenzen: praktisch als Behandlungsmethode und theoretisch als Informationsquelle für den Menschen »über das, was dem Menschen am nächsten geht, sein eigenes Wesen« [Freud 1933, S. 169].

Schon viel früher hatte Freud [1917b], als er über die Wirkung seiner Lehre auf das Denken sprach, die Entdeckung der Psychoanalyse mit der Einführung der Theorien von Kopernikus und Darwin verglichen, dessen *Entstehung der Arten* übrigens in Freuds Geburtsjahr erschien. Die heliozentrische Theorie des Kopernikus legte dar, daß unsere Erde nicht der Mittelpunkt der Schöpfung ist, sondern nur einer von mehreren Planeten, die die Sonne umkreisen. Die Evolutionstheorie rückte uns an unseren richtigen biologischen Platz. Wir wurden nicht eigens dazu erschaffen, über die Welt zu herrschen, wie die Bibel behauptet. Wir sind eine unter Millionen von Arten, die sich entwickelt haben, seit vor mehreren hundert Millionen von

Jahren die ersten Eiweißmoleküle entstanden. Die Psychoanalyse nun lehrte uns, wie Freud es ausdrückte, daß wir nicht einmal »Herr im eigenen Hause« sind. Wir werden von unbewußten psychischen Vorgängen beeinflußt, ja gelenkt, von Wünschen, Ängsten, Konflikten und von Phantasien, deren Existenz man vor der Entdeckung der Psychoanalyse noch nicht einmal ahnte.

Es ist allgemein bekannt, daß ein solches Infragestellen akzeptierter Überzeugungen bei den meisten Menschen Unbehagen auslöst. Sie sind in der Regel nicht davon angetan, althergebrachte Vorstellungen, mit denen sie sich wohlfühlen, derart rücksichtslos umgestoßen zu sehen. Aus diesem Grund bekämpfen sie alle Veränderungen. Wie nach dem früher Gesagten zu erwarten, wehren sie sich gegen neue Ideen, um das psychische Unbehagen und die Unlust, die mit der Aussicht auf Veränderung verbunden sind, zu vermeiden oder möglichst gering zu halten. Es wäre interessant, Spekulationen über die unbewußten Ängste anzustellen, die mit solchen Veränderungen verbunden sind, aber dies ist nicht der Ort für eine solche Erörterung. Freud selber betonte in der oben angeführten Arbeit die Rolle des Narzißmus. Wenn das Gefühl der eigenen Wichtigkeit verwundet oder bedroht wird, entsteht Unlust, meinte er. Aus der Kindheit stammende, unbewußte Gefühle von Minderwertigkeit und Hilflosigkeit werden aufgerührt, mit all den daraus entstehenden Konflikten.

Heute ist die Psychoanalyse jedoch nicht mehr so neu. Wie bereits vor langem hinsichtlich der Evolutionstheorie und der kopernikanischen Auffassung vom Sonnensystem, nützt sich die Eigenschaft des Neuen auch hier allmählich ab. Wenn man mit der Überzeugung aufwächst, daß die Lehren von Darwin und Kopernikus richtig sind, werden sie zu potentiellen Quellen der Lust; sie wirken nicht länger unlustauslösend wie zum Zeitpunkt ihrer ersten Verkündung. Etwas über die Entstehung der Arten, über Natur und Größe des Weltalls zu erfahren, ist heute für die meisten Menschen erregend und befriedigend, wie der breite Erfolg populärwissenschaftlicher Bücher und Artikel beweist. Wieder könnte man über die unbewußten Wünsche spekulieren, die dabei befriedigt werden, sowie über ihre frühkindlichen Ursprünge. Und wieder müssen wir uns damit begnügen, die damit zusammenhängenden Probleme nur anzudeuten, und auf eine eingehende Besprechung verzichten.

Uns kommt es hier auf die Feststellung an, daß das Verständnis der Psychoanalyse, wie sie das vorliegende Buch zu vermitteln versucht, ebenso zu einer Horizonterweiterung führt wie ein entsprechendes Verständnis der grundlegenden Theorien der Physik und der Biologie. Letzteres öffnet uns den intellektuellen Zugang zur Natur der uns umgebenden Welt. Die Welt ist für uns nicht mehr die gleiche, wenn wir Chemie oder Physik oder Biologie oder Astronomie oder Geologie studiert haben. Die Gezeiten an einer Küste, das Eis auf einem Teich, die Erde und das Gestein unter unseren Füßen, die Milchstraße über uns: sie alle sind neu und anders als zuvor. In gleicher Weise setzt uns die Psychoanalyse in den Stand, die Menschen, mit denen wir leben, besser zu verstehen. Sie eröffnet uns eine neue Dimension in unsere Anschauung von der Welt des Menschen, von uns selbst.

Durch ihre Entdeckungen ermöglicht es uns die Psychoanalyse, ein genaueres, umfassenderes, ausgewogeneres Bild vom psychischen Leben und vom Verhalten des Menschen zu gewinnen — vom Menschen als Person. Aus der Physik wissen wir, daß kein physischer Gegenstand so ist, wie er unseren unbewaffneten Sinnen erscheint. Wir wissen, daß sogar unser eigener Körper keine kontinuierliche, feste Struktur ist, sondern, wie alle anderen festen Gegenstände, ein diskontinuierliches Konglomerat von unzähligen Millionen von Molekülen, von denen jedes wiederum aus Atomen, Elektronen und Nuklearteilchen besteht, die sich in ständiger schneller Bewegung befinden. In gleicher Weise wissen wir aus der Psychoanalyse, daß jeder Gedanke und jede Handlung sehr viel komplizierter determiniert ist, als irgend jemand ahnte, bevor Freud die psychoanalytische Untersuchungsmethode entwickelte. Wir wissen, daß alles, was wir tun oder denken, zum Teil durch die Kräfte des Es gestaltet wird, das heißt, durch das Erbe der Triebwünsche aus der Kindheit, zum Teil durch Abwehrmechanismen gegen diese Wünsche (das Ich), zum Teil durch moralische Forderungen (das Über-Ich) und schließlich zum Teil durch die Erfordernisse unserer augenblicklichen äußeren Umstände sowie durch die Befriedigungsmöglichkeiten, die sie bieten. Die Kenntnis der Psychoanalyse befähigt uns zu sehen, welch große Rolle die Triebe und die aus ihnen entstehenden Konflikte in der menschlichen Motivation spielen. Kris [1947] schrieb, Psychoanalyse sei menschliches Verhalten als Konflikt gesehen — ein eminent psychoanalytisches Epigramm, das eine tiefe Einsicht in das Wesen des Menschen ausdrückt. Der Mensch ist ein Geschöpf, dessen animalische Begierden, durch die Erfahrungen der Kindheit geformt, lebenslang die Hauptmotivationen für sein Handeln bilden. Die Triebe, die Ichfunktionen, die als deren Vollstrecker oder als Abwehrmechanismen gegen sie dienen, Angst, Schuldgefühl, Konflikt und die große Rolle, die unbewußte Vorgänge im psychischen Leben spielen: all dies sind Bestandteile der psychoanalytischen Auffassung vom Menschen. Es ist die bei weitem umfassendste Perspektive, die gegenwärtig zur Verfügung steht. Darüber, was die Zukunft an neuen Mitteln zum Studium der menschlichen Psychologie bringen mag, kann man nur Vermutungen anstellen. Bis jetzt jedenfalls ist keine bessere Methode verfügbar als die der Psychoanalyse. Die Ergebnisse, die sie erbracht hat, lassen freilich viele Fragen unbeantwortet und viele andere im ungewissen, aber ihre Anwendung hat Bereiche der menschlichen Psychologie erhellt, die vorher völlig im dunkeln lagen. Sie hat den ersten gewichtigen Beitrag zu einem besseren Verständnis jener Probleme der Psychologie geleistet, die für den Menschen selbst von hauptsächlicher Bedeutung sind. Wir wissen heute ein gutes Stück mehr über uns und unsere Mitmenschen als vor Beginn der psychologischen Forschungen Freuds.

Wie steht es mit den künftigen Aussichten für die Psychoanalyse? Welche Bereiche sind noch unerforscht oder unter den Psychoanalytikern selber umstritten? In welchen Forschungsbereichen sind die Psychoanalytiker gegenwärtig besonders aktiv?

Es ist immer riskant, Prognosen für die künftige Entwicklung einer wissenschaftlichen Disziplin zu stellen. Im Augenblick, in dem man sie niederschreibt, kann schon eine neue Entwicklung, eine unerwartete Entdeckung im Gange sein, die den Lauf der Dinge auf eine völlig unerwartete und unvorhersehbare Weise beeinflußt. Diese Möglichkeit gehört zum Wesen der Wissenschaft selbst. Ihre Horizonte weiten sich fortwährend aus. Die meisten Wissenschaftler sind überzeugt, daß das immer so sein wird, daß Wissenschaft ein endloses Streben, ein unaufhörliches Suchen ist. Vielleicht haben sie recht, obwohl die Worte »endlos« und »unaufhörlich« Unendlichkeit implizieren, eine Vorstellung, mit der man sich in der Tat nur sehr schwer auf irgendeine persönliche Weise auseinandersetzen kann. Eines jedoch ist sehr wahrscheinlich: das Ende neuer Entdeckungen in der Wissenschaft wird noch sehr lange nicht kommen. Bis jetzt haben die Bemühungen des Menschen nur die Oberfläche der Welt angeritzt, von der er ein Teil ist, der Welt, in der er lebt und die ihn selbst einschließt. Es ist höchst unwahrscheinlich, daß das menschliche Streben nach neuen Erkenntnissen schon bald ans Ende gelangt.

Wenn wir also das Risiko jeder Voraussage im Auge behalten, was können wir dann über die Zukunft der Psychoanalyse sagen?

Im Augenblick gewinnt das Interesse für die Psychoanalyse an Boden. In den Vereinigten Staaten zum Beispiel gibt es gegenwärtig zehnmal soviel ausgebildete Psychoanalytiker wie im Jahre 1930. Trotzdem ist die Gesamtzahl noch klein. Das Verzeichnis der ›American Psychoanalytic Association‹ führte 1971 1332 Mitglieder auf; das ist keine große Zahl für ein Land mit über zweihundert Millionen Einwohnern. Tatsächlich gab es im Jahre 1930 in der ganzen Welt nur eine Handvoll Psychoanalytiker, und die meisten von ihnen lebten in Wien, Berlin, New York und London. Heute gibt es eine wachsende Zahl von Analytikern, die in den meisten Ländern Lateinamerikas und Westeuropas praktizieren, ferner in Kanada, den Vereinigten Staaten, Australien, Indien und Japan. Es gibt bedeutende psychoanalytische Ausbildungs-, Behandlungs- und Forschungszentren von Tel Aviv bis Oslo, von Buenos Aires bis Montreal. Wahrscheinlich wird das gegenwärtige Interesse für die Psychoanalyse von seiten der Psychiater und anderer auf dem Gebiet der psychischen Gesundheit Tätigen noch einige Zeit weiter zunehmen. Die Kenntnis der Grundzüge der Psychoanalyse ist für die vernünftige Ausübung jeder Form von Psychotherapie unerläßlich. Andernfalls arbeitet man im dunkeln oder ist auf Zufallstreffer angewiesen. Außerdem ist jeder, der psychotherapeutisch arbeiten will, gut beraten, wenn er soviel wie möglich über seine eigenen psychischen Konflikte erfährt. Ohne sich selbst gründlich zu kennen, ohne eine befriedigende Lösung für seine wichtigsten eigenen psychischen Konflikte gefunden zu haben, wird er wahrscheinlich auf die Konflikte seiner Patienten, auf ihre unbewußten Wünsche und Ängste, auf eine Art und Weise reagieren, die er nur sehr schwer oder überhaupt nicht kontrollieren kann und die in manchen Fällen seinen Patienten schaden kann. Das bedeutet, daß in den meisten Fällen Personen, die Psychotherapie praktizieren wollen, sich selber einer Analyse unterziehen sollten. Eine persönliche Analyse ist immer eine wertvolle, oft eine unerläßliche Ergänzung der eigenen Ausbildung.

In der jüngsten Vergangenheit ist die Bedeutung der Psychotherapie als Behandlungsmethode in zunehmendem Maße anerkannt worden, und dementsprechend hat sich auch ihre Anwendung ausgebreitet. Wenn sich diese Entwicklung fortsetzt, kann man gleichzeitig mit Sicherheit eine weitere Zunahme von Lehre und Praxis der Psychoanalyse voraussagen. Solange irgendeine Form von Psychotherapie in breitem Umfang ausgeübt wird, wird auch die Psychoanalyse eine wichtige Rolle spielen, als Therapie wie als Erkenntnisquelle.

Die Bedeutung der Psychoanalyse reicht jedoch über das Gebiet psychischer Krankheiten weit hinaus. Wie wir im vorangehenden Kapitel ausführlicher zu zeigen versuchten, kann die Psychoanalyse allen, deren Interesse auf dem Gebiet einer der Sozial- und Verhaltenswissenschaften liegt, ferner Juristen und allen, die sich mit Kunst und Literatur befassen, eine genauere Kenntnis der menschlichen Psyche liefern als jede andere verfügbare Erkenntnisquelle — sie unterrichtet über die Bedürfnisse des Menschen, seine Ängste, Konflikte und Motive, wie sie sich im Laufe der Kindheit entwickeln und wie sie sich im Erwachsenenleben auswirken. Dieses Wissen ist, wie ohne weiteres einleuchtet, für alle wertvoll, die auf einem der erwähnten Gebiete tätig sind, auch wenn die Betreffenden das erst allmählich zu erkennen beginnen. Die schon angefangen haben, die Entdeckungen der Psychoanalyse auf ihr eigenes Interessengebiet anzuwenden, sind noch immer Pioniere. In dieser Richtung kann man beträchtliche Entwicklungen erwarten. Es steht zu hoffen, daß die Zeit kommen wird, da man die Kenntnis der Psychoanalyse für alle Berufe, die sich mit dem Menschen befassen, als unerläßlichen

Teil der Ausbildung anerkennen wird.

Dies sind die Aussichten für den künftigen Entwicklungsverlauf der Psychoanalyse, soweit man das gegenwärtig beurteilen kann. Interessant ist, daß die Psychoanalyse in der Sowjetunion und den mit ihr verbündeten Ländern nur wenig Anerkennung gefunden hat. Es ist nicht leicht zu verstehen, warum das so ist. Zwar hat Freud selbst einmal ein paar skeptische Worte über die Wahrscheinlichkeit geschrieben, daß es dem Kommunismus gelingen werde, die menschliche Natur so zu verändern, daß die Menschen einander mit weniger Rivalität und Feindseligkeit begegneten. Es ist jedoch unwahrscheinlich, daß diese Sätze der wirkliche Grund für die offiziell gleichgültige oder sogar unverhüllt feindselige Haltung jener Länder gegenüber der Psychoanalyse sind. Tatsächlich hat Freud die politischen und ökonomischen Ideen von Marx nie verächtlich gemacht, und viele Psychoanalytiker der zwanziger Jahre waren aktive Marxisten. Es ist auch nicht wahrscheinlich, daß die Gegnerschaft gegen jede Art von Psychologie, die ein spezielles persönliches Charakteristikum des großen russischen Neurophysiologen Pawlow war, eine so lang anhaltende Wirkung haben konnte. Da es keinerlei befriedigende erklärende Daten gibt, kann man nur in Erinnerung rufen, daß um 1950 die sowjetischen Politiker sich für kompetent hielten, zwischen genetischen Theorien zu entscheiden und schließlich denen von Lyssenko ihren Segen gaben. Einige Jahre später wurde dieser Irrtum korrigiert, aber erst nachdem die politische Führung in andere Hände übergegangen war. Vielleicht ist etwas ähnlich Bedauerliches mit der Psychoanalyse geschehen. Trifft das zu, so muß der Irrtum irgendwann berichtigt werden.

Nun ein paar Worte über die Gebiete im Bereich der Psychoanalyse selbst, die gegenwärtig besonderes Interesse finden. Im Vordergrund stehen weiterhin die klinische Praxis und der psychoanalytische Unterricht, also die Ausbildung von Analytikern für die klinische Praxis. Der großen Mehrheit der Psychoanalytiker geht es in erster Linie darum, ihre Geschicklichkeit in der Anwendung der psychoanalytischen Methode zu verbessern und die hauptsächlich aus der klinischen Beobachtung abgeleiteten Formulierungen über das psychische Geschehen und die psychische Entwicklung zu präzisieren. Das Hauptinteresse ist auf die Frage gerichtet, wie sie die Menschen, die ihre Hilfe suchen, besser verstehen und besser behandeln können. Ihr sekundäres, damit eng verknüpftes Interesse gilt der Aufgabe, künftigen Analytikern dabei zu helfen, das Wissen und die Erfahrung zu erwerben, die für die analytische Praxis notwendig sind.

Außer diesen Schwerpunktgebieten verdienen auch noch andere Bereiche Erwähnung. Vor allem in den psychoanalytischen Ausbildungsinstituten in den Vereinigten Staaten und in der Bundesrepublik Deutschland findet die psychoanalytische Unterrichtung anderer Berufsgruppen, für deren Arbeitsgebiet die Psychoanalyse von Nutzen ist, zunehmendes Interesse. Bis jetzt sind diese Programme jedoch noch in ihren Anfängen. Wie schon erwähnt, darf erwartet werden, daß dieser Tätigkeitsbereich in Zukunft an Bedeutung und Umfang beträchtlich zunehmen wird.

Ein anderes Gebiet, das von einer kleinen Gruppe von Analytikern in den letzten Jahren intensiv bearbeitet worden ist und das infolgedessen das Interesse vieler anderer Analytiker auf sich gelenkt hat, ist das Gebiet der psychischen Entwicklung des Kindes. Psychoanalytiker, die das Verhalten kleiner Kinder in speziell entwickelten Kindertagesstätten beobachten, haben wichtige Beiträge zu unserer Kenntnis der Psychologie der ersten Lebensjahre geleistet. Einige dieser Beiträge haben bereits die psychoanalytische Behandlung von Kindern wie auch diejenige erwachsener Patienten beeinflußt. Die Zentren dieser Forschungsarbeiten befinden sich in London und in einigen Städten der Vereinigten Staaten. Diese Arbeit ist außerordentlich zeitraubend, da sie häufig die Beobachtung eines Kindes und seiner Familie über viele Jahre hinweg verlangt.

Mit dem Interesse für die kindliche Entwicklung ist eine weitere spezielle Forschungsrichtung eng verknüpft; gemeint ist die in den letzten Jahren intensivierte Untersuchung der Rolle, die in der psychischen Entwicklung des Kindes die Behandlung spielt, welche es während der ersten beiden Lebensjahre von seiten der für seine Betreuung verantwortlichen Erwachsenen erfährt. Unser Wissen auf diesem Gebiet ist bis jetzt noch nicht hinreichend fundiert, um endgültige Aussagen zu rechtfertigen. Man kann jedoch als wahrscheinlich annehmen, daß einige umstrittene Probleme, die noch im dunkeln liegen, eine gewisse Erhellung erfahren werden. Zum Beispiel wissen wir, daß die ödipale Phase (ungefähr von zweieinhalb bis sechs Jahren) für jedes Kind eine schwierige und unruhige Zeit ist. Gleichzeitig handelt es sich um eine für seine psychische Entwicklung entscheidend wichtige Lebensphase. Was einem Kind in diesen Jahren widerfährt, beeinflußt seine gesamte spätere normale wie pathologische Entwicklung und bleibt fortdauernd wirksam. Woher kommt es, daß ödipale Konflikte, obwohl jedes Kind sie durchleben muß, für manche Kinder so viel ungünstigere Folgen haben als für andere? Warum machen diese Konflikte gewisse Kinder für den Rest ihres Lebens zu psychischen Krüppeln, während andere nur bis zu jenem Grad von ihnen beeinflußt werden, den wir als normal betrachten?

Oft scheinen die Ereignisse der ödipalen Periode selbst die Antwort auf diese Frage zu liefern — sexuelle Erlebnisse, erschreckende Ereignisse, Tod oder Verlassenwerden, körperliche Krankheit und so fort. Solche Gründe lassen sich jedoch nicht in allen Fällen anführen, und Freud hat schon sehr früh in seinem Werk auf die Bedeutung von Faktoren hingewiesen, die er als »konstitutionelle« bezeichnete, im Unterschied zu den eben erwähnten Erlebnisfaktoren. Neben solchen konstitutionellen Faktoren spielt ferner eine Rolle, was während der ersten beiden Jahre im Leben eines Kindes geschehen ist. Von diesen frühesten Erfahrungen wird es nicht zuletzt abhängen, wie das Kind auf die belastenden Ereignisse der nächsten drei oder vier Jahre reagieren wird. Es könnte sein, daß die Sammlung von Beobachtungsdaten über die Rolle, welche der Behandlung zukommt, die das Kind während seiner ersten Lebenszeit von den es betreuenden Erwachsenen erfährt — die »Qualität der Bemutterung« —, es möglich machen wird, besser zu verstehen, warum das eine Kind so viel ungünstiger als ein anderes von den psychischen Prüfungen der ödipalen Periode beeinflußt wird.

Zweifellos sind von den zur Zeit laufenden wie von künftigen Untersuchungen über die ersten beiden Lebensjahre noch andere wichtige Beiträge zu erwarten, die für alle, die unmittelbar mit der Betreuung von Kindern zu tun haben, von praktischem Nutzen sein werden.

Aber so interessant Spekulationen über die Zukunft der Psychoanalyse auch sein mögen, nichts kann die Beobachtung der Entwicklung selbst ersetzen: zu sehen, wie die Zukunft allmählich zur Gegenwart wird, und daraus zu lernen. Geschichte in ihrer Entstehung zu beobachten, hat für jeden, der sich für historische Prozesse interessiert, einen unvergleichlichen Reiz. Psychoanalytiker interessieren sich notwendigerweise dafür, ja, dieses Interesse ist für die Ausübung ihres Berufes unerläßlich; denn jede Psychoanalyse ist unter anderem ein Studium der Lebensgeschichte eines Individuums, die Erforschung der Hauptereignisse dieses Lebens, der Zusammenhänge zwischen ihnen, ihren psychischen Ursachen und Folgen. Die Lebensgeschichte, die sich aus einer individuellen Psychoanalyse ergibt, hat allerdings wenig Ähnlichkeit mit jener Art von persönlicher Geschichte, die wir eine literarische Biographie nennen — und noch weniger mit einem Nachruf oder einer Laudatio. Sie behandelt nicht jene Teile eines Lebens, die für die Welt insgesamt am deutlichsten sichtbar sind, wie dies Biographien und Nachrufe tun. Sie befaßt sich vielmehr hauptsächlich mit jenen Aspekten unseres Lebens, die jeder von uns nicht nur vor seiner Umgebung, sondern auch vor sich selbst zu verbergen sucht. Es ist die Geschichte jener Kräfte und Ereignisse, die den äußeren Ereignissen im Leben eines jeden Menschen zugrunde liegen und ihnen die Gestalt und Abfolge geben, die wir als menschlich erkennen.

Literaturverzeichnis

Arlow, J. A. (1949), ›Anal Sensations and Feelings of Persecution‹, in: *Psychoanal. Quart.*, Bd. 18, S. 79–84.

– und Brenner, Ch. (1964), *Psychoanalytic Concepts and the Structural Theory*, International Universities Press, New York.

Beres, D. (1951), ›A Dream, a Vision, and a Poem; A Psychoanalytic Study of *The Rime of the Ancient Mariner*‹, in: *Internat. J. Psycho-Anal.*, Bd. 32, S. 97–116.

– und Obers, S. J. (1950), ›The Effects of Extreme Deprivation in Infancy on Psychic Structure in Adolescence; A Study in Ego Development‹, in: *The Psychoanalytic Study of the Child*, Bd. 5, S. 212–235, International Universities Press, New York.

Bibring, E. (1941), ›The Development and Problems of the Theory of the Instincts‹, in: *Internat. J. Psycho-Anal.*, Bd. 22, S. 102–131.

Blau, A. (1952), ›In Support of Freud's Syndrome of Anxiety (Actual) Neurosis‹, in: *Internat. J. Psycho-Anal.*, Bd. 33, S. 363–372.

Breuer, J., und Freud, S. (1895), *Studien über Hysterie*, Gesammelte Werke, Bd. I (Imago Publishing Co., London 1952), S. Fischer Verlag, Frankfurt a. M. In dieser Edition fehlen jedoch die von Breuer stammenden Arbeiten, also die Krankheitsgeschichte ›Fräulein Anna O.‹ und ›Theoretisches‹; es ist dort neben den Freud-Texten lediglich der von beiden Verfassern gemeinsam geschriebene einleitende Teil enthalten. 1969 hat der S. Fischer Verlag die Rechte an den Breuer-Beiträgen zu den *Studien über Hysterie* erworben; seit 1970 sind diese Texte in der Taschenbuchausgabe der *Studien über Hysterie* (Fischer Taschenbuch Verlag, Bd. 6001) wieder zugänglich. Außerdem werden sie in einen nichtnumerierten Ergänzungsband zu den Gesammelten Werken aufgenommen, der sich in Vorbereitung befindet.

Deutsch, H. (1930), *Psychoanalyse der Neurosen*, Internationaler Psychoanalytischer Verlag, Wien.

– (1934), ›Über einen Typus der Pseudoaffektivität – »als ob«‹, in: *Internationale Zeitschrift für Psychoanalyse*, Bd. 20, S. 323–335.

– (1942), ›Some Forms of Emotional Disturbances and Their Relationship to Schizophrenia‹, in: *Yearbook of Psychoanalysis*, Bd. 1, S. 121–136, hrsg. von S. Lorand, International Universities Press, New York.

Eidelberg, L. (1948), *Studies in Psychoanalysis*, International Universities Press, New York, 1952, 14. und 15. Kapitel.

Fenichel, O. (1939), *Problems of Psychoanalytic Technique*, New York, The Psychoanalytic Quarterly Inc., 1941, S. 67.

– (1945), *The Psychoanalytic Theory of the Neurosis*, W. W. Norton, New York.

Freud, A. (1936), *Das Ich und die Abwehrmechanismen*, Internationaler Psychoanalytischer Verlag, Wien; Taschenbuchausgabe: Kind-

ler Verlag, München, 1964.
- (1945a), ›Problems of Infantile Neurosis‹, in: *The Writings of Anna Freud*, Bd. 4, S. 327–355, International Universities Press, New York 1968.
  (1945b), – The Widening Scope of Indications for Psychoanalysis, ibid., S. 356–376.
- (1965), *Normality and Pathology in Childhood*, *The Writings of Anna Freud*, Bd. 6, International Universities Press, New York; dt. Ausg.: *Wege und Irrwege der Kinderentwicklung*, Klett, Stuttgart 1968.

Freud, S.[1] (1884), ›Die Abwehr-Neuropsychosen‹, Gesammelte Werke (im folgenden ›G.W.‹ abgekürzt), Bd. 1 (Imago Publishing Co., London, 1952), S. Fischer Verlag, Frankfurt a. M.,[4]1972, S. 57–74.
- (1895), ›Über die Berechtigung, von der Neurasthenie einen bestimmten Symptomkomplex als »Angstneurose« abzutrennen‹, ibid., S. 313–342; Studienausgabe, Bd. 6, S. 25–49.
- (1896), ›Weitere Bemerkungen über die Abwehr-Neuropsychosen‹, ibid., S. 377–403.
- (1898), ›Die Sexualität in der Ätiologie der Neurosen‹, ibid., S. 489–516; Studienausgabe, Bd. 5, S. 11–35.
- (1900), *Die Traumdeutung*, G. W., Bd. 2/3, [4]1968; Studienausgabe, Bd. 2.
- (1904), *Zur Psychopathologie des Alltagslebens*, G. W., Bd. 4,[5]1969; Fischer Taschenbuch, Bd. 6079.
  1954, Bd. 6079.
- (1905a), *Der Witz und seine Beziehung zum Unbewußten*, G. W., Bd. 6, [4]1969; Studienausgabe, Bd. 4, S. 9–219; Fischer Taschenbuch, Bd. 6083.
- (1905b), *Drei Abhandlungen zur Sexualtheorie*, G.W., Bd. 5,[5]1972, S. 27–145; Studienausgabe, Bd. 5, S. 37–145.
- (1905c), ›Bruchstück einer Hysterie-Analyse‹, ibid., S. 161–286; Studienausgabe, Bd. 6, S. 83–186.
- (1906), ›Meine Ansichten über die Rolle der Sexualität in der Ätiologie der Neurosen‹, ibid., S. 147–159; Studienausgabe, Bd. 5, S. 147–157.
- (1908a), ›Charakter und Analerotik‹, G. W., Bd. 7, [4]1972, S. 201–209; Studienausgabe, Bd. 7.
- (1908b), ›Der Dichter und das Phantasieren‹, ibid., S. 211–223; Studienausgabe, Bd. 10, S. 169–179.
- (1910), *Eine Kindheitserinnerung des Leonardo da Vinci*, G. W., Bd. 8, [5]1969, S. 127–211; Studienausgabe, Bd. 10, 87–159.
- (1911), ›Formulierungen über die zwei Prinzipien des psychischen Geschehens‹, ibid., S. 229–238; Studienausgabe, Bd. 3.
- (1913), ›Einige Bemerkungen über den Begriff des Unbewußten in der Psychoanalyse‹, ibid., S. 429–439; Studienausgabe, Bd. 3.
- (1914), ›Zur Einführung des Narzißmus‹, G. W., Bd. 10, [5]1969, S. 137–170; Studienausgabe, Bd. 3.
- (1915a), ›Triebe und Triebschicksale‹, ibid., S. 209–232; Studienausgabe, Bd. 3.

[1] Viele der folgenden Freud-Arbeiten enthält in kommentierter Form die seit 1969 im S. Fischer Verlag, Frankfurt a. M., erschienene Freud-Studienausgabe in zehn Bänden.

- (1915 b), ›Die Verdrängung‹, ibid., S. 247–261; Studienausgabe, Bd. 3.
- (1915 c), ›Das Unbewußte‹, ibid., S. 263–303; Studienausgabe, Bd. 3.
- (1916 a), ›Trauer und Melancholie‹, ibid., S. 427–446; Studienausgabe, Bd. 3.
- (1916 b), ›Metapsychologische Ergänzung zur Traumlehre‹, ibid., S. 411–426; Studienausgabe, Bd. 3.
- (1916 c), ›Einige Charaktertypen aus der psychoanalytischen Arbeit‹, ibid., S. 363–391; Studienausgabe, Bd. 10, S. 229–253.
- (1917 a), *Vorlesungen zur Einführung in die Psychoanalyse*, G.W., Bd. 11, [5]1969; Studienausgabe, Bd. 1, S. 33–445.
- (1917 c), ›Eine Kindheitserinnerung aus *Dichtung und Wahrheit*‹, ibid., S. 13–26; Studienausgabe, Bd. 10, S. 255–266.
- (1920), *Jenseits des Lustprinzips*, G. W., Bd. 13, [7]1972, S. 1–69; Studienausgabe, Bd. 3.
- (1921), *Massenpsychologie und Ich-Analyse*, ibid., S. 71–161; Studienausgabe, Bd. 9.
- (1923), *Das Ich und das Es*, ibid., S. 235–289; Studienausgabe, Bd. 3.
- (1924 a), ›Der Untergang des Ödipuskomplexes‹, ibid., S. 393–402; Studienausgabe, Bd. 5, S. 243–251.
- (1924 b), ›Der Realitätsverlust bei Neurose und Psychose‹, ibid., S. 361–368; Studienausgabe, Bd. 3.
- (1924 c), ›Das ökonomische Problem des Masochismus‹, ibid., S. 369–383; Studienausgabe, Bd. 3.
- (1924 d), ›Neurose und Psychose‹, ibid., S. 385–391; Studienausgabe, Bd. 3.
- (1925), ›»Selbstdarstellung«‹, G. W., Bd. 14, [5]1972, S. 31–96; Fischer Taschenbuch, Bd. 6096.
- (1926), *Hemmung, Symptom und Angst*, ibid., S. 111–205; Studienausgabe, Bd. 6, S. 227–308.
- (1930), *Das Unbehagen in der Kultur*, ibid., S. 419–506; Studienausgabe, Bd. 9; Fischer Taschenbuch, Bd. 6043.
- (1933), *Neue Folge der Vorlesungen zur Einführung in die Psychoanalyse*, G. W., Bd. 15, [5]1969; Studienausgabe, Bd. 1, S. 447–608.
- (1937), ›Die endliche und die unendliche Psychoanalyse‹, G. W., Bd. 16, [4]1972, S. 57–99.
- (1950), *Aus den Anfängen der Psychoanalyse* (Briefe an Wilhelm Fließ; herausgegeben von Marie Bonaparte, Anna Freud, Ernst Kris), Imago Publishing Co., London, S. Fischer Verlag, Frankfurt a. M.; Paperbackausgabe: S. Fischer Verlag, 1962.

Fries, M. E., und Woolf, P. J. (1953), ›Some Hypotheses on the Role of the Congenital Activity Type in Personality Development‹, *The Psychoanalytic Study of the Child*, Bd. 8, S. 48–62, International Universities Press, New York.

Hartmann, H. (1948), ›Comments on the Psychoanalytic Theory of Instinctual Drives‹, in: *Essays on Ego Psychology*, S. 69–89, International Universities Press, New York 1964.
- (1953 a), ›The Metapsychology of Schizophrenia‹, *The Psychoanalytic Study of the Child*, Bd. 8, S. 177–198.
- (1953 b), Diskussionsbeitrag. Meeting of the New York Psychoanalytic Society.

– und Kris, E. (1945), ›The Genetic Approach in Psychoanalysis‹, *The Psychoanalytic Study of the Child*, Bd. 1, S. 11–30, International Universities Press, New York.

– – und Loewenstein, R. M. (1946), ›Comments on the Formation of Psychic Structure‹, ibid., Bd. 2, S. 11–38.

– – – (1949), ›Notes on the Theory of Aggression‹, ibid., Bd. 3/4, S. 9–36.

Hoffer, W. (1950), ›Development of the Body Ego‹, ibid., Bd. 5, S. 18–23.

Isakower, O. (1954), ›Spoken Words in Dreams‹, in *Psychoanal. Quart.*, Bd. 23, S. 1–6.

Jacobson, E. (1953), ›The Affects and Their Pleasure-Unpleasure Qualities in Relation to the Psychic Discharge Processes‹, in: *Drives, Affects, and Behavior*, hrsg. von R. M. Loewenstein, International Universities Press, New York.

Jones, E. (1931), *On the Nightmare*, Hogarth Press, London.

Kris, E. (1947), ›The Nature of Psychoanalytic Propositions and Their Validation‹, in: *Psychological Theory*, hrsg. von M. H. Marx, Macmillan, New York, 1951.

– (1952), *Psychoanalytic Explorations in Art*, International Universities Press, New York, 14. Kapitel.

– (1954), *The Origins of Psychoanalysis*, Basic Books, New York, S. 3–47.

Langer, W. L. (1969), ›The Next Assignment‹, Kapitel 22 in: Schorske, C. E., und Schorske, E. (Hrsg.), *Explorations In Crisis*, Harvard University Press, Cambridge, Mass.

Rank, O. (1912), *Das Inzest-Motiv in Dichtung und Sage; Grundzüge einer Psychologie des dichterischen Schaffens*; Deuticke, Leipzig, Wien. ²1926.

– (1924), *Das Trauma der Geburt und seine Bedeutung für die Psychoanalyse*, Internationaler Psychoanalytischer Verlag, Wien.

Rapaport, D. (Hrsg.) (1951), *Organization and Pathology of Thought*, Columbia University Press, New York.

Róheim, G. (1950), *Psychoanalysis and Anthropology*, International Universities Press, New York.

Sachs, H. (1942), *The Creative Unconscious*, Sci-Art Publishers, Cambridge, Mass. 1942.

Spitz, R. A. (1945), ›Hospitalism‹, in: *The Psychoanalytic Study of the Child*, Bd. 1, S. 53–74, International Universities Press, New York.

Stärcke, A. (1920), ›The Reversal of the Libido Sign in Delusions of Persecution‹, in: *Internat. J. Psycho-Anal.*, Bd. 1, S. 231–234.

Van Ophuijsen, J. H. W. (1920), ›On the Origin of Feelings of Persecution‹, ibid., S. 235–239.

Wangh, M. (1968), ›A Psychoanalytic Commentary on Shakespeare's *The Tragedy of King Richard the Second*‹, in: *Psychoanal. Quart.*, Bd. 37, S. 212–238.

Register

Funk-Kolleg

Beratung in der Erziehung
Band 1 und 2. Hg.: R. Bastine,
W. Hornstein, H. Junker,
Ch. Wulf (6346/6347)

Erziehungswissenschaft
Eine Einführung in drei
Bänden. Autoren: W. Klafki,
G. M. Rückriem, W. Wolf,
R. Freudenstein, H.-K. Beck-
mann, K.-Ch. Lingelbach,
G. Iben, J. Diederich. Original-
ausgabe (6106/6107/6108)

**Pädagogische Psychologie
1 und 2**
Autoren: F. E. Weinert,
C. F. Graumann, H. Heck-
hausen, H. Hofer (6115/6116)

**Reader im Funk-Kolleg
Pädagogische Psychologie**
Band 1: Entwicklung und
Sozialisation. Hg.: C. F. Grau-
mann, H. Heckhausen.
Originalausgabe (6113)
Band 2: Lernen u. Instruktion.
Hg.: M. Hofer und F. E. Weinert.
Originalausgabe (6114)

Biologie
Systeme des Lebendigen.
Hg.: D. Todt (6291/6292)

Mathematik 1 und 2
Hg.: H. Heuser, H. G. Tillmann.
Originalausgabe (6109/6110)

Literatur
Reader 1 und 2.
Hg.: H. Brackert, E. Lämmert,
J. Stückrath.
Originalausgabe (6324/6325)

Sprache 1 und 2
Eine Einführung in die
moderne Linguistik. Wissen-
schaftliche Koordination:
K. Baumgärtner, H. Steger.
Originalausgabe (6112)

Rechtswissenschaft
Hg.: R. Wiethölter.
Neuausgabe (6103)

Soziologie
Hg.: W. Rüegg.
Originalausgabe (6105)

Sozialer Wandel
Hg.: Th. Hanf, M. Hättich,
W. Hilligen, R. E. Vente
(6117/6118)

Volkswirtschaftslehre
Hg.: Karl Häuser.
Originalausgabe (6101)

**Wissenschaft und
Gesellschaft**
Einführung in das Studium
von Politikwissenschaft /
Neuere Geschichte / Volks-
wirtschaft / Recht / Soziologie.
Hg.: G. Kadelbach.
Originalausgabe (6100)